# 作者简介

申艳红，女，1973年8月，出生于新疆乌鲁木齐市，现为新疆大学法学院副教授。1993年至2000年，就读于兰州大学，分别获得法学学士和法学硕士学位；2000年至今，任教于新疆大学法学院；2012年，毕业于武汉大学法学院，获宪法与行政法学博士学位。

科研工作方面：2006年，主持校级课题项目——《城市社区建设下民族关系变迁与社会立法应对》；2010年，主持教育部社科基金课题项目——《政府危机管理下维护新疆稳定的行政法治化研究》；2010年，主持新疆维吾尔自治区社科规划项目——《新疆政府危机管理下行政法治化研究》。参与国家社科基金项目一项，横向科研项目一项，已在国内各种刊物上发表论文十余篇。

新疆大学法学文库
新疆大学“211工程”优秀学术著作

本书由新疆大学“211工程”优秀学术著作出版基金及新疆大学法学院共同资助出版

本书系国家教育部社科基金项目——《政府危机管理下维护新疆稳定的行政法治化研究》（10XJJA820001）和新疆维吾尔自治区社科基金项目（10BFX052）的前期理论成果

# 社会危机防治行政法律规制研究

申艳红　著

WUHAN UNIVERSITY PRESS
武汉大学出版社

图书在版编目(CIP)数据

社会危机防治行政法律规制研究/申艳红著. —武汉：武汉大学出版社,2013.4

新疆大学法学文库

新疆大学“211 工程”优秀学术著作

ISBN 978-7-307-10266-8

Ⅰ.社…　Ⅱ.申…　Ⅲ.突发事件—公共管理—行政法—研究—中国

Ⅳ.D922.114

中国版本图书馆 CIP 数据核字(2012)第 264652 号

责任编辑:辛　凯　　责任校对:黄添生　　版式设计:马　佳

出版发行：武汉大学出版社　(430072　武昌　珞珈山)

(电子邮件：cbs22@whu.edu.cn　网址：www.wdp.com.cn)

印刷:武汉中远印务有限公司

开本：720×1000　1/16　印张:20.5　字数:295 千字　插页:3

版次:2013 年 4 月第 1 版　2013 年 4 月第 1 次印刷

ISBN 978-7-307-10266-8/D·1199　定价:42.00 元

# 总　序

新疆地处祖国边陲，位于亚欧大陆腹地，是古丝绸之路的重要通道，这一特殊的地理位置决定了它是亚欧多种文化交流的枢纽。在这片辽阔的土地上，各民族人民长期共同生活，在服饰、语言等方面上多有融合。新疆大学位于巍峨的天山脚下，她的前身是创办于 1924 年的新疆俄文法政专门学校。1935 年 1 月改建为新疆学院，1960 年 10 月 1 日正式成立为新疆大学，1978 年被国务院确定为新疆唯一的全国重点大学，1997 年被列入国家“211 工程”重点建设高校，2000 年被确定为国家西部大开发重点建设高校，2004 年成为新疆维吾尔自治区人民政府、教育部“区部共建”高校。新疆大学现有哲学、经济学、法学、文学、历史学、理学、工学、管理学八个学科门类，涵盖了高级专门人才培养和科学研究的主要领域。

新疆大学法学院跟随着共和国民主法治建设的步伐，走过了一段从组建到白手起家再到兴旺发展的历程：1980 年 7 月 21 日，国家教育部批准新疆大学“增设法律专业”，并于 1981 年 8 月开始招收法学普通本科生，2001 年 4 月更名为法学院，2005 年 9 月起接受武汉大学的全面支援。改革开放的 30 余年是新疆政治、经济和社会等各项事业加速发展的 30 余年，也是新疆大学法学专业逐步成长壮大的 30 余年。在新疆的各高校中，新疆大学的法学教育历史最久，规模最大，而且师生的多民族性是其一大特色。这些特点更有利于法学学人进行多元法律文化的研究工作。

“新疆大学法学文库”以中亚地区国家法律制度比较、我国法律基本理论问题和新疆法治建设中的现实问题为研究课题，立足中亚、紧跟时代步伐、聚焦法学研究的前沿和基本理论的发展，汇集了国际法学、民商法学、经济法学、刑法学、宪法与行政法学、法理学、法史学、诉讼法学等方面的研究成果，作者都是新疆大学法学院具有较强研究能力的学术骨干、青年教师，其内容基本上反映了新疆大学法学理论的研究实力和水平。

我们也要看到，今天的成就代表的是“天山法学”学人过去不懈的努力和拼搏，未来的辉煌需要“天山法学”一代代学人的继续顽强奋斗！

是为序。

**皮　勇**

于新疆大学红湖公寓

2013 年 4 月 6 日

# 引　　言

进入21世纪以来，公共事件的频发对政府危机管理能力提出了一个严峻的考验。在社会转型期，社会各种矛盾和利益冲突不断发生，政府决策者日益认识到政府危机管理的重心应当置于更加前移的危机防治领域。因此，党和政府提出“化解社会矛盾纠纷，维护社会稳定”的执政目标。随着政府危机管理工作向防治方向发展，整个政府的工作重点也发生转移，社会危机防治行政在当下中国成为日常行政中的一个重要内容。社会危机防治行政遂成为政府和社会公共行政中的重要内容。但在实践中，由于缺乏理论指导，出现了大量乱象丛生的危机防治行政活动，学术界需要对此作出研究。本研究尝试从法治行政的视角，运用法学尤其是行政法的相关理念对社会危机防治行政及其法律问题进行探讨，推动当前中国政府危机管理法治的深入探索，以期为实践提供有益的理论参考。

本研究除导论外，共分六章。

第一章政府危机管理下社会危机防治行政基本理论探讨。本研究从全球化的风险社会引导出当前中国社会的危机情境，成为当前中国社会危机防治行政的历史背景和紧迫现实。对中国维稳工作溯源梳理，由于政府危机管理主要包括预防和应急两个领域，传统上政府危机管理无论理论还是实践都重应对而轻预防，维护社会稳定的执政目标理念也正是当前需要加强社会危机防治的时代呼声下提出来的。因此，本研究从实践的总结和理论的应然上，借助治理理论给社会危机防治行政作出概念界定。在对维稳理念指导下的社会危机防治行政理论探讨时，借助比较的方法，阐明社会危机防治行政不同于危机应急行政的各种特征。反思当前以维稳目标为指导的社会危机防治行政中价值的重大偏差，提出社会危机防治行政中应然的价值体系，并在价值确立的基础上，探讨了社会危机防治行政法律规制的价值与意义。

第二章法治政府下社会危机防治行政的正当性理论。本研究分析了当前政府危机管理中的正当性理论，认为政府危机管理下的正当性理论仅是侧重适用紧急状态下的应急行政，对社会危机防治行政并不具有当然适用的正当性。在分析了社会危机防治行政与危机应急行政的不同的基础上，从法学体系中的法理学理论、宪法学理论和行政法学理论的视角，分别探讨了社会危机防治行政的正当性理论基础，提出了社会危机防治行政不同于危机应急行政的理论基础，以此从应然的理论价值层面对社会危机防治的现实偏差给予正当的理论矫正。本研究提出新宪政论所主张的“民主政府既是受到制约的又是能动进取的，宪政的价值功能不仅可以限制政治权力的滥用，而且能够很好地解决社会问题”，是对维稳理念指导下的社会危机防治行政存在和规制的宪政理论的正当性指导。本研究分别分析和阐述了宪法的各个原则在政府危机管理范畴内对社会危机防治行政的具体指导和意义。当前服务行政的理念对社会危机防治行政的宗旨和价值追求具有理论指导性，是行政法对维稳理念下社会危机防治行政活动正当性规范和运行的理论基础。

第三章社会危机防治行政法律原则的体系构建。本研究阐明了社会危机防治行政法律原则的价值，分析了当前政府危机管理和应急行政法律原则现有研究的状况，基于危机防治行政与应急行政所处阶段和本质的差异，本研究提出社会危机防治行政在政府危机管理框架下应有自身的法律原则指导。因此，从行政法律原则确立的形式标准、实质标准以及现有的行政法基本原则理论基础上，将社会危机防治行政法律原则的体系设计为包括三个层次：从宏观层面上，法学领域中具有普适性价值的原则对社会危机防治行政进行全面指导而形成的宪法位阶法律原则（包括行政法治原则、公民权利保障原则）；从中观层面上，行政法基本原则适用于社会危机防治行政而形成的基本法律原则（包括行政法定原则、行政均衡原则、行政正当原则）；从微观层面上，社会危机预防行政与日常事务性行政不同的专有法律原则（包括权利优先原则、政策指导原则、多元解纷机制原则、社会协力原则）。

第四章社会危机防治行政的法规范形式。对政府危机管理下社会危机防治行政的行为指导与规制，规范性的层面上需要作出理论性的探讨。本研究首先从国外主要国家政府危机管理法制进行分析介绍，对我国的紧急状态法制和应急法制进行梳理和阐述中，分析了适用于社会危机防治行政的各种成文法。由于以维稳理念为指导的社会危机防治行政涉及领域的广泛性和事务处理上的一定政治性色彩，各种规范性的文件更多地表现出当前已有研究的“软法”范畴，即各种公共政策、政党政策或行政决定等。这一领域的法律规范形式兼具“软硬兼施”的格局。本研究重点对社会危机防治行政中大量存在的规范性非法律文件进行了法理学的分析，并提出对此类规范性文件进行监督审查的机制。

第五章社会危机防治行政二元主体合作：政府与社会组织。本研究从公域和私域二分的前提下来看待国家与社会的相互渗透和相互影响。新公共管理理论下国家社会化和社会国家化的发展，使得社会治理的主体由一元化转变为多元化，国家不再是绝对和单一的治理力量。正是在这个国家与社会二元划分和相互渗透的理论指导下，本研究提出了政府危机管理下社会危机防治行政二元主体合作，并对两种主体分别进行分析论述，重点阐述了政府主体对社会危机防治的组织机制、职权职责，并对社会危机防治行政中存在的强制性行为和非强制性行为分别进行规范分析，并结合新出台的《行政强制法》对危机防治行政中的行政强制作出了法律规制分析。

第六章社会危机防治行政二元机制互动：维稳与维权。本研究对实践中以维稳理念为指导的社会危机防治行政的弊端进行分析，认为根本在于割裂了维稳与维权二者之间的关系。由此对维稳和维权的辩证关系进行探讨，并在此基础上提出了以维稳为目标的社会危机防治机制构建即制度层面、组织层面、行政层面、救济层面等方面构建和完善。行政法治的重心内容在于权利救济，社会危机防治行政更是如此，与一般的行政不同的是，社会危机防治行政自身就将目标指向社会纠纷化解和权利救济。由此本研究提出维稳与维权的辩证统一和二元机制互动，社会危机防治行政的核心在于权利救济，但这种救济却更加前置，贯彻于危机防治行政活动过程中。从维稳与维权的二元机制互动角度，分别阐述了维稳的利益协调机制的构建和维权的行政救济机制的各种类型，并重点对社会危机防治行政中占据重要地位的救济机制即行政调解、行政信访、行政申诉、行政补偿和劳动人事争议仲裁等进行分析和评价，力求在维稳理念和价值追求下，整合和完善各种权利救济机制。

本研究秉承着行政法治的基本理念和路径，在界定社会危机防治行政概念的基础上，从行政法治对行政规制的基本路径逐级展开，即目标领域的正当性基础理论、目标领域的法律原则指导、行政主体的规范化、行政行为的规范化和权利救济规范化等几个层面，形成对社会危机防治行政法律规制的整体逻辑框架。由此本研究通过六章的内容，尽力体现和追随行政法治的基本构成部分，勉力将中国社会转型期以维稳理念为指导的中国应对风险社会的社会危机防治行政理念纳入法治的视野之中。

限于学说，本研究不敢说填补了理论研究的空白，但是希望通过自身的努力作出一些尝试性的创新。笔者以为，本研究在以下四个方面作出了些许创新：

## 一、内涵界定的创新

当前，面对政府危机管理的整体形势，政府决策者逐渐认识到，转型期社会矛盾和纠纷的风起云涌，成为影响社会稳定的一大隐患，维护社会稳定，就是要将政府危机管理的传统重心尽可能的前移，从危机应急行政转向危机防治行政，中央提出了维护社会稳定的执政目标，在政府行政层面内展开了以维稳理念为指导的社会危机防治行政工作。文章对社会危机防治行政做概念界定时，作出如下两个尝试：一是中央领导的维护社会稳定工作涵盖国家主权范围内各个权力领域，包括人大、党政、行政、司法、军事等各个领域。但是与社会最普遍接触的领域却主要表现在日常行政领域。作者出于行政法的研究旨趣，在法治行政的理念下，探讨和研究行政法范畴下的社会危机防治行政的法律问题。在国家各种权力划分中，专注和侧重社会危机防治的行政领域，将人大、司法和军事等领域的社会危机防治工作排除在此概念范畴之外。从行政法的角度对社会危机防治行政进行理论指引、规范调整和权利保障。二是对社会危机防治行政概念在适用阶段上界定在对社会危机的预防治理上。本研究认为维稳理念下的社会危机防治行政无论从公共语言还是日常语言的角度，都应该传达出常态下对社会危机预防治理的价值和理念。社会危机防治行政是常态下的危机防治行政，与紧急状态下的应急行政共同构成政府危机管理的整体。将社会危机防治行政与危机应急行政区别对待，对两种不同状态下的行政活动进行分别探讨、规范和评价，有利于对行政公权力的监督、公民权利保障和维护社会稳定的行政应有价值功能的实现。

## 二、价值定位的创新

在实践中，维护社会稳定理念下的社会危机防治行政将稳定、效率和国家利益作为根本的价值导向，本研究对当前实践中社会危机防治行政的价值定位进行检讨和反思，认为现有的社会危机防治行政的价值定位有一定偏差，正是在这种模糊偏差的稳定观下，造成了大量以维护社会稳定为硬性目标的各种行政乱象，对此，文章从公共行政价值的角度和法学的角度提出了社会危机防治行政的目标价值体系，即初级价值是秩序与安全，核心价值是利益，终极价值是正义。

## 三、理论的创新

对现有政府危机管理的基本法学理论进行探讨和分析，作者提出了政府危机管理下的正当性理论仅是侧重适用于紧急状态下的应急行政，对社会危机防治行政并不具有当然适用的正当性。在分析了社会危机防治行政与危机应急行政的不同的基础上，本研究提出了社会危机防治行政的正当性理论，即包括社会危机防治行政的法理基础、宪法理论和行政法理论。在正当性理论的基础上，为社会危机防治行政在法治政府下运行构建了系统化的法律原则体系，即三层位阶体系，包括宪法位阶原则、行政法基本原则和社会危机防治行政的专有原则。

## 四、结构体系的创新

从国家与社会二元划分的视角，基于现代公共行政的理念，本研究构建了社会危机防治行政的二元主体合作，社会危机防治行政中维稳与维权二元机制互动的论述结构，从结构体系上构建了从正当性理论基础到二元主体合作、二元机制互动的分析框架。

# 目　录

# 导　论

## 一、问题缘起

对于一个国家而言，无论它处于哪一个发展阶段，无论它宣传的是什么意识形态，在“改革、发展、稳定”的国家发展的指导和目标下，社会稳定都是维系国家系统有序运作的根本保证。进入21世纪以来，公共危机事件的频发对政府的危机管理能力提出了一个严峻的考验。对于当前处在快速发展中的中国来说，我们首先要有直面社会危机和社会问题的勇气。一直以来，我们常常不用公共危机这样的一个字面上具有危言耸听的性质的词汇来讨论国家面临的种种挑战，即便是在学术界，也会出现所谓的“语言的二元化”，即公共语言与日常语言。政府危机管理是西方化的学术研究领域使用的术语，针对当前我国政府危机管理的工作重心由应对向防治转移，我国政府决策者提出了维护社会稳定的执政目标，维稳工作逐渐成为政府在新时期的工作重心，成为政府危机管理工作的指导思想和行政目标。政府危机管理不仅是政府一项战略任务，而且也是政府日常行政管理的重要组成部分。随着政府危机管理工作重心向防治阶段倾斜，整个政府的工作重点也发生转移，维稳理念下的社会危机防治行政逐渐在当下中国成为日常行政中的一个重要内容。从2009年起，各省市基层党委政府掀起了一场设立“维稳办”、“综治维稳办”或“维稳中心”的热潮，社会危机防治行政成为当前政府行政中的一大热点。

但是，当前基于维稳理念指导下的社会危机防治工作乱象丛生，社会危机治理效果堪忧。各级政府将大量的人力物力财力用于维护社会稳定，但社会矛盾和社会冲突的数量非但没有减少，反而不断增加。随着“维稳基金”在各级政府中的普遍设立，“花钱买平安”的“权宜性治理”方式也普遍起来了。地方政府设立驻京办截访、压制民众信访，甚至雇用社会人员实施人身自由限制等扭曲异化的维稳现象。在实际操作中，往往只凭政府机关负责官员的个人判断，其所体现出的政府行为明显缺乏原则性和规范性，往往忽视、扭曲甚至排斥法律的作用。①

这种境况不免令人担忧，自改革开放以来，我国的法制建设进程取得了显著的进步，尤其法学中的新兴学科——行政法，经过了30年的发展也得到了长足的发展，“法治国家”、“依法治国”、“行政法治”的理念最核心的体现就在于政府行为置于法律理念和精神统制之内。然而，面对风险社会，由于在行政实践中公共危机防治的管理方式上，易于采取传统人治社会中的行政特权，并将“国家安全”作为政府行为的最高和首要的价值目标。在危机管理方式上，由于未能区分政府危机管理在不同阶段的不同的行政权力和职责，而导致危机防治行政中表现出大量的混乱行为，将紧急状态下的行政强制权扩张蔓延到常态行政下的危机防治行政领域，造成公民对以维稳理念为指向的社会危机防治行政工作充满了警惕和不信任。尽管政府危机管理在紧急状态下应急行政场景下具有迫切性和紧急性的特征，但在政府危机管理防治阶段却不具有适用紧急状态下行政强制权的正当性，危机防治行政作为常态下行政的一种状态，其行为应当纳入到“依法行政”的法治国理念的统制之下。

在当前政府危机管理下社会危机防治行政置于行政工作的重心时，有关社会危机防治行政的现状却走入投入大而受益甚微的局面。事实上，这恰恰反映了当前中国维稳理念仅仅还停留在政策导

---

① 参见“维稳怪圈 恶性循环：越维稳越不稳——清华大学社会学专家提出新稳定思路”，http：//suxin. crtvu. edu. cn/bbs/viewthread. php? tid = 8811&page = 1，2010 年 6 月 28 日访问。

向和思想理念的指引上，并未将以危机预防为重心的危机治理纳入到法治政府运行的体制之下，使得政府危机管理下的社会危机防治行政常常处于行政首长和行政执法人员的行政恣意或无章可循的境地中，社会危机防治行政突出表现为缺乏明确原则性和规则性的指导和规范。当然，实践往往走在理论的前面，但理论应当适时地快速作出回应，因此，政府危机管理下社会危机防治行政的实践需要行政法学作出应对性的研究，从法治国家建设的高度，审视和分析其正当性和合理性理论范畴。

## 二、研究现状

对于社会危机防治行政的研究，从政府决策和政府行为的角度来说，应当是行政管理学研究的范畴，但当前还没有对社会危机防治行政做专题性的研究。与各类事件和危机应对相关的范畴在公共行政领域被称做政府危机管理或危机治理。有关政府危机管理的研究，西方发达国家早在 20 世纪 60 年代初就已成为一门独立的学科，各国成立了大量的专门研究机构，从不同学科、不同角度对政府公共危机管理进行了大量研究，各国还建立了大量的政府危机管理研究网站。1986 年，英国学者胡德出版了《偶然事件与设计：当代关于风险管理的争论》。1997 年，美国学者罗伯特·希斯在其《危机管理》一书中对危机管理的各个环节作了细致分析，并提出危机管理的模式。在世界风云变幻、多元化利益群体充分发挥影响力的当今社会，社会震荡因素越来越复杂多变，西方国家对公共危机的管理关注加强，尤其是在美国经历了“911”事件后，各国在立法上和行政管理上都切实地加强了对危机管理领域的制度和措施。许多学者也将注意力转移到社会危机管理上，政府危机管理成为研究重点，而且危机管理的研究开始在社会学、政治学、管理学和法学等领域广泛地展开。其中，具有代表性的如美国、德国、俄罗斯、日本等。

第二次世界大战后，许多国家陆续规范地规定了政府危机管理进入紧急状态的问题，一旦进入紧急状态，正常的生活秩序就需要调整，原来法律关系的性质就会相应改变，并改变了原来的权利保障机制，为了保障任何时候都有法治，于是许多国家在宪法中规定了紧急状态，而且一般都制定有紧急状态管理方面的法律法规，甚至政府制定的应急管理计划也具有法律效力，这些法律法规对紧急状态下政府管理权限、应急处理措施和程序、政府责任、公民权利和义务等都有明确的法律界定，为政府实施紧急管理提供了具有可操作性法的法律依据，同时，可以起到限制行政权力滥用的作用。①

我国国内对政府危机管理有关的研究起步较晚，但经历了社会转型期的社会变迁和社会性各类事件之后，我国学者对社会危机的解读和为克服和化解社会危机所得出的种种理论和实践逐渐开始展开，我国对政府公共危机管理的研究是21世纪才开始启动，目前，还处于引进国外研究成果和初步建立自身研究理论的阶段。一些学者和科研机构已经开始出版研究成果。如李经中的《政府危机管理》（中国城市出版社2003年版）、麻宝斌的《政府危机管理理论与对策研究》（吉林大学出版社2008年版）、张成福和唐钧的《政府危机管理能力评估——知识框架与指标体系研究》及《公共危机管理：理论与实务》、斯亚平的《公共危机管理体系研究》（知识产权出版社2007年版）等。

在政府应对公共突发事件方面的研究主要始于2003年的公共卫生事件SARS的爆发，此后出现了一系列的与公共安全相关的紧急应对法制研究，如韩大元、莫于川主持的国家社科基金课题项目《重大突发事件的应对机制的法律问题研究》、《SARS对中国社会与经济的影响及法律应对机制研究》、《突发事件应急制度、体制和机制建设的理论与事件研究》，薛澜和于安主持的2003年国务院法制办课题《国家紧急状态立法研究》，戚建刚主持的2008国家社科基金项目《行政应急权利的要素及其制约机制研究》。应松年

① 王晓君．政府危机管理法律问题研究．济南：山东人民出版社，2008：11.

主持的国家社科基金的重点项目《中国公共管理的重大理论问题与政府创新的对策研究》的子课题《突发公共事件应急处理法律制度研究》，并以这些课题为依托，出版了一系列的研究成果，如应松年的《突发公共事件应急处理法律问题研究》（国家行政学院出版社 2004 年版）、莫纪宏的《“非典”时期的非常法治——中国灾害法与紧急状态法一瞥》（法律出版社 2003 年版）、韩大元和莫于川的《应急法制论——突发事件因对机制的法律问题研究》（中国检察出版社 2006 年版）等。还有一些学者非依课题而写的有关公共危机方面的专著，如郭春明的《紧急状态法律制度研究》（中国检察出版社 2004 年版）、刘小冰的《国家紧急权力制度研究》（法律出版社 2008 年版）、戚建刚的《法治国家架构下的行政紧急权力》（北京大学出版社 2008 年版）等。

将政府危机管理放置在法治的视野下，从法理学和宪法学的角度研究政府危机管理的法学理论和法律体系。从行政法的角度对政府危机管理中的主体、行政行为和法律救济进行法治化视野下的研究，对于这方面的相关研究当前为数不多。主要有黄顺康的《公共危机管理与危机法制研究》（中国检察出版社 2006 年版），付思明的《突发事件应对法与政府危机管理》（知识产权出版社 2008 年版），王晓君的《政府危机管理法律问题研究》（山东人民出版社 2008 年版）。但除了个别著作外，这些研究更多的是侧重政府危机管理的理论研究。近两年，有了专题性的针对公共危机管理中应急管理的法治化进行研究的著作，如林鸿潮于 2009 年 11 月出版的《公共应急管理机制的法治化》，马怀德于 2010 年 3 月出版的《应急管理法治化研究》。已有研究主要突出了突发事件发生时的应急行政法治化的研究，而基本将政府危机管理中的前期矛盾预防减缓和后期善后的长期监测两个阶段没有充分的纳入视野和理论范畴，而这两个阶段恰恰是维稳理念下处于长期而普遍的社会危机防治行政的核心。

我国国内当前对于维稳理念下社会危机防治论题相关研究主要是一些期刊论文，如上海政法学院的汤啸天教授，他从 2005 年开始发表与社会矛盾及社会稳定问题有关的文章①，从这些论文的内容来看，主要从国家政治、党的政策的角度对维护社会稳定的问题作出阐述，对社会问题的观察和解决给出了一定政策上的建议和指导。但是令人遗憾的是，没有见到作者专著性质的书籍，使得对这个论题的研究和关注缺乏系统性和成果性。

从以上已有的研究，我们可以看出，不仅政府危机管理法治化研究起步较晚，而且在已有的研究中，由于传统上重应对而轻预防的思想导向，理论研究上也突出表现在对突发事件紧急应对政府行为及其法治化的探讨。政府危机管理的两个基本构成阶段中，危机防治行政虽然在实践中逐渐受到重视，但理论上无论从行政学还是法学都欠缺对此阶段的理论研究。在当前中央倡导维稳工作的大潮下，以维稳理念为指导的社会危机防治行政还期待法学学者对此涉及的法律问题倾注关注和研究。

### 三、研究意义

（1）对社会危机防治行政法律规制的研究，有利于将常态下的社会危机防治行政与紧急状态下的应急行政相区别，既能有效排除紧急状态下行政权力的侵害和扩张，又能引导维稳理念下社会危机防治行政在正当性的道路上行进，消除因各种维稳乱象造成的社会警惕和不信任，奠定和谐社会的心理认同基础。

政府危机管理从大的阶段上可以划分为危机预防和突发事件紧

① 文章包括“非传统安全对执政党的考验”，载《探索与争鸣》2005年第8期；“信访制度的改革与社会稳定”，载《探索与争鸣》2005年第4期；“引导公民理性有序表达意见”，载《社会观察》2005年第3期；“指导公民正确维护合法权利：政府的责任”，载《长白学刊》2007年第6期；“政府在公民维权中的指导作用和接受监督”，载《社会科学》2007年第10期；“谨防‘花钱买了不太平’”，载《今日政坛》2008年第7期（上）；“关于维护社会稳定的思考”，载《学习论坛》2009年第2期；“再论人民表达权的行使与政府的保障”，载《同济大学学报》2010年第3期；“用大兴批评与自我批评之风化解社会矛盾”，载《江南社会学院学报》2010年第2期；“政府在化解社会矛盾中指导公民维权的责任”，载《法学杂志》2011年第10期等。

急应对两大阶段，公共危机事件一旦发生，造成危害的紧迫性和严峻性，都逼迫政府将关注力重点投入到公共危机事件的紧急应对上。因此，应急行政成为政府危机管理的核心，形成了长期以来在危机管理上，重应对而轻预防的状态。在理论上，也是将紧急状态和突发事件中的行政权力的保障和行使作为关注的重点。大量极具破坏性的公共危机事件，不断地向我们昭示，危机防治比之突发事件的紧急应对更具有深远的意义。我国政府危机管理的理念在阶段上也开始逐渐向危机防治转移。但是由于社会危机防治行政是针对潜在危机的治理，其与紧急状态下的应急行政有本质的区别，只有将二者区别开来，理论上为社会危机防治探究出基于自身本质的理论基础和价值学说，排除紧急状态下应急行政的正当性理论对社会危机防治行政的不当指引，确立维稳理念下社会危机防治行政理论衡量标准，对实践中社会危机防治行政的各种不当行为给予理论的修正和评价，不断引导社会危机防治行政向正当性和社会认可的道路演进，有力消除因各种基于僵硬的维稳理念指导而生的社会危机防治行政乱象造成的社会戒备和心理裂痕，为政府危机治理奠定心理认同基础。

（2）对社会危机防治行政法律规制的研究，可以推动政府危机管理中社会危机防治行政的规范化运行，制约和监督行政权力，有效救济公民权利，促进依法治国和社会主义和谐社会的整个事业的建设。

自法治国家思想兴起后，资产阶级信奉管得最少的政府是最好的政府，奉行“无法律即无行政”，一切行政权的行使必须有法律的明确授权。政府的一切行为，不论其为原则性的、程序性的或技术性的，必须有法律的明确规定，政府行政自由裁量权处于相对无作为状态。自现代福利国家兴起后，人们对于政府的态度大为改变，“少有作为的政府”转变为“大有作为的政府”。现代民主立宪国家行政机关的职能不但有逐渐扩张的趋势，而且亦拥有广泛的行政裁量权，行政机关的权限逐渐扩大，20 世纪以来，国内外政治经济的变迁急剧化，需要政府以明智果断的精神，及时采取措施，建立一个更加合宪、更加有效的政府，是当今民主立宪国家危机管理的必然趋势。宪法确立国家权力的来源以及对公民权利的确认和保障。即使在公共危机防治与应对时期，即对危机的减缓、预防、监控、应急和救助善后的时期，政府的权力也必须具有法理上的正当性和法律上的合法性。将维稳理念下的社会危机防治行政置于公众监督之下，既保证了公民的宪法权利，又有利于宣传政府维稳理念、获得民众的理解和支持，更有效地调动社会参与危机治理的热情，同时，还有助于降低政府危机治理的成本，推进国家与公民社会的协调发展。政府危机管理整体而言，都不应当脱离法治理念和国家的法律制度框架，依法行政，在社会危机防治行政中也具有统摄和规制的作用。对非常态下的研究和关注视角逐渐转移到对常态下社会问题的长期关注和危机防治的研究上，将日益常态化的社会危机防治行政内容纳入成熟科学和制度化的运行之中，将促进依法治国和社会主义和谐社会的整个事业的建设。

（3）对社会危机防治行政法律规制研究，可以从维护社会稳定的宗旨上，完善我国服务型政府的建设。

随着时代的发展，人们不再过分依赖于作为传统基本人权的自由权和财产权，而是更加依赖于新的人权，即经济上的分享权。个人生存问题已由传统上个人照顾的“自力负责”，转而成为由社会力量来解决的“团体负责”，政府负有生存照顾的义务，服务成为政府的核心职能，这种行政模式即服务行政。提供公共服务应成为当前政府施政重点，政府应关注现实中各种凸显的社会矛盾和社会问题，迫切需要解决好失业、收入差距、城乡差距、社会弱势群体保障、腐败、环保等问题，创造良好的社会环境，实现从经济目标优先向社会目标优先的转变。维稳理念下社会危机防治行政的目标和宗旨从更广泛的领域实践和推进着服务型政府的建设和完善，政府主要职能在于宏观调控、社会管理和公共服务方面，社会要求政府提供系统性、制度性、公平性、可持续性的公共服务，在广度上和深度上不断深入的社会危机防治行政作为社会管理创新领域的重点内容，法律视角及其法治化的努力都将推动服务型政府的发展。

（4）社会危机防治行政法律规制的研究，有利于构建政府疏导机制和公民利益表达机制的互动运行机制，实现从管制型的静态稳定，到回应型的动态稳定的职能转变。

面对多元化的利益主体和凸显的利益矛盾的现实，利益表达问题，尤其是弱势群体的利益表达问题，是一个不可回避的问题。政府在面临社会发展中的各种冲突时，冲突的过程就是社会制度结构的再改造过程，政府的作用就在于主动适应社会变迁，引导社会理解各种冲突以及可能引发的治理危机，这应是政府实施危机治理中的重要一环，在制度化安排逐渐成熟的基础上，它将使政府危机防治行政回归到社会基础上。① 基于社会秩序和社会正义的需要，制度安排被引入利益协调的过程中，利益矛盾的疏导是政府发挥其可信赖价值的核心。

提及公民的利益表达，政府不应有如临大敌的压力，更不应该将老百姓的利益诉求与社会稳定对立起来。应该善于倾听、收集、分析、回应不同的利益表达。从社会治理的角度，将传统的刚性管理手段转变为现代行政交流对话下弹性的回应型行政模式，此种方法才有助于实现转型期下社会的动态稳定。政府的利益疏导机制和公民的利益表达机制的互动目标的实现，本质上需要实质性地推进民主法治的进程，将维稳理念下的社会危机防治行政放置在客观法治的轨道内，进一步加强和完善长期的法治政府建设。

## 四、本书的基本结构和研究方法

### （一）基本结构

历史上众多的社会发展变革表明，重大的社会结构调整总是借助事件的发生、治理和完善而展开的。本研究在分析框架上主要遵循以下逻辑：政府危机管理的应急行政与预防行政的治理模式在类型上和阶段上存在着明显的区别，并力图为常态化的社会危机防治行政探讨理论构建，这将包括如下几个思维视角：应急行政与常态下危机防治行政的区别和衔接，政府维稳与公民维权的理念关系与模式选择，政府疏导沟通机制与公民利益表达机制的对应模式，政

① 蔡志强．社会危机治理价值变迁与治理成长．上海：上海人民出版社，2006：166.

府与社会二元主体在社会危机防治中角色分担与互动等。社会危机治理，在一定程度上直接取决于一个国家的法治水平，危机防治行政是政府危机管理中的重要构成部分，法治化的治理才能持久地保证民众安全拥有确定的自由，才能够实现对于权力滥用的监督和制裁。

由于政府危机管理下社会危机防治行政面对的阶段，是突发事件还未发生或突发事件已经慢慢淡出人们视野的时间段上，公共危机的紧迫性不强，突发事件造成的混乱和恐惧逐渐消失，行政紧急权力行使的时空条件丧失，但政府危机管理从应急状态延续下来的高度警觉神经，导致行政行为的高度紧张性和权力行使的超常态性不时的出现，并成为潜在危害力量。由于当前理论的研究虽然是将政府危机管理作为整体来研究，但无论是从行政学、管理学的角度，还是从法学的角度，都将重点放置在围绕突发事件的发生发展和紧急状态下的行政权力行使的范围而展开，我国当前各级政府纷纷设立应急办公室，应对突发事件的管理。而真正将政府危机管理的重心前移，即重视和研究社会危机防治行政的环节，才是近两年的事。因此，对常态下的社会危机防治行政在理论上进行正当性研究与非常态下的政府应急行政有着同样重要的价值和意义。

本研究除导论外，共分六章。第一章政府危机管理下社会危机防治行政基本理论探讨。第二章社会危机防治行政的法学理论正当性探讨。第三章社会危机防治行政法律原则的型构。第四章社会危机防治行政法律体系的构建。第五章社会危机防治行政的二元主体合作：政府与社会组织。第六章社会危机防治行政的二元互动机制：维稳与维权。论文秉承着行政法治的基本理念和路径，在界定社会危机防治行政概念的基础上，从行政法对行政规制的基本路径逐级展开，即目标领域的正当性基础理论、目标领域的法律原则指导、行政主体的规范化、行政行为的规范化和权利救济规范化等几个层面，形成对社会危机防治行政法律规制的整体逻辑框架。

### （二）研究方法

研究方法是作为主体的人类认识作为客体的社会现象，揭示其内在规律的途径和桥梁。“在探索的认识中，方法也同样被列为工具，是站在主观方面的手段，主观方面通过它与客体联系”①，研究方法直接决定了研究成果的成败和风格。从法学领域的学派发展史来看，不同的学派都是由于不同的研究方法造就了其研究风格和理论特色，无论是康德的哲理法学派，萨维尼的历史法学派，还是庞德的社会法学派，其风格的确立都源于其研究方法的独具特色，及方法引导下理论的独具匠心。在马克思主义法学方法中，最根本的在于辩证唯物主义和历史唯物主义方法。笔者的研究基本也是建立在坚持法学研究的唯物性的基础上，将基本的概念、范畴和原理都建立在丰富的实证材料上，同时，用历史的眼光去考察法的现象，将研究对象放置在一定的历史范围内加以分析，阐明事实与理论之间的内部联系。在坚持马克思主义方法的同时，笔者将运用其他科学研究方法，吸取其中的营养，如历史考察的方法、比较分析的方法，价值分析的方法、规范分析的方法、理论联系实际等方法，具体的研究方法表现为：

第一，运用抽象概括的概念分析方法对社会危机防治行政进行界定，对社会危机防治行政进行划分和界定，运用价值分析的方法对其进行分析确立，并运用比较分析的方法将我国政府危机管理与西方国家的危机管理进行对比研究，以期为作类型化的、有区别地交流和借鉴打下基础。同时，将其与当代中国的政府应急管理和社会治安综治治理进行区分和联系分析，以期厘清社会危机防治行政的理论范畴和适应领域。

第二，运用历史分析的方法和文献调查方法对世界范围中主要国家，在处理和解决公共安全事件中的政府危机管理的措施和法制化发展的理论和实践进行梳理，继而运用比较分析的方法对西方政府危机和维稳行政方面法制及法治化状态作出客观评价，抽象出一般性的理论和价值原则。

第三，以规范分析的方法，对我国社会危机防治行政中的行政主体、行政组织的设立，及其职权职责的法律授权内容进行介绍，

① ［德］黑格尔．逻辑学（下册）．杨一之，译．北京：商务印书馆，1976：532.

对目前政府社会危机防治行政在主体、权限等方面存在的问题进行剖析，在确立社会危机防治行政法律功能和原则的基础上，进一步考察非紧急状态下预防行政的法律理念、指导原则和权力运行状态。从公民权利角度而言，对公民常态下社会危机防治行政时期下的权利和自由进行规范性的解说，并对法治的宗旨和目标进行权利本位确立下探讨和界定，分析在社会危机防治行政阶段，公民权利和自由可让渡的合理界线，从规范的角度上来把握公民应然权利和实然状态之间的差距。

第四，运用理论联系实际的方法，对社会危机防治防治行政的权利救济途径和权利维护实效进行考察，分析各种权利救济机制（如行政调解、行政信访、行政申诉、行政补偿、人民调解等）在社会危机防治行政中的积极作用，关注各种不同救济机制的相互配合和衔接的关系，并对权利救济机制的制度供给优缺点给予一定的评价，对相应制度的完善提出了作者的思考。

# 第一章　政府危机管理下社会危机防治行政的基本理论探讨

## 第一节　风险社会与公共危机

### 一、全球化带来的风险社会

全球化是人类共同发展面临的综合命题，它可以从政治、经济、文化等多个维度进行解读。其中，经济全球化使人类面临两难境地，一方面，它为人类带来了福祉，为世界创造了无数的就业机会，为千百万人开辟了新的生活机遇，促进了各国经济快速增长，生产要素高速流动，制度创新层出不穷；另一方面，经济全球化有其危险可怕的一面，它所蕴涵的巨大风险是前所未有的，经济全球化不仅使世界面临金融风暴、环境破坏、经济犯罪、社会发展不平衡等问题，而且使发展中国家有可能出现经济发展失衡并导致政治动荡。人类正是在全球化进军的凯歌中悄然地踏进了“风险社会的门槛”，无数不确定的不安全的“陷阱”和可知或不可知的“危机”潜伏在人类前进的道路上。高风险社会就此降临。

“风险”、“危机”与“灾难”是人类进入到21世纪以来政治、经济领域中出现的高频词汇，这一现象表明危机、灾难已离我们越来越近，时不时地就会降临到个人、家庭、组织、社会、国家的头上。鉴于人们对自然灾害、战争灾难、恐怖主义、生态恶化的深刻体验，风险一词已经成为当今人们日常生活中频繁使用，并与危机和灾难关联使用的最重要的概念之一。德国学者乌尔里希·贝克（Ulrich Beck）在其《风险社会》一书中提出了“风险社会理论”，认为风险社会是继工业社会后并传承工业化社会所有危险的一个危险的新社会阶段，因此风险社会的特征是：坐在“文明的火山上”，贝克还用一句话诙谐地揭示了工业社会与风险社会的最大差异：“工业社会的推动力可以用一句话来概括：我饿！风险社会的集体性格则可以用另一句话来概括：我怕！”① 贝克在随后著的《世界风险社会》一书中，又提出了“世界风险社会”的重要概念，强调风险的普遍性和危机的当下性。在他看来，与其说我们生活在一个充满机会的社会中，不如说我们生活在一个充满危险的社会中。并提出要对现代化进行反思，要进行新的“现代化”就是要提倡关注生态危机、经济危机、社会失衡危机、道德失范危机、社会文化危机等的“第二次现代化”。风险社会充分的表明我们现在所处的生存环境比以往任何时候都更加充满“复杂性”、“不确定性”、“不可预见性”和“危险的扩散性”。由于现有的科学技术还不能有效地应对各类风险带来的普遍性危机的爆发，现有的社会制度法律对灾害性的危机爆发也缺乏足够的应对能力，所以人们从来没有像现在这样陷于对普遍性危机的深深焦虑之中。

风险社会所预示的危险状态正是对当今迅速发展的人类社会所发出的警告，虽危险重重又面临种种问题，但人类发展的飞速列车却又无法停止。在发展中现代化又使自身处在“制造”的“风险”之中，例如：城市化是经济发展所带来的必然结果和所需要的，但城市化的过程中又酝酿着多种冲突和矛盾，并为群体性事件和突发事件的发生种下潜伏的危险。人类在发展与安全的两难性冲突下导致自身的深度焦虑。人类除了面对作为整体的普遍性危机，人类社会还存在着各种各样的局部性危机，这些局部性危机的治理失效继而会转变为普遍性危机。正如有学者指出的：“‘高风险社会’揭示的事实是：‘传统’的安全正在失效，‘非传统’的安全正在成

① ［德］乌尔里希·贝克．风险社会．何博闻，译．南京：译林出版社，2004：57.

为问题。”① 所以风险社会的来临向世人清晰地表明：传统安全维护手段失效，非传统安全问题凸显在人类面前，我们不得不拿出应对危机的智慧和勇气。

## 二、公共危机的概念

### （一）公共危机内涵

危机从字面上来看，是一个令人紧张的字眼，危机一词在中国式的政府术语中，是不被直接使用的，与我们探讨的危机相关的表达，当前社会情境下人们用许多词汇来描述种种情境：突发事件、紧急事件、突发群体性事件、公共安全事件、突发公共卫生事件等。透过种种的事态描述的表象，本质上都指向了社会的警示信号：危机。那么我们就需要对危机寻找一个比较全面的定义来框定危机的特性。

危机概念及政府的危机管理都是滥觞于西方的理论，由此对危机的概念考察也应溯源到西方。从词源上考察，危机（crisis）本来是一个医学术语，志仁濒临死亡、游离于生死之间的那种状态。随着经济社会的发展，“危机”一词被广泛引申并适用于社会各个领域。对“危机”理解和赋予的内涵也逐渐丰富起来。从事件角度来理解：危机就是对一个社会系统的基本价值和行为准则架构产生严重威胁，并且在事件压力和不确定性极强的情况下，必须对其作出关键决策的事件。从秩序角度来理解：危机是由于内在矛盾的激化，组织已经不能按照原有的轨道发展下去，同时，新的秩序又没有建立起来。新旧的摩擦使新旧两种机制都不能发挥有效的作用，会出现大量的失控、失序、失范和混乱。从决策者角度理解：危机通常是决策者的核心价值观念受到严重威胁或挑战，有关信息很不充分，事态发展具有高度不确定性和需要迅速决策等不利情景的汇聚。从危机局势理解：危险必须是异常的，以至于采取维护公共安全、卫生和秩序所允许的正常的措施或限制版已明显不足以控

① 余潇枫．非传统安全与公共危机治理．杭州：浙江大学出版社，2007：10.

制局势。从学术研究的角度看，学者们对危机的定义已达上百种之多，之所以有这么多的定义，是因为学者们对危机定义所侧重的视角不同，表述的方法也各有差异。

危机一词由“危”和“机”两字组成，中国的汉字组成的“危机”这个术语最圆满地表达出了危机所蕴涵的相互转化的两个方面，即“危险”和“机遇”，是组织命运的“转机与恶化的分水岭”。危机是潜在威胁的“现实化”，“化”意味着是一个趋向某状态的实现过程，危机的最本质特征可概括为：使一个正常运行的系统趋于或陷入某种中断或失序状态而导致重大不良后果。

“在危机的界定标准方面，不可能有全球统一的标准，各国应该制定适合本地情况的界定危机或危机等级的标准。”① 对危机的认识应该把握的三个方面的要素：“其一，应将危机与突发事件区别开来，危机本身不是事件，而是一种异于常态的特殊状态，这种特殊状态一般是由突发事件引起的，系统失去平衡的状态。尽管这些危机不是由突发事件引起的，但它们会引发突发事件，从而导致更大的危机，此时，就表现出突发事件和危机互为因果。其二，危机具有高度的危险性，危机使国家利益、公共利益和公民的个人利益受到严重威胁，使部分或整个社会处于高度危险之中。其三，如何应对和化解危机是对政府和社会最大智慧的考验。防范严密，反应迅速，处理得当，可以转危为安，反之损失惨重。随着频繁多发的一系列危机事件的接连造访，危机预防及其应对正在成为国家政府和社会生活中必须随时予以关注的重要话题。危机治理成为现代社会政府管理的一项重要职能。

**（二）公共危机的分类**

（1）按照引发危机事件的动因性质可以划分为：自然危机和人为危机。② 自然危机是因为不可抗力引起的自然灾害，是一种人类不可预期的、无法控制的外力造成的危机，如火山爆发、地震、

① 黄顺康．公共危机管理与危机法制研究．北京：中国监察出版社，2006：4.

② 吴江．公共危机管理能力．北京：国家行政学院出版社，2005：4.

海啸、水灾、旱灾等；人为危机是由于人为因素引发的危机事件，由一定的社会矛盾引发社会冲突行为而导致的社会失衡和混乱，如战争、暴力对抗、民族冲突、宗教对抗，恐怖主义事件等。人为危机根据引发危机的人的主观意志和心理状态的不同又分为人为过失导致的危机（通常称为重大事故）和人为故意导致的危机（通常称重大社会事件）。我们往往将前者又称为技术发展型灾害，通常与科技发展的负面作用有关，在现代社会中呈现日益增多的态势；如矿井安全事故、建筑安全事故、交通安全事故、生产事故、危险化学品事故等，而将后者称谓为各种社会事件，主要是由社会长期积淀的矛盾所引发，如种族冲突、社会骚乱、恐怖活动、非法聚集、恐怖袭击、静坐游行等。当然，这种划分类型只是相对而言的，有些公共危机事件很难说是自然原因引起的，还是人为原因，而且不同类型之间常常可以相互转化。①

（2）按照危机事件的性质将其划分为几种类型：一是政治危机。政治危机是指各种政治集团之间因利益矛盾无法进行协调、平衡而引发的政治冲突，如政府更迭、恐怖活动、战争、暴乱、大规模政治性罢工、政府集体辞职等。从公共安全的角度出发，一个国家最为严重的公共危机就是全面内战，军事政变会使合法政府被推翻，引发宪政危机，长期的全面内战会给一个国家的民众造成巨大的人员伤亡和财产损失。二是经济危机，经济危机是生产能力过剩的危机，是市场经济发展与调节之间矛盾的产物，我国已步入市场经济轨道，这是存在经济危机的现实性条件。按危机发生的领域，有银行危机、股市危机、货币危机、金融危机等，如 1998 年从东南亚席卷全球的金融危机，2008 年从美国因次贷危机而爆发的全球金融危机等。三是社会危机，主要是由社会长期积淀的矛盾所引发。社会危机主要表现为各种群体性事件，多是由于社会分配不公、不同利益间的冲突、官员腐败等因素所偶然引发的，不带有政治目的的突发性群体冲突。我国政治和法律类的文书中过去一般使

① 中国行政管理学会课题组．建设完整规范的政府应急管理框架．中国行政管理，2004（4）：8-11.

用“骚乱”、“暴乱”等称谓，如《戒严法》称“严重骚乱”是指严重威胁国家的统一、安全或社会公共安全的紧急状态。

（3）根据公共危机的成因，可划分为原生型公共危机和派生型公共危机。公共危机常常会在一定范围内出现“并发综合征”，即在原生的公共危机造成危害的基础上又引发了其他危机。如洪水和地震引起了初级破坏性质的危机，此即原生型公共危机，而洪水和地震引发的牲畜和人的死亡由于卫生防疫的重视不足，而引发传染疫病流行，产生了派生型危机。区分原生型公共危机和派生型公共危机的意义在于，当我们面临着纷繁复杂一系列突发公共危机时，必须抓住主要矛盾，首先处理好原生型危机，同时，在治理原生型危机是又要防止和治理好派生型公共危机。

（4）从危机情境中的主体的态度角度可以将危机划分为一致性公共危机和冲突性公共危机。一致性公共危机是指在危机中的利益主体具有相同的要求，如在重大灾害面前全民的诉求高度一致，出现全民众心凝聚、万众一心的救灾场面；而冲突性公共危机，则是指危机状态中存在着两个或两个以上的不同利益主体，它们之间的利益相互矛盾，甚至相互对抗，如种族冲突、宗教冲突等。当然，这两种危机也存在相互交叉和相互转化的问题。人们通常认为自然灾害是一致性公共危机的典型，然而，其中也潜藏着冲突的可能，由于社会资源是有限的，受灾地区和非受灾地区会产生一定的利益矛盾和竞争关系。不能简单、机械地去看待危机中的争执各方，由于利益变化带来的行为博弈矩阵的基础条件变化以及许多不可预测的条件变化都会导致具体模式的瞬息转变。就像国际关系中没有永久的盟友，也没有永久的敌人，只有永久的利益一样。从这个意义上来说，公共危机的治理需要动态、准确地把握事态发展中不同利益相关者可能的行为逻辑。

根据突发公共事件的发生过程、性质和机理，我国2007年出台的《突发事件应对法》将公共危机分为自然灾害、事故灾难、突发公共卫生事件和社会安全事件。各类突发公共事件往往相互联系和影响，有时还可能引发次生危机和衍生危机，或者几种公共危机事件同时发生。如上所述，对于危机的分类从不同的角度有不同的种类，对危机分类的研究也只能为我们提供一种理解危机的视角，对于危机的研究不能以一种固定的标准来进行，更重要的是要动态、深入地看待公共危机的发生、发展和演变的过程。

本研究对公共危机研究的视角，是将公共危机的基本类型作整体系统分类的基础上，突出公共危机社会性因素，个人主张将公共危机在类型上划分为客观性公共危机和主观性（人为故意）公共危机。而前一类又可分为自然灾害危机和重大事故（人为过失）危机，这类危机与自然现象和规律的客观发展相联系，属于客观世界中具有自然规律属性和客观属性的公共危机，其中事故性的危机，如交通和生产安全领域危机。在科学和技术上有较强的自然规律性可认识和掌控，因此自然科学性的属性更强。在日常生活和生产中，可以通过技术性和科学性的生产技术方法、专业管理方法进行加强来予以减少或消除，故这类公共危机不是本研究探讨的重点，并不把这类自然客观规律性、技术性的公共危机治理作为重点。当前中国社会的公共危机情境，突出地表现为长期以来基于社会自身，各种经济的、政治的、文化的、制度的因素长期积聚而产生的社会性的公共危机。本研究的着力点在于侧重关注社会性潜在的公共危机，但并不探讨我国是否已经存在或者即将发生的什么样的社会危机，而是试图构建一个基于对中国社会发展的当代危机情境而由学者理论推演出的一套政府治理社会危机的进路，结合目前政府维稳工作和社会危机防治行政的实践，从理论上探讨中国政府危机管理下社会危机防治行政法律规制的理念、思路、机制与实现路径。

当然任何危机都不是孤立的，而且公共危机在不同的类型下出现之后都会在一定的时空条件和介入性因素的汇合下发生相互作用和连锁反应，自然性和事故性的灾害危机在政府应对、管理和控制的过程中，也可能由于决策不当或执行不利而引发社会性的衍生危机，所以尽管本研究侧重社会性公共危机的理论分析和研究，但自然性和事故灾害性的公共危机仍然是当前社会危机防治行政中应当考察和关注的，有所侧重的同时又做到兼顾各类不同的公共危机，由此才符合维稳理念下的社会危机防治行政的宗旨和目标。

## 三、公共危机的危害

危害性和破坏性是公共危机的本质特征，即公共危机对生命财产、社会秩序、公共安全或国家安全构成严重威胁。任何公共危机都具有威胁性、危害性和破坏性，没有威胁性的事件，没有负面影响的事件不能称为公共危机事件。公共危机损害的客体主要包括：

第一，直接或间接损害公私财产。公共危机都会不同程度地损害公共财产和个人财产。造成的直接经济损失是最直观和可客观统计的。而造成的间接地损害和对未来经济发展的影响，也可通过对公共危机造成的危害程度，逻辑推演和估算，有些危害和破坏在危机发生时就显现出来，有些危害则需要经过一定时期才会反映出来，有一个较长的影响期，就危害性和破坏性而言，往往是无形的和长远的危害的破坏性更大，也更难消除，而且往往容易被人们忽略，因此必须给予高度重视。

第二，危及公共安全。公共安全是社会生存和发展的基础。很难想象，在一个缺乏必要的公共安全，人人自危、草木皆兵的社会里，人们还能够全身心地工作或生活。只有当社会主体具有充分的安全感时，社会才在有序安定中发挥活力。一个社会的公共安全程度，可以视做衡量其稳定性可靠性的重要指标之一。而公共危机的危害性就在于它能严重破坏公共安全，使人们陷入一种可怕的恐惧之中。因此，维护公共安全，自古以来都被认为是以政府为核心的公共管理的首要职责。与传统社会比较而言，由于现代社会中危害公共安全的公共危机事件种类越来越多，人们对于公共安全感的心理需要也越来越高。政府维稳行政责任也就因此变得越来越重。

第三，威胁社会稳定。无论是自然性或社会性的公共危机，危机都会带来破坏公共秩序的严重后果，对社会稳定构成最直接的威胁，与一般社会的违法犯罪行为比较而言，公共危机事件对公共秩序和社会稳定的影响对社会机体来说都是致命的，极有可能导致局部甚至整个社会失序。一旦正常的公共秩序被破坏，混乱的局势可能扩大、升级，还必然会引发各种机会主义行为与短期行为，整个社会就可能陷入可怕的无政府状态。

第四，减损公众福祉。“天时地利人和”、“风调雨顺”、“国泰民安”，自古以来一直都是人们期望的一种理想的社会状态，这种社会状态会给国民带来福祉。但危机往往会粗暴无情地破坏这种和谐状态，几乎所有的公共危机事件都会带来一个公共的不利结果，那就是减损公众福祉，如从天而降的自然灾害，使得公私财产顿时化为乌有，民众的家园消失，无家可归，甚至还会引发瘟疫流行，雪上加霜。令人生畏的恶性传染病不仅无情地吞噬者人类的生命，而且还带来了经济的萧条，并有可能引发普遍的社会危机。①

公共危机并不都是负面的和不利的。从哲学角度来看，危机也不是绝对的坏事，因为危机往往又是生机、转机的开始，所谓“祸兮福之所倚，福兮祸之所伏”就是这个道理。基于此，危机也可发挥社会安全阀的作用，其有关机制可借用以下的描述“通过它，社会能在面对新环境时进行调整。一个灵活的社会通过冲突行为而受益，因为这种冲突行为通过规范的改进和创造，保证它们在变化了的条件下继续。而一个僵化的社会制度不允许冲突发生，它会极力阻止必要的调整，而把灾难性的危险增大到极限”②。从危机参与者的角度来看，对待危机事件上存在主观和客观的两种视角，从客观视角看是造成损失、出现失序等不利的结果，但从主观上来说，危机有可能被认为是诱致变革的有利时机，一些人的危机有可能是另一些人的良机，一般来说人们不会在共同面对一些自然性灾难的时候产生此种念头，但是在社会性危机上，人们往往存在不同的认识，因为此类危机的根源上来说往往是人们通过一些行为去表达现实生活中积聚已久却无从宣泄的矛盾和积怨，这时危机事件恰恰成为暴露社会问题的机会，危机就督促作为整个国家治理者的政府积极面对，必须时不我待地采取措施化解危机，促成变革的实现和完成。正如美国社会学家刘易斯·A. 科塞所认为的，“社会

① 黄顺康．公共危机管理与危机法制研究．北京：中国检察出版社，2006：14.

② ［美］刘易斯·科塞．社会冲突的功能．孙立平，等译．北京：华夏出版社，1989：114.

冲突具有减轻和缓解冲突双方敌对情绪，向统治阶级和社会管理者显示民情，社会整合和“激发新规范、规则和制度的建立的功能”。

因此，危机始终与社会的发展并行，社会的演进同时孕育着增强人们抵抗危机的能力。社会的每一次演进与飞跃，都伴随着制度的变革，而制度变革又往往与当下的社会危机相伴生。在现代社会的运行中，一定程度的社会冲突是无法避免的，按照约瑟夫·熊彼特的观点，社会发展的过程必然包含必不可少的“建设性破坏”①，在此“破坏”对于“建设”来讲是必要的和前提性的，这之中便蕴涵着辩证关系。

## 四、当前我国社会危机情境与原因

改革开放30多年来，中国经历了多重重大改变。随着经济的高速发展和改革的不断深化，使我国当前正处于发展经济学上所预言的“非稳定状态”频发的“关键阶段”，尤其是从20世纪90年代后期开始，中国改革结束了“人人受益”的阶段，进入了一个“部分受益、部分受损”的阶段，中国社会进入了一个新的不稳定时期。由此《中共中央关于构架社会主义和谐社会若干重大问题的决定》提出：构建和谐社会是一个不断化解社会矛盾的持续过程。因此，中国当前正处于改革发展的关键时期，经济体制深刻变革，社会结构深刻变动，利益格局深刻调整，思想观念深刻变化，凡此种种都表征着当前正处于矛盾的凸显时期。

1. 贫富差距不断扩大

改革开放初期，城乡居民收入差距不大，但从1978年至2003年，我国的城乡居民的收入不平等程度从0.16上升到0.34。全国居民收入的基尼系数到2000年即突破了0.4的危险警戒线，2003年则达到0.461出现了较严重的贫富差距。② 而当前我国居民收入

① 蔡志强．社会危机治理：价值变迁与治理成长．上海：上海人民出版社，2006：5.

② 国家统计局．中国国情国力．

实际基尼系数已经超过了0.50，远远高于国际标准的稳定警戒线0.40。其次，地区发展差距进一步扩大。2000年，东部地区人均收入是西部的2.26倍。最高的省份与最低的省份差异超过3倍，而且平均数掩盖了实际差异。同时，行业间收入差距也日益成为社会关注的焦点，并且被多数学者和社会成员认为是权力资源配置有失公允的表现。据统计，行业间平均劳动报酬最高与最低之比在2000年为2.62倍，在2003年为3.98倍，2004年达到4.25倍。这还不包括工资外的福利收入。20世纪90年代后期以来，中国社会进入了一个新的不稳定时期。随着权力、资本和知识三种资源合流集中，日趋造成强势群体和弱势群体的两极分化。有学术界普遍认为单纯的经济增长并不能推动中国社会全面向和谐小康社会的目标挺进。

2. 利益分配格局重整，社会心理失衡增大

贫富差距不断增大的过程本身隐含着严重的社会危机。在常态社会的运行模式下，如果出现过快过大的利益分野，则表明利益实现的过程存在偏差。人们内心会逐渐积聚起合法利益到侵害甚至被剥夺感，造成群体性的社会不满。个体或群体性的不满情绪最极端的宣泄就会出现犯罪的高发，社会治安面临不断增大的压力。有学者根据研究指出"目前基尼系数每上升一个百分点，全国违法犯罪案件和治安案件将分别增加46.8万起合27.05万起。"① 当然，贫困问题并不是导致社会危机的必然原因，在中华人民共和国成立初期均质化的贫穷状态曾经呈现出的社会治安良好的岁月，被老一辈人在感叹当前社会价值失衡时怀旧眷恋。但贫富分化带来的社会公平正义的价值失衡感、民众生存压力巨大、社会保障乏力、民众自我发展能力低下的状态下，很容易引发非法社会性事件。

3. 劳动就业形势严峻，社会保障机制不健全

尽管市场经济条件下，失业几乎难以避免，但是失业和就业难引发的一系列问题，便构成了对社会稳定的直接冲击。由此，解决就业问题和保有最低限度的社会保障与社会福利，就成为中国经济

---

① 蔡志强．危机治理与和谐社会．长沙：湖南人民出版社，2007：23.

社会发展必须着力解决的影响发展态势的基本问题。从就业压力来看，中国目前就业人数的增加基本上是着眼于城镇人口的就业问题，从农村土地中析出的人口却始终未能列入就业计划。实际上农村大量的流动人口涌入城市本身就可能与城市中的下岗工人问题，城市建设中的拆迁问题等会合，势必造成社会治理工作的沉重压力，如果政府未能有效解决其就业、生存和发展问题，则可能成为威胁城市公共安全的一大隐患。

产生当前种种危机的诱因，抛开自然不可抗力的因素，我们需要将关注点放置在社会因素层面。社会的变迁所涉及的是“社会结构与制度的全面分化、调整与重新整合过程，是利益重新分配过程，也是社会权力不断转移的过程”①。而社会层面包括政治、经济和文化基本的三个方面。②

从政治上来看，社会变迁带动了社会分化、流动和公民政治意识的加强。人们用新的眼光来审视自身所处的政治体制，渴望能够参与、表达和共同建设。而一旦缺乏正常的参与、表达和宣泄的渠道，就会聚集社会的异己力量，产生危机。从经济上来看，经济发展带来的贫富差距、地区差距和群体分化以及经济秩序紊乱，引发了社会普遍的不平等现象以及经济动荡，从而助长了社会冲突。从文化上来看，整体社会制度的变迁必须要有政治体制、经济制度和文化体系的协同发展，在社会的整合过程中，一个防止社会冲突的重要因素就是社会文化的一体化，文化认同和融合所包含的范围极其广泛，从社会共同语言，到维系一个社会的道德观念与价值体系，到公众的政治意识、宗教信仰等。如果一个社会的文化同质度高，人们有着广泛的价值认同，那么无疑社会的稳定程度相应地也会很高。相反，如果社会文化的异质性很强，那么社会冲突的爆发就会有了可怕的社会心理基础。中东地区的战火不断，恐怖活动的

---

① 胡宁生．中国政府形象战略．北京：中共中央党校出版社，1999：1186.

② 薛澜，等．危机管理：转型期中国面临的挑战．北京：清华大学出版社，2003：36-41 页．

此消彼长，其中一个重要的文化因素就是宗教文化的分歧。不仅仅是在原有不同的文化体系之间，而且更值得关注的是在制度变迁中，传统的价值观念的沦丧和现代的价值体系的扭曲或不到位，使得文化体系失去了稳定社会的功能。不能成为人类冲突减少的最后屏障，反而由此引发的危机频发，并且比其他原因引起的危机更持久和影响深远。

从整体上来看，进入20世纪90年代，我国社会结构进入全面分化和重新整合时期，资源配给的变迁、政府职能的转变、政策制度的调整，引发了社会发展过程中大量问题，如三农问题、城市化进程中的房屋拆迁冲突、失地农民利益维护问题，城乡社会保障与社会福利问题、弱势群体保障以及农村剩余劳动力转移问题，甚至社会主流的价值观和道德、信仰、信任危机等。凡此种种社会在演变中出现的问题，形成了社会发展过程中诸多不稳定因素，成为政府维稳工作的必要性和前提性因素。

政治与行政体制上，权力与人性结合后自身的缺陷，权力的滥用、权力腐败甚至政府失灵都可能造成社会矛盾激化。在许多政治学的分析框架中，国家与社会的冲突总是治理本身引发的，公共行政上行为的失当势必成为危机扩散的触媒，而权力滥用则直接引爆社会危机。政府职能的缺位是导致公共危机多发的深层次原因之一，有的地方政府十分关注经济工作和经济发展，而忽视对公共安全等公共事务的重视和关注，忽视对社会的管理，长期积累了矛盾。使社会在不断拉大的贫富差距基础上社会不公强烈凸显的情境下，形成了中国社会发展进程中特有的危机情境。此外，在全球化背景下日益复杂的国际关系中，基于利益诉求而不断被挑起的文明冲突与贸易摩擦，不断演化的恐怖主义危机，国际化社会形成中的社会融合与社会排斥等同样构成了对中国社会的潜在危机情境。基于中国经济社会协调发展的现实需要，稳定几乎成为这个社会治理系统最现实的基础和最敏感的神经。因此，当前中国社会的公共危机情境，突出地表现为社会自身长期以来，各种经济的、政治的、文化的、制度的因素长期积聚而产生的社会性公共危机。

从本质上来看，我国目前危机情境下出现的公共危机事件，其主体性质为非政治性的，主要的目的还是在于对社会民众的权利和利益的维护，关注社会弱势群体，寻求社会平等。而本研究的研究视角也是针对这类社会性、一般不具有政治性倾向的公共危机。需要强调的是，“由于社会转型的本质是利益格局调整，因社会转型而引发的矛盾与冲突总体上仍属于利益问题，绝大多数并不涉及敏感的意识形态因素，更不会引发大规模的社会动荡”①。未来中国社会的纠纷与矛盾的具体内容主要表现为利益问题，必须区分不同的矛盾与冲突，并认识到他们对社会秩序与社会稳定的不同含义，并力求在此基础上形成分类治理的具体机制。在中国当前法治政府建设的历史大背景下，从行政法的视角，探讨维稳理念指导下社会危机防治行政的基础理论，对社会危机防治行政的相关理论、路径作出正当性的指导。

## 第二节　政府危机管理下社会危机防治行政概说

### 一、维稳工作与公共危机

随着社会经济的发展，尤其是在经济全球化、信息网络化的今天，危机越来越多。我国的政治经济改革已进入攻坚阶段，在这样的变革过程中，社会结构的分化导致权力和利益的重新分配转移，酝酿着许多不稳定的因素，存在形成不同危机的可能，但我们的危机意识比较薄弱，还没有从社会稳定和国家政权生死存亡的高度关注危机，缺乏能够预防、察觉、化解危机事件的内在机制，这就需要我们从理论上对我国现阶段社会矛盾、冲突、成因、影响、预防、控制、消除等方面进行探索和研究，建立适合我国国情的危机应对机制，解决这一关系到中国社会长治久安和国家政权生存与发展的大问题。

“维稳”一词是“维护社会稳定”的简称，维护社会稳定是我国党和政府倡导的执政目标，更是社会长足发展、人们安居乐业的

① 左卫民．中国基层纠纷解决研究．北京：人民出版社，2010：468.

重要前提。在社会转型期，社会各种矛盾和利益冲突不断发生，维护社会稳定的执政目标和行政目标，就更凸显其价值和重要地位。政府维稳治理与公共危机之间存在紧密不可分割的关系。当中华人民共和国成立之初，整个社会处于百废待兴的历史背景下，虽然当时世界处于冷战的两极状态，意识形态领域的政治斗争严峻，并时时影响着国内的社会发展，贸易壁垒、经济封锁、政治打压、时而卷入军事战争等，在这种新中国面临困难的历史时期，外来国际社会的压力并未给中国社会带来国内治理上的太大困扰。影响中国社会进程的主要是中国国内自新中国成立以来经历的数次社会层面的公共危机，如 1957 年的“反右扩大化”，1959 年至 1961 年的三年困难时期，1966 年至 1976 年的十年“文化大革命”等，这些都涉及政治层面一定或大或小的震荡，但从历史的角度来看都未能促成中国政府全面铺开政府维稳治理的执政格局和行政态势。

公共危机和维稳工作之间有着怎样的关系呢？从二者之间的事物因果关系来看，公共危机是社会动态发展中社会各因子自然运行过程中释放的势能积聚到一定标准时出现的规律现象，是一种正常情景下的非正常的社会现象。公共危机事件一般与紧急应对有着问题与解决问题之间的对应关系，所以危机事件的频繁出现，各国都在加强对各类突发事件的紧急应对方面的策略、措施、运作机制和机构设置等各方面的积极建设，尤其突出应急管理的体系的构建，将政府作为“消防员”角色的业务素质锻造的日益精益求精、所向披靡。美国就是一个很好的例证，人类总是在失败中学习和前进的。美国在“911”事件之前，从来没有意识到和学会在他们的国界内同恐怖主义或任何的敌对行动一起生活，甚至 1993 年世贸中心爆炸也未改变这一情况。但“911”事件对拥有最先进的武器和最发达的信息情报网络的美国却是致命一击。美国在“911”事件发生后，联邦政府各个部门都迅速有序地采取着不同的应对措施，相互交织又有机协同。说明美国的危机管理体系的成熟不仅是在于几个关键部门的设置，更为重要的是从政府的立法角度对相关事务形成制度性的设计。①

我国对公共危机的全新认识是在2003年“SARS”事件爆发后，对政府的危机处理能力提出了一个严峻的考验，这次危机的特殊性，其影响远远超出了经济层面，政府对事件的应对，直接关系到中国以及华人在全球的国际形象，关系到政府在民众中的公信力。政府需要建立的不仅仅是公共卫生应急体系，而且更为重要的是一系列公共管理体制的建立和政府职能的变革。在自然性公共危机爆发严峻的时期，社会性公共危机也在悄然攀升，2005年发表的《社会蓝皮书》表明，从1993到2003年间，中国的“群体性事件”数量已经从1万起增加到6万起，参与人数也由73万人次增加到约307万人次。与“群体性事件”相伴的是信访的激增。2003年被媒体称为“信访洪峰年”。据统计，2004年国家信访局受理群众来信比2003年上升11.7%，接待群众来访批次、人次分别比2003年上升58.4%和52.9%，②

在面对越来越多的社会性公共危机的时候，政府越来越清醒地认识到对社会性公共危机的源头性稳定治理，才是对公共危机占据主动性、占据制高点的治理，由此政府维稳治理在公共危机的严峻形势催促下，适时的顺应时代发展需求正式登场了，从2006年开始，中央综治办所公布的工作重点中，开始出现了“排查化解社会矛盾纠纷，维护社会稳定”的字样，政府维稳治理下社会危机防治行政开始贯彻到日常行政工作中。

## 二、维稳工作的溯源与现状

### （一）维稳工作的产生

当下，全国掀起了一场建设“基层信访综治维稳中心”的热潮，这是在2009年才开始试点的新举措，迅速得到推广，包括北

① 薛澜，等．危机管理：转型期中国面临的挑战．北京：清华大学出版社，2003：216.

② 邵道生．信访工作：将群体性事件消弭于未萌期．廉政瞭望，2005（9）.

京、山东、江苏、广东等在内的多省市，都表示将把“基层信访综治维稳中心”建设扩展至辖区内的每一个街道、乡镇。而部分地区甚至做到了“基层综治维稳点”进村。① 2009 年 12 月 31 日，中办转发了《中央政法委、中央维护稳定工作领导小组〈关于深入推进社会矛盾化解、社会管理创新、公正廉洁执法的意见〉》。

关于中共中央维稳领导小组的成立时间，从源流上可追溯到，2000 年 6 月 10 日中央成立了处理 FLG 问题领导小组，下设中央处理 FLG 问题领导小组办公室（对外称中央 610 办公室）。同年 9 月，国务院防范和处理邪教问题办公室成立，与中央 610 办公室合署办公。两者是一个机构两块牌子，列入中共中央直属机构序列。2003 年 8 月，正式成立中央维护稳定工作领导小组，中央 610 办公室失去称谓，成立中央维护稳定工作办公室。此后，各省设立“维护稳定工作领导小组”和维稳办公室，最早设立省级“维护稳定工作领导小组”的为云南省，设立于 2003 年“SARS”期间。

2005 年，中央综治办所确定的全国综治工作重点还是打黑除恶等一系列传统的“社会综合治理”的工作，而从 2006 年开始，中央综治办所公布的工作重点中，每年都有“排查化解社会矛盾纠纷，维护社会稳定”的工作任务和目标。随着社会治理工作向防治方向发展，整个综治委体系的工作重点也发生转移。

2010 年初，中央政治局常委、中央政法委书记周永康在《求是》杂志上撰文称“社会矛盾化解工作的重心在基层。乡镇（街道）要由党委副书记牵头，把政法、综治、维稳、信访等方面力量整合起来，形成综合治理的大平台”。这个大平台即是 2009 年开始在山东、北京、广东、江苏等省市开始试点，2010 年就要在全国推广的乡镇（街道）“综治维稳中心”。

综合各地报道，乡镇综治维稳中心整合综治办、维稳办、防邪办、信访办、司法所、安监所人员职能，实行“六位一体”合署办公。而中心主任则一般由乡镇党政一把手，至少是副书记出任，

① 香港文汇报，http://www.zaobao.com/wencui/2010/08/hongkong100822i.shtml，2010 年 8 月 24 日访问。

中心一般为正科级事业单位，主要工作人员从各相关部门抽调，但也往往外聘工作人员予以充实。维稳办正式“走向前台”，不再只是各乡镇的“内设机构”，拥有了与人民群众直接面对面的“门脸”。维稳工作从单纯的应对、处理不稳定因素逐渐融入到长期的“社会治安综合治理”之中。一个最近几年才从“社会治安综合治理”工作中派生出来的分支，现在有成为主流的趋势了。同时，政府维稳管理的目标和宗旨又显然超出了原有的社会治安综合治理所局限的刑事犯罪与治安违法的范畴。

根据山东、广东、江苏等地的实践来看，综治维稳中心，实际上是将原分管政法工作的副书记所对口单位进行整合。某些地区将司法所、乡镇人民法庭、派出所、工商所、城管大队等一切政法口工作都装进“综治维稳中心”的口袋，成为中心的“组成部门”。乡镇一级的“维稳办”连接了基层政法体系。

### （二）维稳工作与社会治安综合治理的关系

社会治安综合治理是在党委、政府统一领导下，在充分发挥政法部门特别是公安机关骨干作用的同时，组织和依靠各部门、各单位和人民群众的力量，综合运用政治的、经济的、行政的、法律的、文化的、教育的等多种手段，通过加强打击、防范、教育、管理、建设、改造等方面的工作，实现从根本上预防和治理违法犯罪，化解不安定因素，维护社会治安持续稳定的一项系统工程。①综合治理是解决我国社会治安问题的一个战略方针。

中共中央在20世纪80年代就提出了社会治安综合治理的方针。1991年2月19日，中共中央、国务院发出《关于加强社会治安综合治理的决定》，提出：社会治安综合治理的方针，是解决中国社会治安问题的根本出路。1991年3月2日，七届全国人大常委会第十八次会议，通过了《关于加强社会治安综合治理的决定》，强调：为了维护社会治安秩序，维护国家和社会的稳定，保障改革开放和社会主义现代化建设的顺利进行，必须加强社会治安

① 百度百科，http://baike.baidu.com/view/9871.htm，2010年10月2日访问。

综合治理。同年，中央成立了社会治安综合治理委员会，指导和协调全国社会治安综合治理工作。两个《决定》颁布后，社会治安综合治理在全国各地普遍推开。2006年开始，中央综治办所公布的工作重点中，每年都有“排查化解社会矛盾纠纷，维护社会稳定”的工作任务和目标。随着维稳工作向防治方向发展，整个综治委体系的工作重点也发生转移。

从中央社会综合治理委员会到中央维护社会稳定工作指导小组，在机构的形成关系上存在演变、内生、重合到综治维稳并行不悖的发展轨迹。维稳理念下社会危机防治行政与社会治安综合治理二者之间在维护社会稳定的终极目标一致基础上，又有如下的区别：

第一，二者的领导机构和办事机构不同。中共中央社会治安综合治理委员会是指导全国社会治安的最高机构，它是中央组织机构中的常设机构，日常的办事机构是中央社会综合治理办公室。“维稳办”从正式隶属关系上说，是“中共中央维护稳定工作领导小组”下的办公室，中央维护稳定工作领导小组是为中共中央直属机关，性质为议事、协调机构。

第二，二者的工作重点各有侧重。从20世纪90年代初，设立“综治办”以来，其工作重点就是在各级党委和政府的统一领导下，各部门协调一致，齐抓共管，侧重打击犯罪和预防犯罪，维护社会治安秩序。这与改革开放初期，社会的主要矛盾相适应，社会在经济发展的大潮下，各类刑事违法犯罪行为多发，维护社会治安、打击犯罪处于首要地位。而“维稳办”的工作任务并不仅限于政法方面，而且必须掌握社会全面发展的种种问题。因此，其成员单位比中央政法委广泛，除公、检、法系统及国安部门外，还纳入宣传部门和广泛触及社会方方面面的行政管理领域。“维稳办”的职能包括负责收集、掌握维护稳定工作情况和信息，提出对策和建议；组织开展维护稳定宣传和研究工作，总结推广先进经验；协调、指导社会矛盾纠纷排查调处基础工作；协调、指导各地区各部门妥善处理各类群体性事件；对影响较大的重点个案和重大群体性事件进行协调、督办；督促维护稳定工作领导责任制的落实，对各下属部门和地区履行维护稳定工作职责情况进行检查、考核等。总之，一言以蔽之，工作的重心是针对社会矛盾和纠纷、信访隐患及不稳定因素作出预防工作。

但二者之间的区别在当前的政府工作中逐渐靠拢汇合。2005年以前，全国综治工作重点还是打黑除恶等一系列传统的“社会综合治理”的工作，而从2006年开始，中央综治办所公布的工作重点中，每年都有“排查化解社会矛盾纠纷，维护社会稳定”的工作任务和目标。随着维稳工作向防治方向发展，整个综治委体系的工作重点也发生转移。2010年初，中央政治局常委、中央政法委书记周永康在《求是》杂志上撰文称“社会矛盾化解工作的重心在基层。乡镇（街道）要由党委副书记牵头，把政法、综治、维稳、信访等方面力量整合起来，形成综合治理的大平台。”这个大平台即是2009年开始在山东、北京、广东、江苏等省市开始试点，2010年就要在全国推广的乡镇（街道）“综治维稳中心”。

因此，适应当前社会在转型期出现的由于企业改制、城市化改造和房屋拆迁等问题引发的矛盾十分突出，关注民生、维稳促和谐成为主基调，各级政权，从省到市，到区、镇、乡，都要求成立“维稳办”，履行上述职责，也有些地方是与原来的“综合治理办公室”结合起来。从中央来说，“维稳领导小组”与政法委、“综治办”，这三个机构都由同一国家领导人、中央政治局常委周永康领衔，也表明了这三者之间的密切关系。综合各地方实践来看，基层综治维稳中心整合综治办、维稳办、防邪办、信访办、司法所、安监所等人员职能，实行“六位一体”合署办公。综治维稳中心，实际上是将原分管政法工作的副书记所对口单位进行整合。尽管各地对综治维稳中心的描述在文字上各有不同，但“预警信息搜集”、“矛盾纠纷调处”都是各地综治维稳中心工作的重点。而在区县一级的“信访综治维稳中心”，有的还直接接管了各个县级政权的信访工作。

从当前的政府实践来看，综治维稳是相辅相成共同致力于维护社会稳定的政府治理理念，在宏观的维稳理念下，涵盖了社会治安综合治理的目标和宗旨，因此，笔者认为，虽然在现阶段还存在政府管理体制上“综治办”和“维稳办”的机构分立，但二者都是在宏观维稳行政的理念下取长补短，发挥各自优势的同时，又“珠联璧合”、“融会贯通”共同为实现和谐社会创造稳定的社会环境。故在本研究中所论及的广义上政府维稳行政是包含社会治安综合治理的，只不过在狭义政府维稳行政侧重的是排查化解社会矛盾纠纷，此与社会治安综合治理的打击犯罪和预防犯罪工作重心形成对比，前者对转型期的改革和发展来说，更具有普遍性、根本性和紧迫性，因此成为当前政府危机管理的重心。

## 三、社会危机防治行政的概念界定

政府从公共危机的紧急状态应急行政到日常化行政工作的危机预防，逐渐开始将我国的政府危机管理的重点前移，并注重预防和善后阶段的行政工作。当在中国政府的文件中出现“维护社会稳定”用语并凝练为“维稳”的行政理念和指导时，维稳工作就在短时间内迅速成为政府工作的指导，行政的一个目标，日常的一项工作。这个用语的表达体现出了国家主权下的内涵和目标，汉语的词义表达明确且简洁明了，通俗易懂，具有朴实平民化的优点。所以此用语一出现就与当代的政治和行政目标相吻合，与社会公共利益相吻合，也暗合了当前风险社会现实的迫切需要。在当前维稳理念的指导下，政府危机管理也更加突出社会危机防治行政的功能和地位，社会危机防治与突发事件应急管理共同成为当前风险社会下政府危机管理的重要行政环节，甚至在日常化的行政中更凸显其重要性。

### （一）治理的理论

维稳工作是西方化和国际化的政府危机管理理论在中国当前社会转型期下对公共危机频发而作出的具有中国特色危机治理的一种管理形态。它自身也是社会管理创新的一种表现。对当前政府危机管理理论框架的构建应当是建立在政府治理理论体系中才具有发展性和时代性，因为在全球化、信息化和政治民主化的当今世界，治理和善治理论成为世界性的潮流，自20世纪80年代开始，西方发达国家兴起了席卷全球的政府改革运动，中国也深处改革浪潮之中，因此，社会危机防治行政的理论出发点应当是建立在政府治理理论基础之上。

随着“冷战”局面的终结，壁垒森严的高度意识形态化的“冷战”思维以及各种各样的“主义”话语也越来越没有市场，社会科学中对“政府/市场”非此即彼的两分法遭到了人们的质疑，“治理”理论由此应运而生。“治理”（governance），本身就意味着对传统政治的空间性的超越。这个最初用于私营部门的词汇，1989年被世界银行用于概括非洲当时的情形，世界银行当时对“治理”的定义十分广泛：“为发展而在管理一个国家的经济和社会资源方面运用权力的方式。”① 此后，联合国下属的全球治理委员会在1995年发布了一份题为“我们的全球伙伴关系的研究报告，对“治理”作了更为详细的界定：治理是各种公共的或私人的个人和机构管理其公共事务的诸多方式的总和。它有四个特征：治理不是一整套规则，也不是一种活动，而是一个过程；治理过程的基础不是控制，而是协调；治理既涉及公共部门，也涉及私人部门；治理不是一种正式的制度，而是持续的互动。② 此后，又有学者“全球治理”进行了更加学术化的定义：“治理是公私机构管理其共同事务的诸多方式的总和。它是使相互冲突的或不同利益得以调和并且采取联合行动的持续过程。它既包括有权迫使人们服从的正式制度和规则，也包括人们和机构同意的或以为符合其利益的各种非正式的制度安排。”③ 从以上定义可以看出，治理与传统的“管理”和“行政”最根本的不同在于：治理的主体既包括政府，也包括政府以外的私人机构；治理的权力不仅来源于正式的制度，而且也来源于协商、合作、伙伴关系，确立认同及共同目标。

20世纪90年代以来，治理理论以其平等、合作、多中心和网

---

① World Bank. *Governance and Development*. Washington D. C：World Bank，1992：3.

② The Commission on Global Governance. *Our Global Neighborhood*. Oxford ：Oxford University Press. 1995：2-3.

③ ［美］詹姆斯·罗西瑙．没有政府的治理．张胜军，刘小林，等译．南昌：江西人民出版社，2001：8.

络化的主张，为回应时代需求与现实情况间的紧张提供了新的视角。治理理论是对公共事务复杂化的回应，是对单中心治理范式的挑战，也是对政府和市场两种协调机制的超越。政府内外各种关系相互交织，形成复杂、多元的网络化格局。在这一格局中，权威被日益分解，正式权力的影响力降低。基于“政府治理”理论，俞可平教授指出，“统治”由政府行为组成，其权威是政府，施威方式通过自上而下的发号施令，施威领域以国界之内为限；“治理”则是由公民社会组织承担的公共管理，以及民间组织与政府部门合作进行的公共管理活动，其权威不一定是政府机关，而主要通过合作、协商、伙伴关系，确立共同目标等方式来实施对公共事务的管理，是一个上下互动的管理过程。

社会的发展不断的昭示，国家已经不可能通过自己行动解决所有的问题了，“治理”的目的旨在最大限度地增进公共利益。治理理论在行政法的视角下，观念的转变在于抛弃“管理”概念的单极威权的气势，而从服务行政的角度，强调行政的服务性和互动合作性。因此，政府危机管理下社会危机防治行政应是放置在现代服务行政的理念下，对其进行界定运行，使其符合治理理论发展的趋势。

### （二）社会危机防治行政的概念

对于社会危机的研究表明，现代社会的复杂性和多元性使得单纯的政府管理不能克服危机产生的根源，也不能有效实现对危机的化解、应对和消除。因而在转型期社会危机层面，从政府治理的角度上进一步提出社会危机防治行政，现代化进程中社会危机所产生的不稳定状态是发展中国家的正常现象中的非常情境。

变革社会中的政府治理理论下民间组织与政府部门合作进行的社会危机防治行政活动就获得了对社会危机治理工程的创造与转换的功能。在平等、合作、多中心政府治理理念引领下，作者认为社会危机防治行政是指政府与社会为了实现社会公共危机的预防、减轻和消除，有效地维护社会稳定，政府与社会在常态行政下运用权力和方法对公共危机进行预测、排查、疏导、协调、化解，充分运用非强制性行为的柔性化解功能，并通过法治原则规范政府、社会组织和公民的权力/利义务关系的行政活动。① 概括来说就是指政府和社会组织为了控制发生社会公共危机的因素而对社会过程进行尽可能详尽的干预过程。它是政府和社会组织以防范公共危机事件为中心，以预防、减少、消除、缓解诱发突发公共事件的因素，或者消除、缓解突发公共事件造成的后期影响为目的的一系列常态干预行为。从社会危机防治行政主体的多元理念来看，主体是整个国家和社会，政府部门和各类民间力量，包括市场、企业、公民团体、社区、非政府组织等。具体内容包括政府和社会组织为面对各种潜在社会危机情境所进行的信息收集和分析、危机评估、社会民怨的疏导和安抚、危机预测、问题决策、计划制订、措施实行、救助政策调整、经验总结和制度修复的全过程。

从政府危机管理来看，社会危机防治行政是以政府为主导，政府与社会在常态下所采取的维稳规划、风险预测、危机评估、矛盾疏导、利益引导、危机隐患排查与排除等一切事前预防和危机事件应急完毕之后的善后遗留工作和长期观测监控工作。它不包括当社会危机事件来临时的应急行政，这个阶段在我国当前已经成为相对独立且在危机应对中最核心也是最凸显的阶段，我国当代的政府危机管理中将它独立的称为政府应急管理阶段②，且对应有专门的突发事件的“一案三制”运行机制③。自 2003 年“SARS”事件爆发以来逐渐发展完善了我国应急体制，尤其在 2007 年出台了《突发

---

① 该定义作者参照了社会危机治理的概念。蔡志强．社会危机治理：价值变迁与治理成长．上海：上海人民出版社，2006：38-39.

② 政府危机管理总体上可以分解为两个阶段或两个部分：第一部分为政府在常态下为避免突发公共事件发生所采取的危机规划、危机评估、危机预测、监督检查等一切预防、控制的措施；另一部分包括围绕突发公共事件发生的预警、处置、恢复等应急管理。王晓君．政府危机管理法律问题研究．济南：山东人民出版社，2008：30.

③ “一案三制”是指以应急预案、应急体制、应急机制和应急法制为核心的我国公共应急管理体制。它在我国 2003 年“SARS”事件以来，在短短的几年时间里获得创立和发展。2007 年底出台的应急管理基本法——《突发事件应对法》标志着我国的应急法制体系框架初步形成，也标志着我国公共应急管理体制的初步形成。

事件应对法》将应急管理体制正式进行了法制化转化和确定。

紧急状态下的应急行政由于涉及紧急状态下非常时期的权变理论和紧急失权理论，故与常态法治的前提有很大的差异，而且政府在此时的行政管理被特定称谓为“应急行政”，其在行政过程中被视为政府危机管理的重点和核心，而在社会危机防治行政被界定在应急行政以外的更加前移的预防和减缓阶段。这两个阶段在具有政府危机管理的整体共性的基础上，在原则、理念和方式上又有一定区别，区别对待二者基于以下几个因素考虑：

其一，一般而言，政府危机管理从大的阶段上划分为两个阶段即危机的预防、控制阶段和突发事件的应急行政阶段。其中，应急行政理论和实践在近十年来的公共危机频发的推动下，无论在学术上还是在行政实践中都得到了前所未有的重视和研究，取得了较卓越的成就。应急行政已经获得了长足的发展，并在近两年的突发公共事件中逐渐得到完善和成熟。然而，维稳理念下的社会危机防治行政开始受到重视，才是近两年的事，由于在政府危机管理上重应对而轻预防的思想长期占主导地位，维稳理念下的社会危机防治行政虽提上政府治理的日程，但在理论和实践上都处于起步和探索阶段，相应缺乏较深入的理论研究，实践中也出现维稳导向下的社会危机防治行政乱象迭出的局面，需要将这一部分补足，并进而能成为与应急行政发展平衡又能良好衔接的一个部分。

其二，由于社会危机防治行政是常态下的政府危机管理的重要阶段，而风险和危机的最佳控制和解决阶段也应当是危机的预防和化解阶段而不是事件发生后的被动应对阶段，所以从整体的政府危机管理的视角下，常态下的社会危机预防行政更具有重大意义和理性价值。况且，危机防治行政是与政府的日常业务行政复合在一起，面对更加日常化的危机防治工作时，由于长期受危机应对的紧急状态意识影响，行政工作中对其认识上更多的当做一种危机应急管理工作来对待，而且惯用紧急状态下的行政手段，不能从行政法治和依法行政的角度去进行面对。在实践中，常常出现粗暴行政、恣意行政，不仅不利于社会矛盾的化解，而且会成为引发和诱导新矛盾的根源。

其三，虽然危机防治行政与应急行政都是政府危机管理中的两个组成部分，但二者却有很大的差异，需要区别对待和分别探讨相应理论。因为危机防治行政是常态下政府危机管理的形式，与政府的日常行政工作同时进行，一般而言与常态下的政府行政适用较相似的行政理念和原则，适用行政法理念价值下的行政法治、行政均衡和行政正当原则，但在权力与权利关系上仍然会有维稳理念指导下的特殊性，其权利（力）义务关系既与一般日常普通行政的内容和性质上有所不同，又与紧急状态下和应急状态下的权利（力）义务关系不同。危机防治行政与日常普通行政的区别主要在于普通行政和危机防治行政在行政目标上的差异，普通行政一般是事务性的业务管理，重视实现行政运转的效率，同时兼顾公平；危机防治行政则是针对综合而复杂的社会矛盾进行的“问题性”管理，其侧重追求公平、正义的价值，兼顾效率。危机防治行政与应急管理的联系在于：政府在应急行政和防治行政的目标上是一致的，即都致力于维护社会的稳定，但二者的区别也是明显的，即常态下的社会危机防治行政中权力与权利基本平衡，或许需要更倾向于公民权利的维护和实现，因为只有公民的权利得到维护了，才是公民权利的集合体——公共利益的最终得到维护，才是最终意义的维护社会稳定的实现。而应急行政处于非常态下，由于要保证政府在危急时刻实现管理效果的最优化，追求效率，公权力在此时会有一定的权变空间，权利和权力关系会发生倾斜，而且会更多地向权力集中。对于此，笔者试图对应急行政状态下权力（利）与危机防治行政状态下的权力（利）进行比较研究，并着力探索出社会危机防治行政运行的正当性理论。

**（三）社会危机防治行政的特征**

第一，社会危机防治行政目标上是实现社会稳定，构建和谐社会。当前社会发展的重点从实现经济建设为重点转向实现全面的国家建设与和谐社会建设。这就要求社会从分化的发展转向整合的发展，从利益的失衡发展状态向平衡发展状态。现代社会的演进要求进一步解决制度匮乏的问题，通过制度建设和法治建设，运用制度力量克服引发社会危机的因素，尤其强调通过完善分配制度和社会保障体系来消除人们日益强烈的被剥夺感。调动一切积极因素，完善社会核心价值体系，实现社会的有效参与，化解社会矛盾，实现以人为本的和谐社会。党的十六大将应对公共危机事件作为提高政府执政能力建设的重要内容，全面履行政府职能成为国民经济和社会发展的可持续发展战略中的重要方面，而现代社会的不确定性要求将维稳目标作为社会危机防治行政的基本职能，并且注入法治的观念、动态的观念、发展的观念。

第二，社会危机防治行政中重视多元主体的合作。当人类政治过程的重心正在从“统治”走向“治理”，从“善政”走向“善治”的时候，就出现了政府管理的主体转变，即从“善政”下的政府单一主体，到“善治”下的政府与公民社会对公共生活的合作管理。这是现代社会日益发育成熟的公民社会和迅猛发展的世界全球化进程为现代治理理论的主体多元化提供的基础。而在此治理理念下的社会危机防治行政，由于社会危机在转型期下的丛生性和广泛潜在性，更加加剧了政府作为单一危机预防主体来承担全部社会责任的片面性。从“治理”理论出发，政府应当利用权威促进公民社会各种主体承担维护社会共同体稳定的社会责任，同时，政府也通过日益将部分权力返还给公民社会，调动公民社会的积极性，协调不同利益需求，推动不同主体之间的合作来实现社会的稳定治理。因此，除政府作为社会危机防治行政的主导主体之外，如企业、事业单位、第三部门、非政府组织、社团组织、慈善组织、基金会、社区等各类社会自治组织，都会成为治理理念下社会危机防治行政的主体。

第三，社会危机防治行政手段上由自上而下的管制，向平等、协商、合作的多手段方式转换。为了维护政治统治，作为社会管理的责任者，凭借强制性的公共权力，一直在社会管理中承担者“统治型”的角色，20 世纪七八十年代以来，西方国家公共行政理念与政府治理范式方法的变迁，使政府由传统的统治角色向服务角色转变。在这样的理念下，社会危机防治行政因属于日常化政府危机管理的重点，常态下普适性治理导向，其理念和方式的选择都与危机防治行政的内在价值上相契合，使得危机防治手段也从居高临下的管制行为向平等基础上的合作、协商、调解等所取代。在上下互动的管理过程中，通过合作、协商、建立伙伴关系以及目标认同等方式对社会问题、矛盾、危机等进行上下互动的管理模式，将对传统自上而下的管制型社会危机防治行政进行理念性的更新和引导。

第四，在社会危机防治行政的机制上，从以堵为主静态危机防治模式上向以疏导为主的动态危机防治模式转换。由于在传统“管制”的理念指导下，片面地依赖和凭借强制性的公权力，由此在危机防治行政中，形式上就导致“哪里有压迫哪里就有反抗”的必然结果，强制无形中遇到的就是对立和抵触。而“管制”下的强制手段表现出来的是以堵为主的静态危机防治模式，而我们都知道社会的稳定不是一湾平静的湖水，真正的稳定是在大局稳定的前提下，虽有社会矛盾但仅在局部出现一些微小的、可控的震荡，且能够及时解决的个别事件，就属于动态下的无害化的社会能量释放。所以能够未雨绸缪地主动发现社会内部矛盾和隐患，把问题解决在基层，把事端化解在萌芽状态才能有真正的稳定。危机预防行政是置于预防和减缓社会矛盾的社会治理阶段，更侧重在动态中通过法律、政策、制度、道德等多种手段对社会实施调节而实现。社会危机防治行政是以政府和社会各个主体对社会矛盾细心体察，并以疏导的方式，畅通利益的表达渠道并在制度供给上提供制度解决机制和利民便民措施，真正实现动态下的充分交流、沟通和互动，达成动态下的长期稳定的社会管理效果。

**（四）社会危机防治行政的基本分类**

社会危机防治行政是对政府危机管理下处于危机生长期最前端的社会潜在风险、矛盾和社会问题的预测、评估、排查、调解、减少和化解的行政活动。

（1）从社会危机防治行政的主体性质来划分，可以分为政府机关的危机防治行政和社会组织的危机防治行政。国务院和地方各级政府部门的公共危机防治行政的主导力量。从传统行政的观念领域和运行领域来看，公众普遍认为对社会出现的各类公共危机，政府负有第一位的不可推卸的责任，这使得任何社会的不良现象出现或社会危机袭来，政府都成为公共责任承担的信托主体而备受责难。事实上，从危机治理的理论而言，国家与社会对危机治理负有共同的责任，而且从现代公共行政的理论出发，行政主体并不局限于国家行政的领域，社会组织通过法律授权可以成为社会公共事务的管理者和责任者，同时，社会组织也可以通过被委托的方式履行公共行政管理职责，社会组织是广阔社会的构成分子，与公众的活动领域接触更直接更频繁，社会危机存在的潜在性和普遍性，决定了社会危机防治对社会组织的依赖性不仅不亚于国家行政，而且在危机预防上社会组织更具有基层性、便利性的优势。在社会危机防治功能上，各类社会组织如各个企业、事业单位及其他非营利性组织内部，不断完善建立的信访工作室或综治维稳办公室。

（2）从部门的职能性质是不是特定社会危机防治机构的角度，社会危机防治行政可以分为专职性的社会危机防治行政部门和非专职性的社会危机防治行政部门，前者如从中央到地方的各级政府的应急办公室所进行的各类危机预防活动；各级政府信访部门的信访行政工作。后者如民政部和地方各级民政部门进行的行政救助等。也就是说，在预防公共危机环节上，政府各个领域部门在涉及本部门社会问题和矛盾化解的过程中所进行的社会危机防治活动，就属于非专职性的危机防治行政。

（3）按照事件性质是否涉及法律相关领域，可以分为：政法类的社会危机防治行政和非政法类的社会危机防治行政。前者如公安、行政司法等部门的危机防治行政，后者如民政、卫生、金融等领域的危机防治行政。

## 四、与社会危机防治行政相关的概念分析

### （一）维稳工作与政府危机管理

政府危机管理是政府以突发性危机事件为目标指向，对突发性危机事件及其关联事务的管理活动，目的是通过提高政府危机发生前的预见能力、危机发生时的反应能力与控制能力，危机发生后的救助能力，及时、有效处理危机，恢复社会正常秩序。在从政府日常工作和行政事务运行的整体来看，我国政府危机管理目前正处于

起步阶段，还未形成系统化的规范运作模式。我国的政府危机管理主要体现在学术研究的领域，而且这种研究也仅仅是进入21世纪以来才开始启动的。面对公共危机频发的21世纪，风险社会不断挑战着执政者的应对和智慧，中国政府决策中选择和推出了社会危机防治行政，作为政府危机管理中的普遍和日常的工作。

社会危机防治行政是学术性陈述式语言对政府危机管理中的预防工作的指称，在中国现实中我们常常使用的是具有号召性和信念性的语言即维稳管理。当中央提出“维稳工作”这一提法时，“维稳”就是中国式的危机预防的理念和术语表达，而且也是在近几年的政府行政工作中才成为高频热度的字眼，西方国家没有此术语，与此相似的术语表达是“政府危机管理”，其实“维稳管理”和“危机管理”两个术语都是对公共危机已经或可能引发社会震荡的表达，不同的只是是在认知思维的表达上表现出反向性的特征，“政府危机管理”是从紧张的气氛上表现这种政府管理的紧迫性和严峻性，具有很强的心理恐慌的潜在忧虑性，有一定忧患主义情感在其中，更多看到的是令人恐慌的“危险”的一面，侧重对“危”字的表达。而“维稳”是从反向正面的角度，从镇定的从容气氛上来表现政府面对危机管理必胜的坚定性和理想性，具有一定的乐观主义情感在其中，更多看到的是危机中的生机、转机，社会向“稳定”发展的趋势，侧重“机”字的表达。所以两种截然反向的认识和对待视角，也清楚地表现出不同的政府执政风格和对危机治理所持的态度。

虽然“政府危机管理”和“维稳工作”二者具有针对问题大体一致性的特征，即都是针对公共危机的治理和应对，但又有一定的差异。“政府危机管理”是对政府普遍性应对社会各类危机治理的总体抽象和概括，依据公共危机生命周期罗伯特·希斯将政府危机管理的阶段用4R模型来表述，其包括四个阶段：减少（reduction）、预备（readiness）、反应（response）、恢复（recovery）。①

① ［澳］罗伯特·希斯．危机管理．王成，宋柄辉，金瑛，译．北京：中信出版社，2001：30-31.

政府危机管理是全球化时代下，各国政府普遍面对的执政使命，其概念表达上也体现出普遍性。在危机管理的各个环节上从理论上来看，四个阶段是围绕突发事件应对为核心展开的阶段分配，但在各国的实践中却一般更加突出对公共危机事件的应急预备、反应和恢复阶段的政府管理。

危机防治行政是当前中国转型期政府面对社会危机多发的阶段，在日常行政中贯彻和加强的危机预防管理的一种模式，它是政府危机管理下与应急行政相并列、相衔接的危机防治的阶段，主要可以对应于希斯4R阶段理论中的减少和预防阶段和后期恢复期的利益平衡和矛盾化解阶段。危机防治行政是将危机管理中的危机预防治理阶段，极大的放大化、微观化，并将危机预防阶段的前期状态尽力前移，将危机的前期控制纳入政府危机管理的长远战略目标、规划和日常行政管理中，以加强对危机控制的主动性，避免危机发生并造成的仓促应对的被动性。而应急行政则可对应于危机预备和反应两个阶段。换言之，政府危机管理从最基本的阶段划分包括预防和应对两个阶段，相应地，在我国现阶段政府危机管理划分为危机防治行政和突发事件应急行政。危机防治行政就是对维稳工作在日常行政中的贯彻落实。

**（二）社会危机防治行政与应急行政**

应急行政是指政府机构在突发事件的事前预备、事发应对、事中处置和善后处置过程中，通过建立必要的应对机制，采取一系列必要措施，保障公众生命财产安全；促进社会和谐健康发展的有关活动。我国应急行政的集中建立是在2003年在抗击非典的时期，同时公布和实施《突发公共卫生事件应急条例》，将应对突发公共卫生事件纳入法制化轨道。政府应急管理作为政府应对和处置公共突发事件的重要管理职能，指的是预警和应对公共领域发生突发事件的管理，是各级地方政府社会管理和公共服务的重要内容，也是检验地方政府能力高低的标尺。① 从“全面应急管理”角度，完

① 范柏乃，龙海波．基于政府能力视角的地方政府应急管理研究．改革与发展，2009（4）．

整的应急管理框架主要包括应急管理目标、应急行动过程、应急效果评估三个阶段。

政府危机管理下社会危机防治行政与应急行政二者主要区别如下：

第一，围绕的核心不同。危机防治行政是政府治理理念下与应急管理并列的构成部分，与政府应急行政所围绕的核心不同的是，应急行政作为政府应对和处置公共突发事件的重要管理职能，是围绕着突发公共事件为核心而展开的一系列行政活动。整个应急管理流程中体现着政府经济调控能力、资源获取能力、社会管理能力、组织协调能力和生态平衡能力之间的相互关联、相互作用，是作为高效政府的有力体现，也是政府行政能力高低的体现。而社会危机防治行政是围绕着潜在的社会危机为核心而展开具体的行政活动，目标是实现社会矛盾和社会危机的消解、减缓，充分利用和激发社会有效参与，政府与社会各个主体运用权力和手段对社会问题进行合作、协调、控制。进而促进社会和谐健康发展，这也是政府能力的要义之一。政府应急管理的核心制度是“一案三制”，这种运行的体制主要适用于灾害性的公共突发事件，而且我国目前已建立了分类管理、分级负责、条块结合、属地为主的应急管理体制。

第二，实现的直接目标不同，应急行政通过对突发公共事件的预警、应对开展应急和救援行动，首要目标是迅速、有序、有效地降低事件导致的损失，恢复到事件发生前的正常状态。而在社会危机防治行政的直接目标是针对社会潜在的社会问题或已有的个案矛盾，通过提供解决思路和途径，沟通、协商或和解等方法达到化解矛盾，解决个案利益争执，平息社会潜在的抵触和民怨。

第三，政府充当的角色不同。政府应急行政核心的作用体现为“消防员”角色的履行和承担，一旦出现了公共突发事件，政府的首要担当就是救社会和民众于危难之中，因此，政府面对公共突发事件的应急反应的速度和效率是优先价值。而社会危机防治行政中政府核心的作用体现为“调解员”的角色。核心价值侧重追求公平、正义。所以在行政的总体价值——公平与效率中，各有侧重。

第四，政府采取的行政手段不同。政府应急行政时，由于有紧急状态下的特别法授权，行政应急主体享有大量的行政优先权或紧急权，而且多是具有强制性的权力，如对公民自由权力的限制，隔离或管制，如对公民财产的剥夺和侵害，征用或征调等。这些行政手段都表现为上下隶属管制下的命令和服从关系，具有典型的紧急状态下的宪政集权的属性。而社会危机防治行政，由于强调社会稳定责任多元主体共担和多中心治理的特点，危机防治行政中的法律关系基础应当是建立在平等基础上的合作与沟通，因此行政手段上采取的方式多是非权力属性的，如调解、谈判、协商、诉诸制度化法律化途径解决纠纷等方式，即采取非强制性行政行为，行政调解、协商、信息公开等。

第五，权力和权利的侧重不同。在应急行政中，行政紧急权具有优先性和更大的权威性，而公民的权利具有某种程度的紧急失权性和有限性，即突发事件应急法律关系对行政主体方与行政相对方的权力（利）义务的配置是很不对称的，体现出突发事件应急法制对行政紧急权力的一种优先保护，权力与权利配置上，强烈向权力倾斜，向权力集中。“当然这种法律保护上的倾斜性并非随意而设，而是源于行政紧急权力所代表的公益性。紧急权因公益而存在和运行，在出现突发事件特别是导致紧急状态需要运用行政紧急权力加以应对之际，公益较之私益往往成为更为优先的考虑。”① 而在社会危机防治行政中，由于是在常态下的行政，行政主体不享有特别法的授权，行政主体除了履行机构设置范围内的职责和活动外，不应有更多的行政优先权和强制权。在预防社会矛盾激化和纠纷平息阶段，不仅不以公权力的享有和实施为重点，而且更倾向于对公民的宪法和法律权利的维护和实现，因为维稳理念下的工作重点在预防和解决社会潜在的危机和纠纷，矛盾的激化主要源于公民的权利受到侵害，被压抑和剥夺感不断积聚，因此社会危机防治行政中的利益疏导和矛盾化解工作的核心就在于对公民的利益合理界定，对利益的损害进行平复和补救，社会不稳定的根源也在于利益

① 韩大元，莫于川．应急法制论——突发事件应对机制的法律问题研究．北京：法律出版社，2005：35.

多元化下的摩擦和交锋频繁而尖锐，利益是公民社会的最敏感神经。故在维稳理念下的社会危机防治行政中，权力和权利的关系上，更倾向于考察和关注公民权利的实现状态，体现为法律关系上侧重对权利的关照，价值取向上向权利倾斜。这恰好与政府危机管理下的应急行政理形成鲜明的对比。应急性行政权力侧重突发事件的紧急权力配置、却忽视公共危机的前置预防和预警阶段的权力配置。现有的法律、法规、应急预案主要采取的是一种"事后型"的应对模式，以被动适应、撞击性反应为特点，较少关注预防和预备阶段行政权力的正当性安排。

## 第三节　社会危机防治行政及其法治化的价值分析

### 一、公共行政价值概述

#### （一）公共行政价值理论的演变

在现代社会，公共行政对人们的影响日益增强，行政的触角几乎深入到人们生活的各个领域。行政在当今世界，依然作为一个强大而有力的社会组织而存在。自20世纪80年代以来，西方社会兴起了风起云涌的新公共管理运动，各种弥补官僚制缺陷的主张和理论异彩纷呈。市场化政府、企业化政府、参与性政府等等不一而足。但其中都有一个不可避开的前提，即行政首先是作为一种稳定性力量而存在。这种稳定性根源于行政的本质属性即公共行政价值——正义。从西方社会的发展来看，启蒙运动所带来的重要影响是社会的理性化，表现在国家层面，就是行政的理性化。理性化行政首先体现为对传统社会恣意性行政权力和行为的制约，行政权力从无限到有限的转变，严格界分行政与社会、市场、公民个人之间的关系。而且理性化行政必然视效率为其首要功能性价值。因为理性化行政的出现是适应资本主义社会发展初期对可预期性和形式合理性的要求，事实上也收到了积极的成效。但近代以来以马克斯·韦伯所创立的理性官僚制，其缺陷暴露出理性化的形式主义的弊端，低效率和文牍主义盛行，形式化的理性行政其非人格化的特征带来对公众需求的冷漠。

传统行政理论受古德诺的政治和行政二分理论的影响，即政治是国家意志的表达，行政是国家意志的执行，认为行政是价值中立的，行政是科学性、技术性的事务，行政理论按照形式合理性发展起来。这样关于公共行政中的双重性在理论和实践中，就出现两种错误的倾向：一是注重行政的科学性和技术性，有意无意地忽视了甚至否认了行政的价值性；二是倾向于强调行政的价值性，而忽视或否定公共行政的科学性的一面。而且值得注意的是，人们即使认可行政的价值性，也只是认可行政的服务对象——政治的价值，即将政治统治的价值简单置换为行政价值，而实质上仍然是否定公共行政自身的价值的。

"公共行政的二重性自然而然地引出了行政正义的两个考察维度，即效率与公平。"① "行政正义是政府对社会公共事务进行管理的一种合理状态。"② 行政正义包括行政价值、行政制度和行政行为的正当和合理的三个层面。行政正义的逻辑推演的首要问题是确立行政的价值问题，虽然从前面的分析得出，行政的价值维度包括效率和公平，但二者往往在行政制度和行政行为上出现矛盾和冲突，在具体的行政中必须进行价值先后的取舍和排序，由此行政的工具性价值和目的性价值就成为考量的角度。

20 世纪六七十年代，兴起的新公共行政就是对行政科学化的反思。古典公共行政关注的是效率，即如何才能利用可利用的资源提供更多更好的服务，怎样才能花费最少的代价保持服务水平？而新公共行政则增加了这样的一个问题，这种服务是否增强了社会公平？③ 新公共行政把社会公平作为公共行政的核心价值，并赋予它丰富的内涵。随后兴起的新公共管理运动，将这一理论在实际操作层面上把饱含社会公平的行政正义价值变成一种实践。新公共管理

① 王峰．行政正义论．北京：中国社会科学出版社，2007：49.

② 王峰．行政正义论．北京：中国社会科学出版社，2007：42.

③ 彭和平，等．国外行政理论精选．北京：中共中央党校出版社，1997：300.

的兴起对于政府更有效地为社会公众提供公共服务，在满足人们的实质正义要求方面起到了不可替代的作用。

行政的价值重心从效率向公平发展演变的实践和历史，让我们看到，行政趋向“善”的发展进程，是不断贴近行政本质的历程。

行政的价值——正义与行政连接起来的介质是权利，因为权利是正义的基本含义，然而权利的拥有者只能是自然属性的人，因此，人构成了行政和正义相连接的终极尺度，正是人构成了行政存在的理由，使得行政与正义两个初看起来毫无联系的概念有了连接。再进一步说，是人的自由和权利存在样式构成政府终极价值尺度。马克思经典作家的理论旨趣，就是为了人的全面发展。行政正义的最终合理性和正当性的根基就在于强调人的价值，人的尊严和人的权利。这也正是我国当前党中央所倡导的“以人为本”的和谐社会理念所体现的价值取向。

**（二）现代公共行政价值的确立**

只要欲研究行政问题的人，皆要涉及价值之研究；任何从事行政实务的人，他实际上都在进行价值分配。① 行政不仅是一种事务性的活动，更是一种价值性活动。

1. 公共行政的价值内容

公共行政本身要实现一定的价值，如秩序、安全、效率和正义等。行政决策和执行不得不对各种价值进行平衡，公共行政的艺术就是在多元价值不可避免的冲突中作出满足各利益主体的决策。行政因为公共善而存在，行政之目的是为了促进和最大化自由、平等、民主、正义等基本价值。从人道目的论角度看，所谓国家权力的内谋和平与外抗敌侮，也不过是把侧重点放在满足生活目的之“社会与物质条件”维度而已。现代行政权力从自由主义的消极领域转向了积极能动地介入社会生活，为民众谋求更好的生存与自由环境，更好的物质生活条件，从谋求幸福生活提供更优越的物质和

---

① 乔治·弗雷德里克森．公共行政的精神．张成福，等译．北京：中国人民大学出版社，2003：142.

社会条件。①

2. 唯物史观的价值主体是人

“价值”原本是经济学的一个基础概念，是指在社会交换中的物的有用性。19世纪以后，价值被引入到哲学和社会科学的领域中，成为了最广义的“善”的表达。“一个社会科学家在分析一个行动时，必须要了解行动背后隐藏的意义，也就是要探讨这个行动所表现的价值”。② 对于社会危机防治行政也同样不能绕开社会既有的价值观的影响。

社会危机防治行政作为公共行政的一种表现形式来看，其首先应当具有公共行政的普遍价值，从唯物史观的角度去分析，价值是一个属人的世界，它是人类社会历史实践的产物。价值世界的全部奥秘蕴涵于人类丰富而广阔的历史实践之中。所以，应从人类自身的命运、前途，从人类社会的发展和完善的视角关照价值世界。公共行政价值是哲学理念在公共行政中的最高体现，它是时代精神的精华，是社会文明的活的灵魂。

从对公共行政价值的分析我们看到，行政正义的价值体现就在于强调人的价值，人的尊严和人的权利，对人的尊重、对人的正当需求的满足。③ 从一般认识论的角度看，价值的前提是人的需要。“公共行政价值是公共行政价值客体满足公共行政价值主体的需要的属性。”④ 从一般的价值哲学来说，价值的主体是人，而国家是为社会服务的，公共行政价值客体就是服务机构——政府和其他社会公共组织。“价值的实质是客体性质与主体需要的结合，如果客体不能满足主体的需要，就谈不上构成价值关系。”⑤

3. 公共行政的价值关系——满足人与社会的需要

公共行政价值客体能够满足公共行政价值主体的需要，就会获

① 陈骏业．行政法基本原则元论．北京：知识产权出版社，2009：83.

② 苏国勋．理性化及其限制——韦伯思想引论．上海：上海人民出版社，1988：275.

③ 王锋．行政正义论．北京：中国社会科学出版社，2007：67.

④ 张富．公共行政的价值向度．北京：中央编译出版社，2007：45.

⑤ 余源培．人的需要和人的全面发展．学术月刊，2002（11）.

得肯定性的评价（正价值）；危害公共行政价值主体的利益和需要，就会导致否定性的评价（负价值）。从理论上来说，公共行政价值应当指正价值，即建立在正义的规约下对人的尊严、权利、自由予以保障而获得的各类多元正价值。但在公共行政实践中，确实会存在出现公共行政零价值或负价值的情况。要么无法满足人的需要，甚至是离人的需要更加遥远，走到了人的需要的反面。

作为公共行政价值客体的国家和政府来说，自身是社会发展到一定阶段的产物，其目的就是通过对国家和政府的理想预期，赋予它特定的功能和使命，使其具有为社会服务的能力。政府与其他公共组织作为公共行政价值客体的属性和功能能否满足社会的需要，取决于两个方面：一是国家是够具备满足社会需要的属性和功能；二是社会是否善于利用公共行政客体——政府与其他公共组织的属性和功能。随着人类社会认识水平的不断提高，国家的属性和功能也在不断地得到改进和优化，以便更好地满足公共行政价值主体——人与社会的需要。纵观当今世界各国一浪高过一浪的行政改革浪潮，我们就可以看到人类社会企图通过更加完善的制度设计和安排，使国家这一公共行政价值客体的属性和功能更加科学和合理而进行着不懈追求和努力。

## 二、社会危机防治行政的价值反思

社会危机是促成社会结构调整的基本动力，社会在面临危机的处理时都存在着一定的道德价值和工具价值的评判标准。人类社会自身是一个社会文化的体系，社会危机的治理或多或少都受到一定文化的影响，社会危机的发生来看总是与特定的文化积淀相联系。美国政治学家阿尔蒙德就对文化界定为：一国居民中当时盛行的态度、信仰、价值观和技能。这就涉及由危机判定的价值标准而形成的社会危机防治行政的价值理念。“价值”原本是经济学的一个基础概念，是指在社会交换中的物的有用性。19 世纪以后，价值被引入到哲学和社会科学的领域中，成为了最广义的“善”的表达。“一个社会科学家在分析一个行动时，必须要了解行动背后隐藏的意义，也就是要探讨这个行动所表现的价值”。①

**（一）维稳理念下社会危机防治行政的现有价值反思**

1.“稳定”的价值分析

当前我国政府将坚持以人为本、构建和谐社会作为国家的战略任务，和谐社会必然是一个稳定的社会，但稳定未必就能实现和谐，稳定只是和谐的基础，和谐是稳定需要达到的目标。而和谐社会的核心是以人为本，促进人的自由全面发展，造就人与自然与社会的关系中达致自由和公正的基本目标。当“以人为本”的观念导向已经根植在我们内心时，各种制度的选择和政策的制定会更加贴近这个核心价值。但当所有危机的现实向我们展现的时候，我们发现公共危机防治行政的过程中，主导的观念却是如何避免影响扩大，确保政府组织的威信和形象，保全官员的政绩不受影响以及经济效益不受重大破坏等，在这样以政府及其官员的政治利益为核心的政府危机管理，在社会危机防治的目的上就发生了异化，即公共行政活动在运行的过程中存在的渐渐偏离公共行政价值的趋势和状态。

2.“效率”的价值分析

以既得利益群体为中心，而不是以广大民众为中心，将工具性的价值视为目的性价值，即当前面分析公共行政价值时，古典公共行政下的单边追求效率，而导致的与行政核心价值——正义的背离。这突出表现为重视效率而当忽视公平，这似乎也是长期以来我国社会发展过程中“效率优先兼顾公平”价值导向的在社会危机防治行政中的惯性滑行。政府单纯依靠行政强制力追求危机治理的效率性，而当忽视表征着公民自由和权利的利益和诉求时，在价值上颠倒了本末，虽然获得了一时的管理效率，但有可能积累了民怨，由此在社会危机防治的利益定位上出现了误区，效率和社会稳定不是行政追求的终极价值目标，它仅是为改革和发展创造条件，而改革和发展也不是终极价值追求，社会和政府的最终目标都应该

① 苏国勋．理性化及其限制——韦伯思想引论．上海：上海人民出版社，1988：275.

是人的价值统领下的公民的权利和自由以及由此凝结成的公共福祉。

3. “利益”的价值分析

政府从终极来说没有私权性质的利益，公共利益是公民私益的集合，因此保障权利才是社会危机防治行政的目标价值，但在现实中这一价值似乎受到了一定的挑战。社会危机防治行政要寻求治理的有效性，其基础应当在于政府和社会在共同认知上的价值一致。所谓的“维权”应从更广义的角度上来审视，“维权”在传统的观念上，多使用在公民面对自身的个案利益受到侵害时，所采取的救济行为。似乎不是政府应当从事的领域，事实上，这种认知只是因为现有的社会现实误导了人们的观念和政府的思维。政府存在的最终价值是尊重和实现人的价值，而人的价值在现实化的现代生活中，被置换成各种权利和自由，乃至于更直观化的利益。当然政府维护的是公共利益，属于社会的普遍利益，但是这种普遍利益是抽象的，它的具体化形态就是公民的正当性权益。因此，从广义上的“维权”来说，政府的行政功能和价值都最终指向公民权益，政府才是公民“维权”的最大的责任主体，以维稳理念下的社会危机防治行政仅是政府和社会促进和保障发展的途径和手段，维护正义、救济和保障权利才是促进和构建和谐社会的价值追求。

**（二）社会危机防治行政的价值选择**

政府的制度选择和制度的合法性都隐含着政府主体的价值观和社会主体价值观的认知和比较，如果不能在彼此的认知中确立价值取向的统一性，那么不仅这种政府危机管理不可避免的将流入难以为继的机制空转或制度无效中，而且也难以真正地进入到我们所选择的政府治理理念下社会管理多中心治理的政府与社会的合作伙伴关系。

1. 社会危机防治行政的初级价值——秩序与安全

寻求社会危机防治行政的价值判定是该制度设立和存在的逻辑起点。从直观来看，社会危机防治行政的价值目标是维护社会秩序和公共安全，即良好的社会环境。它是一种外在的特征和状态，是社会有序健康发展的基本前提和保障。在行政价值序列中普遍认为存在着罗尔斯式的词典式的次序，即只有满足了秩序、安全，才能谈及自由、正义。事实上，正义包含着秩序、安全，脱离了正义规约的秩序和安全也是没有现代意义的。因此，秩序与安全这种价值的意义既不是独立的也不是终极的，如果没有更高的正义的规约和实现人的价值作为统领，单独的社会秩序和公共安全的维护有可能会与人类的进步文明相背离的，如强权和高压下的国家，形式上的一片平静但却压制了人的权利和自由，与国家作为民众的利益代理人的价值预设和最终利益所指相背离。传统的封建社会、专制社会和人治社会都深刻地说明了威权下的社会稳定与人的价值之间的背离必将招致历史的批判和抛弃。

2. 社会危机防治行政的核心价值——利益

社会的发展常常被先验地表现为技术的进步和财富的积累与增长，对于社会危机的解读也往往是从社会结构自身的实用性展开的即利益性。启蒙运动从哲学和政治学重新构建起一种关于人、社会与国家的理论：社会和国家都是为人而组成，而不是相反。必须始终把人当做目的而不是当做手段来对待。个人在逻辑上和道义上都居于优先地位。所以，对国家、政治、宗教、伦理和法律等各个领域产生的社会变化，都必须在独立的个体观念基础上得到解释。①在社会既有的价值体系中，人的生命价值和人的权利、自由、幸福的价值始终是最高和最终极的。在这种价值引领下，人们又有着共同的利益指向，因此实用性的利益价值往往又置换了生命和自由的价值。

社会核心利益的保障与实现是政府危机治理的价值基点。我们必须看到，社会公众对危机和政府危机治理举措的判断往往是基于他们自身特定的价值观背景和文化背景，依据自身的价值判断和利益诉求来作出和确信的。而政府在实现危机的规避与化解的过程中，无法回避社会的价值观和群体的利益诉求，即人们关于危机和危机治理的判断和见解，尤其是涉及价值的准则和标准，与人们的

① 董炯．国家、公民与宪政法——一个国家—社会的角度（第2版）．北京：北京大学出版社，2003：39.

认识和情感相结合都会成为人们评价的重要内容。事实上，社会群体的价值取向能够直接反映政府行为的绩效，政府采取的社会政策在现实上都要放在社会群体的价值体系中加以考量，所以政府的行为和社会的回应往往都被先验地确定在既有的文化背景和价值体系中了。基于这样的逻辑，需要从特定价值观背景下不同群体的利益诉求的角度，寻求社会危机防治行政的制度变迁，寻找政府与社会危机防治中实现切合的可能。因为多元文化的存在，多元社会组织的存在，使得人们行动的目标不再过分的集中在单一的利益上，多元合作的一个结果就是鼓励人们建立社会信任和缩小因利益纷争而导致的社会断裂。

3. 社会危机防治行政的终极价值——正义

麦迪逊曾说，“正义是政府的目的”。新公共行政理论把正义与公平作为行政的终极价值。政府管理作为社会科学来说难以避开制度设计和政策实施时所追求的基本价值——正义。我国社会危机防治行政的价值选择正如公共行政价值——正义的终极目标一样，判定的逻辑起点和制度底线也应当是尊重与实现人的价值，在正义价值的统摄下，追求其他基本价值的实现，如秩序与安全。而在其他价值的追求中，如何判断政府行为的正义性，可以通过一个罗尔斯式的检验标准，即政府若有对社会成员不公平的对待，则这种不公平对待是不是最有利于社会最弱势群体的利益最大化。正义包括形式正义和实质正义，在社会危机防治行政中，人们更期望政府对自己的具体情境给予关注，各种上访数量激增的现实都是很好的注解。民众提出实质正义的要求，不仅是普遍抽象法则的无差别适用，而且人们更希望自己能受到与之相当的人的同等尊重和对待。正义成为危机防治行政中最不能回避的价值选择。

我们清楚看到，社会稳定的基础是社会公平和公正，而公平、公正的保障在民主与法制。对于当代人类已经达成民主法治共识的社会来说，社会危机防治行政的效果和实现的程度上直接取决于一国的法治水平，只有法治才能够保证人们持久地拥有自由和权利，才能保证自由的拥有不至于危及社会的治理，才能够实现在危机状态下对于权力滥用的规避和制裁。社会危机是促成社会结构调整的基本动力，社会在面临危机的处理时都存在着一定的价值评判标准。社会对公共危机防治行政的价值认同影响着政府制度和行为自身的合法性，公共危机防治行政要想能真正的有助于风险社会的危机治理，就应当将各种治理和规划建立在社会认同的普遍价值基础上。

## 三、社会危机防治行政法治化价值分析

在一个奉行法治的国家，政府治理无疑只能依法进行。在我国确立了依法治国理念的当今社会，政府治理的模式必然从政策性的治理模式转变为制度性的治理模式。制度性的治理模式是以公法制度为基础，以厘定政府权力与公民权利的界限为条件，合理确定政府和社会在社会治理过程中的地位和作用空间。① 在我们看来，公域之治的主题就是实现公共关系的理性化，“公共部分的治理应该以规则为定位，公法尤其行政法是公共治理的合法性来源”。②

政府危机管理必须践行法治，社会危机防治行政也必须在法治政府的理念下运行，从宏观层面上看，无论是常态下的社会危机防治行政还是非常态下的应急行政，在依法治国的理念下都应纳入到法治的轨道，人类的发展表明，人们对法治的诉求并不因政府危机管理的需要而有所减弱，而法治的核心追求，便是对公共权力滥用的有效控制。人们在公共危机治理的研究中始终执著于对国家权力的规制之道，致力于对危机治理状态下政府扩权和控权的平衡。社会危机防治行政法治化的价值体现如下：

第一，保障国家对公共危机的有效管理，维护社会安全稳定。在公法上，政府被视为是公共利益的代表，行使维护公共秩序、实现公共利益的法定职责。政府危机管理的两个阶段，即常态社会危机防治行政和非常态下的应急行政，都应当在法治的正当性理念下

① 钟瑞添，等．政府治理变革与公法发展．北京：人民出版社，2007：4.

② 李瑞昌．论公共治理的技术与价值的矛盾．社会科学，2003（3）：48.

有序、有效、有力地进行。在常态下，社会危机防治行政侧重于对社会风险的评估和预测，侧重于对社会矛盾敏锐的观察和有效地化解。此阶段的法治化在于置政府的行为于常态的法制运作内，监督政府行政的规范化运作，防止将非常态的行政紧急权无度的扩张，实现常态下的消除隐患与未然状态下的动态稳定，社会危机防治行政制度的设计重点在于能够保障国家在常态下，最有效控制和减缓公共危机的产生。

第二，控制和促进社会危机防治行政中公权力的行使。现代社会行政从过去的消极被动走向了积极能动，凸显行政权的积极意义，但是其善也大，其恶也彰：奴隶社会的残暴、封建社会的专制、近代社会的大屠杀以及现代社会的权力腐败与滥用等都是权力行恶的罪行。因此，控权成为行政法的基本价值，但是这里的控权不只是侧重抑恶，控制行政权力的作用范围；同时，还应当有扬善的侧重，及促进权力主体为法律所欲为。自由资本主义时期侧重前者即抑恶，到了福利国家时代更侧重后者，即扬善，即在法律许可与要求的范围内促进权力的价值实现。① 对于扬善来说，法律应为扬善限定界限。现代社会多元主体利益关系复杂，利益冲突是多元主体多元利益社会的常见现象，法律在促进一部分公众或个人利益时，必须顾及其他社会主体的利益。突破限度的为善可能成为损害他人的恶。公法对于社会危机防治行政而言，既要做到抑恶的控权，又要做到扬善的促权。

政府在常态下行使日常事务性管理，在不断进行的政府改革中，逐渐纳入到了规范化的运行状态，当常态下的社会危机防治行政与日常事务性的行政同时复合进行时，非因维稳目标的特殊性而使社会危机防治行政规范化和法治化的轨道，事实上，“我们必须为社会稳定注入法治的观念、动态的观念、发展的观念。从某种意义上说，社会稳定是社会管理各个方面规范化运作的集中反映，并不是靠事后的‘维护’而得到的”。② 因此，常态下社会危机防治

① 陈骏业．行政法基本原则元论．北京：知识产权出版社，2009：87.

② 汤啸天．维护社会稳定与提高执政能力．社会科学．2006（5）：152.

行政的法治化运行规制，是对公共危机有效治理的最源头的控制，是对社会危机防治行政权力的有效规范。

第三，保障公民的宪法基本权利。人权作为宪政保障的目的，是行政权的价值基础和最终归宿，是行政权起源的内在根据，是行政权设定的根本目的，是行政权运用的指导理念。各种与公共危机有关的紧急应对法，其目的并不是为了避免危机发生，而是为了避免紧急状态下出现法治危机。政府危机管理法治化，是要解决貌似非常态的常态社会危机防治行政和真正非常态下应急行政如何行使行政权力才能使法治继续存在的问题。在处理涉及公共危机事件时，由于政府行政权力的天然扩张性，在追求安全和稳定的秩序时，往往在价值取舍上会顾此失彼，而且在突发事态下，人们把注意力容易集中到事件的本身上，对公权力的扩张可能失去警惕，而公权力的扩张是以公民私权利的回缩或受侵害为代价的，因为在公权力和私权利之间范围的大小存在一种反比的关系。因此，面对紧急状态下的应急行政，公民的宪法基本权利天然地存在着被威胁的危机。应急行政法治化就是将公民在紧急状态下权利被克减的范围和程度进行规范性的设定。由于传统上将危机防治行政与应急行政不加区分的同等适用政府危机管理的正当性理论，行政权力的行使也倾向于将紧急状态下的权力扩张蔓延到常态下的社会危机防治行政的危机治理领域，极大地威胁着公民基本权利。将社会危机防治行政与应急行政相区别对待研究，就是力求将不同状态下的行政权力强度和范围进行区别对待，使其符合各自的权力正当性要求，最终有利于公民权利的保护。由此，常态下的社会危机防治行政和非常态下的应急行政的法律规制从价值目标上都指向公民权利的保障。制度化治理和法治化治理下一项制度要想能获得民众的支持，最重要的是确立谁是其获益者，只有获益者越多，这项制度就越深入人心。

# 第二章　社会危机防治行政的正当性理论探究

## 第一节　社会危机防治行政的法理学理论

关于政府危机管理正当性的法理基础，普遍的观点认为自国家产生以来，应对紧急情况的制度和行政紧急强制权力就与国家相伴而生，并随着国家历史形态的变化而变化，随着现代国家逐步走向民主宪政，政府在危机管理中的制度和行为也作出了符合民主宪政原则要求的变化。虽然自从有了国家就有了政府危机管理下各种权力的行使，但是关于这种权力的正当性的基础却存在着长期的认识上的分歧，这些理论的分歧和争论的焦点和核心问题就是关于国家与社会、公民之间的关系，以及国家的目的等形而上的法理问题。

### 一、政府危机管理正当性的各种学说

政府危机管理正当性理论基础的各种学说包括：

第一，国家优先说。该学说认为，当国家面临危机其生存的紧急情况时，国家自身的生存应当优先于公民的个人权利，允许国家采取一切必要的措施来维护国家的安全。同时，人民也有义务以牺牲个人权利来换取国家的生存。国家优先说的理论前提是认为紧急状态期间的国家权力与人民权利之间存在着不可调和的矛盾，在公民的宪法基本权利和自由的主张必然要妨碍以恢复正常社会秩序为目的的国家权力的行使。因此，人民和法律必须服从于国家生存这一最高目标，为了国家的生存，对人权和法律的牺牲是必要的。

第二，紧急自卫说。该学说认为，每个国家的法律都认可当个

体的生命在遭受非法侵害而致生命出现危机时，可以不受常法的约束，实施正当防卫或紧急避险。“国家的这一紧急状态的宪法权利与刑法中个人的自卫权利相类似。”① 这在刑法学上已成为公理性的理论。借鉴这种理论和制度，当国家在面临紧急情况时，也拥有自卫权，如同个人在面临危险时所拥有的正当防卫与紧急避险权一样，国家和政府在遇到危机时，为了维护自身的生存，避免紧急危难，根据宪法的授权，而不顾平时法律的规定，采取应变措施。曾经在美国南北战争时期，林肯为其国家行为作辩护时就主张这种“伟大的生存自卫权”：“难道为了使一项法律不受侵犯，就应当让该项法律以外的所有法律均受到破坏，从而使政府土崩瓦解吗？”②

第三，迫切需要说。该学说认为，当国家在面临紧急情况时，穷尽一切正常手段都不能够挽救危机的时候，事实紧急权力就成为一种迫切需要。费恩（Finn）认为，“作为一个政治智慧与远见的问题，民主胜负很少愿意在危机时刻在其生存与尊重普遍人权原则之间进行冒险。不论政府的政治逻辑是什么，迫切的现实需要很明显要压倒个人权力与自由”。③ 迫切需要说是从国家在面临紧急情况时的现实需要角度出发为国家紧急权力的行使作辩护的，它是以事实经验主义为理论基础。只要这种权力行使是现实所必需的，那么就是合法和正当的。正如斯来森格（Schlesinger）指出的，紧急状态期间政府权力的行使是“超越宪法的赤裸裸的政治权力的行使，它是违法的，但却是必要的”。④ 英国的新自由主义的代表人物哈耶克也认为，“在明显而急迫的危险状态中，某些自由不得不

---

① ［奥］曼弗雷德·诺瓦克．民权公约评注．毕小青，等译．北京：三联书店，2003：75.

② ［美］卡尔·桑德堡．林肯传．云京，译．上海：东方出版社，1987：189-190.

③ John E. Finn, *Constitutions in Crisis*, Oxford University Press, 1991：15

④ Joseph M. Bessette and Jeffrey Tulis, *The Presidency in a Constitutional Order*, Louisians University Press, 1981：22.

被剥夺”。① 但紧急状态下的国家权力由于是为非常时期所设，为消除危难，排除妨碍，所以仅仅能用来实现此目的，而不能积极兴利。

第四，政治便宜说。该学说主张，国家为了维护其自身的生存，在面临紧急情况时可以作出任何事情，只要有利于国家的安全，就可以免除其责任，即所谓的“目的总是证明手段的正确”，为了国家安全可以不择手段。认为国家可以采取一切必要的手段来维护遭遇紧迫时的现实需要。英国宪法学家戴雪就主张政治便宜说，他主张，“国家为维护宪政于不坠而实行紧急状态，其目的就属于政治上的便宜行事”。② 并认为，在外敌入侵时，任何人都可以作出任何事情，只要能证明其行为是忠贞于国家的，即使侵犯了刑事上的罪名或有民事上的侵权行为也可以免责。

第五，紧急秩序法治观。卡尔·施密特在他的《政治的概念》中，阐述了法治与紧急状态的关系，他认为紧急状态下宪法与法律都必须向国家权力让步，强权国家最终将压倒法治国家。因为紧急状态清晰地揭示了国家政权的本质，国家创制法律，但它本身在紧急状态下可以脱离法律规范。“国家的存在证明它比法律规范的效力具有更大的重要性。决策不受任何规范的约束，并在真正意义上成为绝对的。”③ 马基雅维利在《君主论》中主张国家理性原则，就肯定了国家在遭遇危机时，无须顾及法律，径以国家之生存及安危为主要目的，采行一切措施。“某些事情看来是道德的，但其结果却置国君于败亡；另外一些事，看来是罪恶的，其结果却使他获得了较大的安全与幸福。”④ 虽然马基雅维利在讨论国家目的时只是针对君主制国家中的君主统治，但是其国家理性和政治便宜的学

---

① [英] 哈耶克．自由秩序原理（上）．邓正来，译．北京：三联书店，1997：275.

② [英] 戴雪．英宪精义．雷宾南，译．北京：中国法制出版社，2001：570.

③ See, Carl Schmitt, *Political Theology*, trans, George Schwab, MIT Press, 1985.

④ [意] 马基雅维利．君王论．长沙：湖南人民出版社，1987：66.

说对后世产生深远了影响，以至于今天仍有众多国家在危机状态下甚至在常态的治理下，以统治阶级的利益为基础，便宜行事仍然被当做维护国家利益和社会稳定时的一个重要手段。

第六，宪政独裁说。美国政治学家与宪法学家克林顿·罗斯特（Clinton Rossiter）在1963年出版的《宪政独裁》（*Constitutional Dictatorship*）一书中初次提出了宪政独裁的概念，其理论依据是“当一个国家的安危存亡发生问题时，除了独裁政体之外，没有任何形式政府能够生存”。① 宪政独裁的概念并不是要用独裁体制来对抗民主政体，而是要表明现代国家的自由人民当国家陷于严重危机时，如何运用独裁的制度与方法来力求生存。宪政独裁对自由民主政体的意义就在于前者维护着后者的生存以及恢复宪政秩序，宪政独裁区别于专制独裁的本质就在它是宪政的。② 独裁一词在表面上就会使人感到不安，正如社会危机一样给人们如临大敌、迫害和毁灭的恐慌感，其实在民主共和政府中，独裁权力是短暂的，宪政对独裁的修饰是尽量冲淡和缓和了独裁一词的本身的恶劣性。

宪政独裁学说和理念在当前的政府危机管理和国家紧急权力行使中获得了广泛的接受和认同。但是罗斯特的宪政独裁理论也有很大的局限性，宪政独裁理论基本上是以战争状态为基础的，而战争状态只是一种特殊的最极端的紧急状态。这种类型的国家权力的应对不具有普遍性，而紧急状态按照危机的严重程度和国家紧急权力的运行形态可分为轻度状态、中度状态和重度状态。③ 战争状态则是重度紧急状态，它不是当前社会发展下政府危机管理中的研究重点，轻度和中度的紧急状态是政府危机管理的主要内容，我国于2007年出台的《突发事件应对法》适用的阶段就是指向这个领域。

---

① Clinton Rossiter, *Constitutional Dictatorship*, Princeton University Press, 1963.

② Clinton Rossiter, *Constitutional Dictatorship*, Princeton University Press, 1963: 8.

③ 刘小冰．国家紧急权力制度研究．北京：法律出版社，2008：112.

因此，理论研究、立法规范和执法实践也侧重于此。① 这些关于国家紧急权力的正当性理论不仅都是针对紧急状态，甚至都是侧重重度紧急状态的理论基础。对于常态下政府危机管理的社会危机预防行政的正当性基础，宪政独裁理论似乎缺乏一定的适用条件。政府危机管理下防治和应对两个阶段中，基于不同的事实状态，在理论学说的基础上无法使用同一的正当性理论基础获得自我证成。社会危机防治行政既不是政府危机管理核心所指的紧急状态中的活动，也不是常态下的日常业务性活动，它是常态下的政府危机管理的有机组成部分。

## 二、社会危机防治行政的正当性法理分析

社会危机防治行政的法理学基础，应当摒弃西方国家政治理论中的国家唯心主义的观点，即借口所谓的国家生存的优先性、紧迫性或自然法意义上的紧急自卫权的理论，忽视必要的人权保障，从而导致了混淆目的和手段关系的结果。甚至出现借维护国家主权之名实现其他团体或个人私利的现象，也为随意践踏人权提供了便利。社会危机防治行政的哲学观点都要溯及国家本质的考察，“国家问题是一个最复杂最难弄清楚的问题，也可说一个被资产阶级的学者、作家和哲学家弄得最混乱的问题”。② 马克思主义的历史唯物史观对国家本质的揭露，是我们得以分析政府危机管理下社会危机防治行政及其相应职能的客观工具，也是我们研究国家与公民关系的方法论原则。

### （一）自由与秩序的平衡

国家是“社会陷入不可解决的自我矛盾，分裂为不可调和而又无力摆脱这些对立面。而为了使这些对立面，这些经济利益相互冲突的阶级，不致在无谓的斗争中把自己和社会消灭，就需要有一种表面上驾于社会之上的力量，这种力量应当缓和冲突，把冲突保

① 王晓君．政府危机管理法律问题研究．济南：山东人民出版社，2008：36.

② 列宁选集（第4卷）：41.

持在‘秩序’的范围之内，这种从社会中产生又自居于社会之上并且日益同社会脱离的力量，就是国家”。① 国家的本质就在于：国家是阶级矛盾不可调和的产物，是阶级统治的工具，是特殊的政治武装。这是在国家重度紧急状态下，行使国家紧急权力以维护国家本身生存的根本决定性理由。

但是在社会危机防治行政的阶段下，由于其范围是限定在日常潜在不稳定社会关系的秩序维护，所以其制度的根基价值基础不在于国家的阶级本质决定下的维护政权的暴力性，而在于宪政体制下国家最基本的目标价值即秩序的维护。社会危机防治行政的核心不在于强制和镇压，而在于通过政府危机管理下社会危机防治的常规行政权和紧急事态下②的行政即时强制权的行使来维护和保障正常的社会秩序，和预防、规避突发事件的爆发，治理潜在的社会危机。

任何社会必须生存在一定的规范和秩序之中，人类一旦建立政治社会，“首要的问题不是自由，而是建立一个合法的公共秩序”。③ 各种社会形态的变迁与更替，归根结底是人们对社会秩序所作的一种自觉或强制的调整与创新。纵观人类社会发展史，各阶级、各党派、各社会集团之间的矛盾和冲突，都潜藏着一条主线，即为谋求增进自身政治、经济和社会利益的秩序系统。各种相应的秩序系统都将缓解和消除各种矛盾和冲突作为政治体制的首要任

---

① 马克思恩格斯选集（第4卷）：166.

② 紧急事态与紧急状态是两种不同的状态，紧急状态是宪法规定的法律状态，是由宪法、法律规定的，并满足紧急状态的启动程序后，才生成的状态，是对一定突发事件危险性认知基础上的法律性的认定和转换。在国家有权机关宣布进入紧急状态后，国家常态法治中断，启动紧急状态下的法治，公民基本权利受到克减，行政紧急权力获得程序启动后的正当性。紧急事态是常态法治下的事实状态，是行政管理过程中发生的个案事件，性质上具有一定的紧迫性和危害性，需要通过运用一定行政权力，甚至行政即时强制化解危机隐患，其危害性尚未达到较大的程度和范围。

③ ［美］亨廷顿．变革社会中的政治秩序．王冠华，等译．北京：三联书店，1989：7.

务。优良的政治体制不在于没有社会矛盾和冲突，而在于将矛盾和冲突容纳于自身可以控制和协调的秩序系统中。民主在追求自由和公正的价值时付出的代价就是效率。而如何将自由和秩序、公正和效率的价值目标相结合，将成为指导宪政秩序下社会危机防治行政的正当性设计和行使的基本价值。社会危机防治行政的法理学理念就应当是在“自由和秩序”、“公正和效率”之间选择和把握平衡点，这将对社会危机防治行政的目标实现具有正确的导向价值。

**（二）社会危机防治行政的理论基础：自由主义与国家主义的调和**

紧急状态下国家紧急权力正当性的理论学说，基本上是基于国家至上、主权至上的国家主义理论，而这些理论在社会危机防治行政活动中不能轻而易举的具有正当性，国家主义理论受到了时代和人类自身文明的挑战。政府危机管理下社会危机防治行政的理论正当性发展是建立在自由主义和国家主义协调发展的功利主义基础之上的。

风险社会危机防治的理论基础与人类自身历史发展中宪政观念的逐渐丰富和成熟是相适应的。危机防治行政的宪政理念同样体现在近代西方宪制建构的两种相对立的思想倾向中：自由主义和国家主义。这两种思想侧重的不同，就会出现社会关系中公民与国家之间关系的巨大差异，这对现代社会危机防治行政的价值理念有理论的积极构建意义。政治哲学和宪制理论发展和完善都在表明，任何一套宪政制度遵循的法哲学理念，在思想体系上都不只蕴涵着单一的思想，而往往是多种思想和多种价值观念的集合体，这些思想和观念不同程度地渗透、型构着一个时代的政治法律理念，并最终指导与影响宪政制度的设计与安排。西方现代自由主义和国家主义思想和实践的发展，都在努力调和两种思想在对宪政发展中完善国家和公民的关系的各自优势和价值。当宪政观念在历史的发展中逐渐成为时代精神气质的前提下，社会危机防治行政的理念就应当是在“自由和秩序”、“公正和效率”之间选择和把握平衡点。

人类的宪政国家理论及精神理念都发端于 17、18 世纪启蒙运动核心的自由主义思想。这种思想第一次从哲学、政治学构建起一种关于人与国家的理论，即个人在逻辑上和道义上都居于优先地位，始终把人当做目的而不是手段来对待。人是实体，而社会和国家是关系，关系比不上实体本质和充实。自由主义认为社会决定国家，个体权利高于国家权力，国家服务于社会需要的思想在传统的宪制理论中将政府的权力压缩到最低程度，在最大可能范围内保护个人的自由。

国家主义的理论认为只有对内实现专有统治权，对外可以垄断的武力作为威慑，民族国家才得以存续，一个四分五裂国家的内部，将无法形成一个能够推行宪政的公民社会。这一思想将国家作为绝对的权威，高于以分散状态存在的个体，国家被赋予了一种独特的存在意义，超越于个体的人而存在，并逐渐物化为一个独立的实体，由此确立了国家高于社会的观念，主权至上成为推崇国家至上的国家主义的核心理念。这种宪政理论在一定程度上折射出政府统治的一种现实类型。

自由主义通过显示个体与众不同的独立性而激励个体反对专制统治秩序的积极性，国家主义通过颂扬一种集体的统一性来对抗反抗的力量。总的来说，二者在国家与公民关系的理论上，形成了两种对立或矛盾的倾向。自由主义宣扬社会高于国家，认为人的自然权利先于一切社会组织和政治组织的基础而存在，国家是由个体同意的社会契约才获得了合法性的存在。基于此，将个人权利置于集体利益之上，通过权力分立和制衡来实现这一目标的有限政府理论应运而生。国家主义主张国家高于社会，将国家和政府视为整个社会的道德中心，这种理论正随着现代社会的分化逐渐消失。国家主义进一步演变为将国家利益与公共利益、公共意志相等同。国家权力具有整合社会伦理和追求公共福利的义务，而不仅仅是消极地维持一个安全的社会秩序。

这两种思想的基本精神实际上是相互矛盾、相互排斥的，但对宪政国家的建构却都具有深刻的影响。就不同的法律传统、伦理意识、历史状况或国家政体而言，这两种理论具有的影响力是迥乎不同的。宪政国家建立之后，处于同一宪制框架内的这两种相互冲突的理论必然需要经过一个协调过程。从宪制建立后的国家实践来看，宪制时代的政治哲学家们都理智地放弃了启蒙时期先辈们要么自由主义要么国家主义的较为极端的立场，而表现出试图寻觅一条更符合现实的中间道路。如自由主义的典型代表功利主义在处理公益和私益的关系时，就收敛起自由主义的锋芒毕露的话语，而更关注实在、具体的现实问题，提出颇具实践性的合理性原则，即大多数人的最大幸福，以此作为检验公共政策和法律的基本标准。政府权力可疑性不一定取决于权力是否集中，而在于权力行使的方式、权力的根源、公民参与权和监督权的有无，权力者是否具有责任以及公民是否具有言论自由权等。① 功利主义更着眼于现实，而非更亲近自由、平等和公正这样的抽象理想，即重视自由又不忽视权威，填补了国家与社会之间的鸿沟。

功利主义的宪政思想的出现暗示着自由主义精神的衰微，他们不断地将自由、平等和民主的价值放置到现实生活中检验，学者们更关注宪制的具体运行和制度的实际效果，而非抽象的自由、平等价值。而主权至上论的国家主义在经历了第二次世界大战之后，逐渐受到宪政理论界的严厉批评，使其既缺乏理论市场，也缺乏实践尊崇。支持主权至上的理论家也倾向将国家主义与自由、民主的价值观协调起来。从关注国家利益转向关注公民权利的维护和相应的具体制度。②

福利国家下的国家干预主义则是人类发展进程中风险社会下现实危机促使下的产物，福利国家的模式本身就意味着宪制下两种主导思想的相互吸收和融合。如新自由主义的代表人物哈耶克就承认适度的国家干预是必要的，而大多数的国家干预主义者也并不否认，自由、平等的价值是弥足珍贵的。他们只是在实现自由的方式和途径上存在着认识上的差异。当前风险社会下社会危机防治行政中，基于两种不同的价值导向，调和二者的价值目标指向，着眼于现实，既重视自由又不忽视公共价值，填补了国家与公民社会之间

① ［英］边沁．政府片论．沈叔平，译．北京：商务印书馆：213-214.

② 董炯．国家、公民与宪政法——一个国家—社会的角度（第2版）．北京：北京大学出版社，2003：75.

的鸿沟。

## 第二节　社会危机防治行政的宪法学理论

在人类经历了无数次的国家治理的试错过程后，迄今为止，现代民主宪政体制是现代政治思想与政治体制实践的普遍认同形式，它使得人类社会摆脱了独裁专制政体的野蛮与落后，它被认为是能够满足有效管理被统治者和管理政府自身双重要求的比较妥当的架构。社会的发展不再是依靠偶然性与强制力，而是在理性、智慧与深思熟虑的基础上实现和谐与进步。它的精髓之处就在于规范和控制国家权力的正当行使，保障公民权利的实现。

### 一、危机防治行政与紧急状态应急行政的不同法治情境

当国家遭遇到突发公共事件致使局部处于紧急状态的时候，民主宪政的常态下的一些原则与具体运作必须作出相应的变通，力求摆脱社会危机，恢复正常的社会秩序。紧急状态下将导致宪法保障的公民基本权利的克减，世界各国宪法以及国际人权法都对紧急状态下的人权克减有相应的规定，但是，这并不意味着民主宪政的基本原则不再适用于非常态的紧急状态，紧急状态下的国家权力尤其是行政紧急权力的行使与人权保障也必须符合民主宪政的基本原则，国家不能以紧急状态之名任意地扩张权力、有意无意地缩小公民权利及其受保障的范围，紧急状态也是宪政框架下的法治形态之一，即法治下的非常态行政。否则，也将遭受违宪之责。因此，在宪政理论上阐明的紧急状态下，行政紧急权与民主宪政的关系以及宪政下的紧急状态的基本原则，都是在强调紧急状态虽然会使得宪法的常态效力受到一定影响，但紧急状态下的行政紧急权的行使仍然是宪政下法治的重要组成部分，行政紧急权是宪政体制下非常态法治的规范对象。

社会危机防治行政的情境是非紧急状态，它面对的是各种复杂的社会潜伏危机，运用各种综治治理和化解矛盾手段实现社会管理秩序化稳定化的目标。社会危机防治行政中也经常有紧急事态情形

出现，但是它不是我们宪法和法律上所说的紧急状态，因为紧急状态是一种法律状态，是由宪法、法律规定的，并满足紧急状态的启动程序后，才生成的状态，是对一定突发事件危险性认知基础上的法律性的认定和转换。因此，紧急状态是法律状态。而社会危机防治行政中发生的个案紧急事态，由于没有达到宪法和法律规定的危害程度，虽然情况紧急，但属于行政法领域的紧急事态，是事实状态，通过常态的行政权进行管理的内容，主要通过经法律授权享有行政强制权的行政主体行使行政即时强制权①达到化解危机的目的。所以，紧急状态下的行政紧急权的扩张和辩护的理由并不能当然地适用于社会危机防治行政下的权力评价，宪政体制下的非常态法治情境不是社会危机防治行政的存在空间，但社会危机防治行政又不同于常态行政下事务性日常行政。那么宪法的理念和原则对社会危机防治行政有着怎样特殊的指示和引导，将是常态宪政下的紧急事态情境中需要把握和给定的。

宪政的要义在于“所有的权力都要受到既定规则的约束”。②自由主义法学代表人物哈耶克认为，“宪政意味着权力必须按照被普遍接受的原则来行使”③；美国学者弗里德里希认为宪政是“建立并保持对政治和政府活动进行有效制约的机制”④。民主与宪政具有各自不同的价值取向，民主关注人民的参与，而宪政则强调对公权的制约。“民主宪政是受到权力制度制约的掌权者对政治权力的有限的、负责的和共同的行使。”⑤ 这种制度的设计是通过互动

---

① 对于维稳行政中的行政强制权的属性和类型，本研究将在第五章维稳行政二元主体下的专节“维稳行政下的强制性行政行为”予以探讨。笔者将维稳行政下的行政紧急权限定在紧急事态下的行政即时强制，与紧急状态下的行政紧急权相区别。

② P. kurland, *Politics, the Constitution, and the Warren Court* 8, 1970.

③ F. A. Hayek, *The Constitution of Liberty*, London, 1976: 181.

④ Carl J. Friderich, *Constitional Government and Democracy: Theory and Practice in Europe and American*, Boston-New York-London, 1946: 121.

⑤ ［瑞士］莉蒂亚·R. 芭斯塔. 宪政民主的反思：后现代和全球化的挑战//刘海年. 人权与宪政. 北京：中国法制出版社，1999：4.

方式形成统治意志，是民主与宪政两种价值相结合的产物。民主宪政的基本原则对社会危机防治行政具有适用意义，有必要介入民主宪政的基本原则理论来指导政府危机管理下社会危机防治行政中行政权的行使。

## 二、新宪政论对社会危机防治行政的理论指导和支持

美国著名的政治学者和宪政学者斯蒂芬·L. 埃尔金、卡罗尔·爱德华·索乌坦等七位学者，在《新宪政论——为美好的社会设计的政治制度》一书中，提出了相对于传统宪政理论具有更广泛社会影响的宪政思想，新宪政论者对塑造政治制度和权力进行了创造性的研究和探索。新宪政论主张：宪政理论应当超越对专横地行使政治权力加以限制的主张，它应当并且能够通过人们的设计，实现经济效率、民主管理以及其他有益的政治目标。在更广泛的层面上，政治理论和社会理论需要从批判的怀疑主义转向思考一个良好的社会如何得以维系，一种良好的政治体制如何通过制度设计在经济效率和公民精神两个方面加以构建。与此相适应，传统的“宪政”功能也得到明显扩大。“在设计一组将要构成任何政体的政治制度时，必须注意这些制度的三项用途：（1）限制政治权力的滥用，（2）能够很好地解决社会问题，（3）有助于形成公民的性格。”①

宪政的理念就在于有约束的权威和广泛自由的结合，从近代到现代，自由权、受益权、参政权、社会权等人权虽不断发展，但公权力与公民权利的关系问题一直是宪政理论与实践关注的热点。新宪政论者将传统宪政理论所极力保持的国家权力与公民权利之间的清晰界限重归于模糊状态。但与以往相反，其所主张和憧憬的是个人突破界限进入公权力领域，以审议制、参与制等多种方式作为团体和公民的身份积极参加设计制度，并成为宪政制度设计和运行的一个重要组成，这一论点恰恰符合以人权为核心、发展人权的宪政

---

① ［美］斯蒂芬·L. 埃尔金．新宪政主义的继承者//埃尔金，索乌坦．新宪政论．周叶谦，译．北京：三联书店，1997：153.

目的以及构建或重建市民社会的世界趋势。与此相关的是新宪政的制度状态：在新宪政论者的设计理念中，制度普遍存在，处于或进或退，不断发展变更的良性完善的动态过程中，没有单一的发展路径，没有单一的评价标准，没有单一的价值垄断，只有各种价值的选择后的制度反应。

新宪政论给我们的启示是，民主政府既是受到制约的又是能动进取的，宪政的价值功能不仅可以限制政治权力的滥用，同时要能够很好地解决社会问题，并有助于形成公民的性格，这为政府危机管理下社会危机防治行政在价值功能上作出了宪政下的理念解释，即社会危机防治行政的价值理念就在于运用各种综合的方法预防、疏导和化解社会发展中出现的各种潜在冲突和矛盾，宪政的内涵要求优良的政体应当是能够很好解决社会问题的，新宪政理论的三种功能逐级递进的理论安排和宪政价值的提升，为转型期的社会发展提供了可资借鉴的理论指导，为社会危机防治行政提供了有力的宪政学理根基。新宪政理论对社会危机防治中行政职能的行使提供了支持。斯蒂芬·L. 埃尔森就认为，“即使被用来掩盖专制权力行使和使之神秘化，法律还是提供了更多的东西，宪政设计也是如此。拒绝这一结论是愚蠢的，就像认为政治权力总是用于实现良好目标的错误那样：无益的乐观主义遇上了时髦的虚无主义”。① 因此，宪政思想扩展下不断丰富的新宪政论为社会危机防治行政的理论基础作出正当和有力的注解。新宪政理论所追求的宪政价值功能，为宪政中国社会危机防治行政的总体目标设定与实施都给予了理念上的强大动力指引。

## 三、宪法基本原则对社会危机防治行政的指导意义

“近代民主政治的历史表明，作为一种法律表现形式的成文宪法往往被作为民主的标签而使用，现实宪法在特定社会条件下有时也可能被迫与成文宪法相一致，而只有观念宪法才表现出不屈不挠

① ［美］斯蒂芬·L. 埃尔金. 新宪政主义的继承者//埃尔金，索乌坦. 新宪政论. 周叶谦，译. 北京：三联书店，1997：42.

的个性，并维系着政治过程的连续性。”① 成文宪法或现实宪法仅仅是观念宪法的具体表现，人民主权、人权保障等普适性价值原则才是最终乃至最高的宪法。

**（一）人民主权原则**

人民主权作为一种政治理念，被认为是资产阶级革命以来人类所取得的最伟大的思想和政治成果，是反抗一切专制和暴政的最有力武器，也是现代社会判断一个国家和政府是否具有合法性和现代性的核心标准。人民主权原则是人民通过代议制度来行使主权，通过对政治过程的有效参与与选举和更换政府中的代言人和执行人，并对其权力的行使有效地监督。人民主权理论对政府危机管理下社会危机防治行政中行政权力的行使必须接受法律规范与控制的要求提供了有力的理论支持。社会危机防治行政中的紧急事态下会出现行政即时强制权的行使。这种权力在表现上由于与紧急状态下的行政紧急权非常相近，行使时往往会以紧急状态之名，以公共利益优先性、国家利益至上性的名义，呈现出强烈的扩张性、暴力性和及时性，由此对人权的威胁令人生畏。为了使社会危机防治行政在紧急事态中行政权运用服从于人民的利益，保护行政相对人的权利，这种社会危机防治行政下的权力也必须接受法律的规制，实现人民主权的最终的旨向。

人民主权原则对社会危机防治行政的指导意义主要表现以下几点：

第一，人民主权原则为社会危机防治行政中行政权的来源提供了正当的依据。

在霍布斯的自然状态理论下，人们之间是“狼和狼一样的关系”，彼此之间是割裂和没有安全感的，是“一切人反对一切人”的战争和恐怖状态，那么如何摆脱“所有人反对所有人的战争”的自然状态，去寻求和平与安全？这就是社会契约产生的理由，当人们为了避免恐惧和伤害而将自己的一部分权利集中起来组合成公共权力，并由从社会中产生却日益脱离社会的国家来行使公共权

① 周叶中．宪法．高等教育出版社，2000：417.

力，行政权就成为任何一个国家应然权力中的组成部分，当然尽管行政强制权是在紧急事态下为了维护社会秩序，但越是强大的权力，其暴力性和侵益性越强，因此权力必须规制以确保社会秩序。

但是，人民主权原则并不是要求政府放弃行政强制权，恰恰相反，人民对这种权力的需求性和迫切性并不亚于国家及公共权力。人民主权原则的主要意蕴是，这种权力的授予和监督必须控制在人民的手里，因为即使在民主和法治发达的国家也会存在国家和政府权力滥用的可能。事实上，迄今为止的国家，无论是古罗马帝国，还是今天的美国，都直接依赖着国家紧急权力包括行政强制权，为自身国家肌体的强大有力奠定后盾。实际上，将权力发挥至极致的欲望在拥有权力的人和组织身上随处可见，因为“有权力的人行使权力一直到遇有界限的地方才会休止”，“必须以权力约束权力”①，当国家权力不被滥用的时候政治自由才能够存在。在较完善的民主和法治的制度和观念下，权力滥用的欲望可能被遏制在难以实现的状态。社会危机防治行政中的权力不应该是毁灭人民主权和民主的工具，恰恰相反，它应该是从根本上保障人民主权的理念和价值实现的工具。否则，人民就可以从道义和伦理上摒弃由它而赋加的各种义务，并在正义层面上取得公理的正当性。

第二，人民主权原则是维护国家稳定的根基。

在维护国家稳定这个目标上曾经存在种种不同的思维和手段，这之中也存在有太多的荒谬、无知和欺骗。利用直接的专制性的强制手段打压民主的要求，从而获得对国家和社会政治生活的巩固和万马齐喑式的稳定，这种政治的最大特点是：权力者沉醉于自己所布控的场域，可以不顾民众的感受，但这种近乎历史遗迹的手段在现代社会不再具有社会的认可，失去了正当性和有效性的权力，必然要被人民所抛弃。历史经历表明，国家稳定的根本在于如何以法治的形式正确设计国家与公民的关系即权力与权利的关系，而这一切的解决基础在于人民民主原则的日趋实现。

---

① ［法］孟德斯鸠．论法的精神//西方法律思想史选编．北京：北京大学出版社，1983：252.

从历史来看，即使是运用得好的行政强制权，也会对社会或个人造成伤害。更何况这种权力自身的属性又更多地给权力者提供了专制和暴力的机会。在人民主权的基础上才能使行政强制权的行使最终有利于国家稳定的实现。因为在民主的政体中，民主更可能消除以暴力手段来解决社会内部问题的权力崇拜，缺乏民主正当性的强权所造成人的仇恨和恐惧让权力者永远站在社会的封口浪尖上，危机四伏且岌岌可危。在危机预防和控制的过程中，“政府的权力扩张是很难避免的，但是这种扩张的合理、合法性在于人民的认同和支持。同时，这种扩张也是有限的，即人民的认同是基于对自身利益和公共利益的维护。如果政府从预防和控制危机出发，大肆地扩张权力，不顾人民是否接受，则往往会破坏了人民主权，使得人民成为政府权力扩张中的无力反抗者，而不是政府权力的最终受益者和主人”。①

**（二）人权保障原则**

人权是指作为一个有尊严的人所应该享有的权利，是一个人为满足其生存和发展需要而应当享有的权利。在人类的历史上，对人权的追求由来已久，但对其追求的内在动力与其说是人性的自觉不如说是人类自身发展过程中对国家和政府强权、专制、压迫行为的反抗。在标榜民主宪政的国家中，人权普世的价值追求和精神理念，对政治国家的公共权力是核心的价值评价尺度。尊重和保障人权也是检验一个国家、政党和政府及其权力行使是否具有现代性和正当性的标尺。

尊重和保障人权原则对社会危机防治行政的意义有二：

第一，通过对常态和非常态法治下的人权分类，来界定人权的受限制性的界限，明晰范围以保障权利不受侵犯。人权在社会危机防治行政中，不再采取传统的分类形式，传统的分类按照人权所处的层次和领域划分为生存权利、社会权利、文化权利、经济权利、政治权利等。而由于在社会危机防治行政中，人权主张和受限制性

① 郁建兴，等．论危机管理中政府行为的合法性．毛泽东邓小平理论研究，2003（4）．

主要针对政府和社会的公权力，人权受侵害性的风险加大，此时，对人权的分类要更有助于对受限制的权力进行界定的问题，所以将其分为不得克减的人权、受克减或限制或中止的权利、正常状态下的权利三种。① 与应急行政相对应的社会危机防治行政下，行政权的行使涉及人权受到限制和克减的程度应当比紧急状态下的程度轻，即不同的状态下权利受到限制的范围应当受均衡原则的指导。社会危机防治行政下的行政权尤其行政强制权的行使不得侵犯宪法和法律明文规定的不得克减的权利内容，行政强制权的内容在行政强制制度立法中事先规定并由合法的权力主体行使。

第二，社会危机防治行政的终极目的是维护社会秩序并最终保障人权。社会危机防治行政本身是化解矛盾，消除冲突的手段，而不是彰显政府权力和维护权力本身，最终是为了维护公民权利。由此，无论处于何种理由来使用权力，其目的一定要有正当性，维护人权的生存根基，维稳是为了更好地维权，维稳是以保障人权作为自己的终极使命的。因此，在维稳目标指向下的社会危机防治行政中以官员的政绩和利益集团的目的，来行使行政紧急权任意限制和剥夺公民人权的行为，应当依法追究法律责任。

**（三）有限权力原则**

几乎所有的国家宪法都是有限权力的宪法，一部宪法一个授权政府维持军队、从事外交、维护治安、调控全国范围内的经济等，对于宪法没有明文规定的权力，该如何对待？有限政府原则是说，如果宪法没有规定，那么这项权力在原则上就不为政府所具有，由于宪法只可能授予某些特定的权力，这表明有限权力的政府不具有宪法所没有规定的所有“剩余”权力。②

有限权力原则对于社会危机防治行政的指导意义在于：

第一，社会危机防治行政中非强制性行为和紧急事态下的强制性行为，其权限和方式上都应当是服从有限权力原则。对于社会危机防治行政来说，有限权力原则首要表现为预防作用的有限性，

---

① 刘小冰．国家紧急权力制度研究．北京：法律出版社，2008：20.

② 张千帆．宪法学导论（第2版）．北京：法律出版社，2008：218.

“常规行政有两个功能：一是通过积极防范和化解社会危机来降低突发公共事件的发生概率；二是在突发公共事件出现之后，辅助紧急行政的应急处理，以尽快恢复遭到破坏的公共秩序与公共安全”。① 社会危机防治行政中的常规行政自身存在防范边界的问题，对于立法与政府来说，设计常规行政的防范边界，必须考虑政府防治资源有限性的刚性限制，必须进行成本—收益的分析，有效实现预防效益的最大化。这种作用的发挥是以预防的成本小于预防的收益为理性选择的前提，那种为了最大限度地降低突发公共事件的概率，将更多甚至所有的政府资源都配置到常规行政当中的想法和观点，是无益的狂想，理性的政府运行是不会作此选择的。用来预防突发公共事件的常规行政的临界点在于，预防的成本等于预防的受益，在此临界点之下，预防的成本小于预防的收益，而且在此之下离临界点越远，获益的空间越大。因此，社会危机防治行政并非目的决定手段的正当性和有效性，虽然在寻找常规行政的临界点极其不易，但这种临界点的成本效益的决策考量方式，正说明了危机防治的常规行政的有限性，其防治行政中的权力行使必然是有限的，对任何超出临界点权力的行使，都是损害了公益与私益的平衡关系。现实中，我们看到当政府不惜一切代价，为维护社会稳定，在矛盾冲突出现后，仅以单一的经济手段，“花钱买平安”时，如果这种社会危机防治的成本大于收益，则违反了有限权力原则，权力应当受到审查，或许政府花公民的纳税钱提供公共秩序的产品，本出师有名以此获得为社会危机防治行政的正当性辩护，但此权力的行使超出社会危机防治的临界限度，则丧失正当性。

第二，对社会危机防治行政中紧急事态下行政强制权的有限性界限在于，行政强制权力行使的充分和必要。由于常规非强制性行政措施不足以解决突发案件的危害性，只有依靠强有力的行政强制权，才能有效维护或迅速恢复遭到破坏的公共秩序，预防和避免更大危害的公共事件发生。因此，在行政即时强制权的实体内容上，主体、权限、范围和具体方式上都必须与紧急事态案件的强度相匹

① 宋功德．行政法的均衡之约．北京：北京大学出版社，2004：462.

配；在程序上，要体现行政即时强制权的简便、易行、反应敏捷的特点，即迅速启动且运行通畅。在权力充分有效的前提下，权力还应当是符合必要性要求的，即虽然行政即时强制权力强硬、简便、易行，但并非越强硬、越简便就越好。强制权不能超过必要的限度，要符合比例原则，同时，对公民的绝对基本权利，如生命权和人格尊严权，无论何时都不能剥夺，这构成行政紧急权力的底线。有限权力原则在社会危机防治行政中有助于避免将人民同意国家行使强制合法化的意志，顺水推舟的解释为给国家的全面授权，为潜在的权利危害设置防御屏障。社会危机防治行政权能的行使前提在于：目的上必须是正当的，手段上必须是必要的。国家权力必须受到合法合理的限制。

随着时间的推移，"限政"理论的发展已经有新的转向，尤其是"新宪政论"的出现，提出了民主政府既受到制约又是能动进取的，学者们从更多地强调冲突对立转向强调合作的价值。世界各国宪政理论发展也必然深刻地影响着我国的宪政理论和实践，我国学者对当下的世界宪政理论也给予了精辟的见解："实现正义、自由、权利和平等这些宪政价值，有两条基本路径：一是权力控制的古典正统理论，这是一种滞后的、被动的制度设计；二是权力保障的新宪政论，这是一种积极的、能动的制度设计，行宪的必然规律就是实现积极保障与消极防范、超前能动引导与滞后被动制约的有机统一，即权力控制与权力保障的结合。"① 然而，在宪政制度与宪政文化处于不成熟的发展阶段时，我们要实现的不是现代化而是近代化，中国的宪政制度设计仍然应该将重点置于控制权力上，这应该是社会危机防治行政中对行政即时强制权和其他行政权力设计的一个基本原则和要求。实现自由、正义、平等的宪政价值的基本路径在当前仍然依赖分权制横、有限权力等古老的智慧。

**（四）法治主义原则**

自亚里士多德以来，思想家们就对法治的内涵、基本价值取向以及现实制度构架进行了不断的争论，促进了法治思想的发展。人

---

① 李龙，汪习根．宪政规律论．中国法学，1999（4）．

治主义在中国有着悠久的历史文化传统，无论儒家还是法家都最终走向人治的归途。人治主义在中国具有系统的理论和丰富的实践，这种文化的特质至今存活在整个民族的心理结构中。当前，法治主义在中国正处于“走向法治”的境况，即确立法治目标，在仍应承认现实存在人治现象，由人治走向法治是一个渐进、漫长而痛苦的过程，但法治主义已成为当代中国政府和人民心中的确定目标和内心感动的力量，因为我们知道“法治表征治国方略或社会调控方式，是融合多重意义的综合观念，是民主、自由、平等、人权、理性、文明、秩序、效益与合法性的完美结合”。①

法治主义对于社会危机防治行政的指导意义在于：

法治主义要求一切包含在宪政体系下的国家及政府的权力其条件、性质、范围等都必须事先存在一套规则，行政权被妥当确定地安排在法治结构中，即使社会遇到了诸如各种程度的突发事件，国家也不会因此而发生法治危机。但法治主义不是万能的，法律的效用也不是法力无边的，那种一厢情愿的，要求事事“有法可依”也是不现实的。在社会危机防治行政中，立法保证了政府在紧急事态下行使行政即时强制权，在突发案件的危急时刻，政府容易深陷对简单暴力迷信的深渊，所以更需要主张法治主义，更利于制度化解决问题，而避免简单粗暴的专制主义复活。

在政府危机管理实践推动下，当我们在穿越历史对宪政问题进行广泛深入的探究之后，面对新的现实和传统积淀，我们究竟需要一种什么样的“宪政”理论来引导维稳行政的行为，将是我们当前时代所面临的一个重要课题和任务。综上所述，宪法的各种原则和理念在成为宪政国家不可或缺的理论指导同时，也将为社会危机防治行政的选择和实施提供基本价值判断准则，并成为公民与社会对社会危机防治行政运行认可和监督的理论基础。同时，新宪政理论所追求的宪政价值功能，为当前维稳理念下社会危机防治行政的总体目标设定与实施都给予了理念上的强大动力指引。

---

① 张文显．法哲学范畴研究．北京：中国政法大学出版社，2001：151.

## 第三节　社会危机防治行政的行政法学理论

宪政的核心在于对待和设计国家权力与公民权利的关系，宪政体制下的政府维稳管理中的张力关系就在于行政机关的行政紧急权力与公民的权利之间的平衡关系在宪法中的体现和在行政法运行中的实现状态。通过前文的论述，我们看到，维稳行政是中国式的政府危机管理中重要的一环，但却与政府危机管理在行政理念和运行的侧重点上却有着极大的差别，这正表明了具体的政治法律制度的产生和发展与特定国家的发展阶段和具体历史文化传统密切相关，只有与现实吻合、匹配的制度才能实现社会管理的效应。社会危机防治行政中就必然涉及与其紧密相连的行政法在调整行政权和公民权时的相适应理论。尽管国家行政机关与公民关系是宪法和行政法共同调整的基本社会关系，但二者的侧重点和参照系有所不同。宪法基于国家（权力）与公民（权利）之间的抽象概念，设计了一套关于政治经济与社会的基本制度，不仅规范了国家与公民之间权力权利关系的分配，而且还包括国家权力在政府各部门之间的分配与平衡，促使国家与公民之间达成一种和谐、理想的状态。宪法的参照系包括法律的价值（自由、正义、效率等）、民族的信仰与传统以及对人性的假定（善与恶）等。行政法则侧重于将宪法对行政机关与公民关系的制度设计具体化，其规范着具体情境下，作为国家代理人的行政机关与相对人之间的权力（权利）义务关系，其参照系是宪法体现在有关国家与公民关系的基本理念以及有关国家与社会形态的制度安排。①

宪法中国家与公民关系表现为两个方面：一方面，宪政理念下对国家权力和公民权利的理论设想与预期，是一种理想化的蓝图，体现了人们对权利、自由等人类永恒价值的信仰；另一方面，宪法文本以及宪法惯例、宪法性法律对国家权力与公民基本权利的确

---

① 董炯．国家、公民与行政法——一个国家—社会的角度（第2版）．北京：北京大学出版社，2003：15.

认，是宪法在制度层面上对国家和公民关系的基本安排。

行政法中，国家与公民、行政机关与相对人的关系会涉及三个方面：即价值理念、制度安排和制度操作。价值理念上也预设了一幅行政权与公民权的宪法理念下的理想图景，成为行政机关与公民关系的应然状态；制度安排是以法律文本为载体形成行政机关与公民之间关系的欲然状态；而制度操作则凸显了行政机关与公民之间关系的实然状态。法律规范确立的这种欲然状态时介于应然状态与实然状态之间，既反映了人们对理想的追求，又在理想与现实，传统与现代之间进行平衡。① 因为我们“将法律认做一种文化现象，作为人类的杰作，它既带有尘世的重负，也具有天堂的引力”。②

## 一、行政法发展的不同阶段

探讨政府危机管理下社会危机防治行政的行政法理论基础，必定要从行政法自身理论发展的不同阶段理论切入。

在早期的宪政理论中，并不存在独立的行政法思想，行政法自身也是在两种相对立的宪政理论思想——自由主义和国家主义进一步发展中相互协调才逐渐萌发和成长起来，独立行政法理论的出现，既反映了行政权扩张的现实，又体现了政治法律理论中自由主义和国家主义两种思想融合的趋势。行政法理论的发展基本经历了三个时期：

### （一）“无法律即无行政”阶段

早期资本主义社会鉴于数千年专制统治的惨痛教训，新兴的资产阶级及其思想家们对行政机关有着强烈的戒备和防范心理。在传统自由主义宪政理论中，基于对封建暴政的反思、对自由的渴求和对人性善恶的解释，人们亟待确立的是一种新型的国家与社会、公民的关系，思想家和政治家们关注的核心是确立一套与传统决裂的

① 董炯．国家、公民与行政法——一个国家—社会的角度（第 2 版）．北京：北京大学出版社，2003：15.

② ［德］拉德布鲁赫．法学导论．米健，朱林，译．北京：中国大百科全书出版社，1997：3.

自由平等价值至上的价值观，以及这种价值观决定下的政治体制机构和程序模式。因此，信奉政府作为“必要的恶”，越小越好，实行一种消极行政模式，崇尚自由市场的调节作用，对国家的作用和政府的动机表示出极大的怀疑。政府结构的核心也当然是民主的体现机构——议会，相比之下，行政机关其作用和功能仅仅是体现为整个政府的附属地位，行政机关只是执行议会法律的机构，它不能超越议会法律为其规定的范围和权限。宪政中的法治思想也是在表明行政机关从属于法律的性质，行政机关在行使权力，作出行政行为以至影响相对人的法律权利义务时，都必须有严格的法律依据，即“无法律，即无行政”，一切行政权力行为都应当有议会的授权，极尽地体现了权力至上的自由主义思想要求。此时，行政法的性质和目的是作为限制政府权力或者说是严格意义上的“控权法”而存在的，其基本宗旨是限制和控制政府权力，以此来保障个人自由，其主要内容是通过对行政行为进行严格司法审查，以达到最大限度地限制和控制行政权的目的。“哪里有自由裁量，哪里就有专横，共和制与君主制国家一样，政府一方专横的自由裁量权，必然意味着公民一方的法律自由难以保障。”① 按照美国著名的行政法学家施瓦茨的看法，早期的美国行政法深受英国戴雪宪制理论的影响，美国的法官们认为行政法的存在严重违背英美国家的法治原则。直到20世纪中期以后，行政法才获得了独立的地位。博登海默曾指出，“19世纪，美国政府的工作重点几乎完全集中在那些旨在严格限制行政范围的法律约束上。行政中的自由裁量范围也不可避免地被缩小到一种无可奈何的地步”。总之，早期自由资本主义时期的法治实行的是消极的、机械的法治，坚持“无法律即无行政”，反对行政机关拥有宽泛的自由裁量权，合法性被理解为对规则严格遵守，避免授予行政机关追随目的便宜行使的权力。

**（二）行政国家阶段**

从19世纪末到20世纪初，资本主义社会发生了根本性的变

---

① A. V. Diecy, *Introduction to the Study of the Law of the Constitution*, Macmillan Education Ltd, 10th ed., 1959: 188.

化，社会问题如教育、卫生、环境、失业等大量涌现，周期性的经济危机频频爆发，迫使人们承认市场调节的严重缺陷和政府干预社会事务的必要性。为了缓解经济危机以及解决一系列的社会问题，国家的功能发生了显著的变化。政府不再是一个只具有“夜警”身份的局外人，而是以“救世主”的身份进入社会问题的解决中，由此昭示着一个行政国家的到来。随着行政国家的兴起和发展，行政法的理念也发生了变化，行政法存在的目的从消极限制政府权力转变到在承认行政权扩张。行政国家下的行政法的“一个主要的问题仍是制止专制行为，而另一个问题则是要促使行政机构更迅速、更诚实和更有效地行动”。① 法治原则的内容发生相应的变化，逐步从形式法治转向实质法治。

有关行政的理论和政府结构的再发现在19世纪末以来开始成为宪政理论的核心。社会经济发展不断地产生变革行政理念和结构的需求，行政机关的权力不断膨胀，规模日趋扩大，而且政治思想家对国家政府的结构研究发现，传统的宪政理论对政府和行政机关性质和运行的论述已与现实不再契合。三权分立逐渐被混合政体下的混合政府所取代，行政机关占据了实际权力运行中的最重要的地位。行政机关几乎混合了立法、行政和司法三权的所有优势。行政机关对立法权的渗透，不仅没有破坏宪政结构的均衡，反而促成政府成为一个积极有效的国家机构，一个具有不断革新和进取的管理体系。能够持续地适应一个永恒变幻的社会，满足时常从社会内部产生出来的新需求。② 宪政学家们不再仅仅局限于控制政府的权力来保护自由，而是将关注的重点落实于行政机关追求促进公共利益为目的的管理过程，为彼时的政府行政改革和行政权的扩张提供了智力上的支撑。尽管行政能力的扩张已经远远地超越了古老宪法所

---

① ［法］勒·达维．法国行政法和英国行政法．高鸿君，译．法学译丛，1984（4）：27.

② W. Bagehot：*The English Constitution*，London：Fontana Press，1993. 转引自国家、公民与行政法——一个国家—社会的角度（第2版）．北京：北京大学出版社，2003：74.

界定的范围，与传统的自由主义相比，一种有关行政的法律理论正在从宪政的基本原理脱胎而来，力图对行政机关的职权、运行和制约进行研究，凸显行政机关在社会生活中的重要作用。在福利社会中，宪政下的国家与公民的关系，更加依赖国家制定和实施促进公共福利的社会发展政策。在这种理论指引下，不仅需要探讨行政机关与公民的关系，而且更需要重新审视法律在不同领域中的作用，即确保行政机关既是积极进取的又是受到制约的。

综合上述，两个时期的行政法，我们可以得出，由于行政法理论的凸显出现在国家主义与自由主义相互融合协调的时期，无论是偏向于自由主义还是倾向于国家主义的行政法学家，他们行政法理论的基本理念都是相近似的。在法国，最初的行政法理论也是深受传统自由主义的宪政影响，确立了公共权力的观念，将行政权属性界定为议会通过法律授权而产生出来的权力。20 世纪以来，行政法的基本理念发生了显著的变化，著名的公法学家狄骥曾在《公法的变迁》中评价公法的基础，“可以说公共服务的概念正在取代主权的概念。国家不再是一种发布命令的主权权力。他是由一群个人组成的机构，这些个人必须使用它们所拥有的力量来服务于公众需要。公共服务概念是现代国家的基础了，没有什么概念比这一概念更加深入地根植于社会生活的事实”。① 比较法学家勒·达维德在谈及法国行政法学理论的变化时说，“行政法应当不仅保障公民不受行政机关滥用权力的侵害，而且，还应赋予公民从行政机关的积极主动的活动中获得某种利益的权利。行政机关，不仅仅是一架制动器，同时也是一架发动机”。②

在德国，行政法理论理论逐渐成为一门显学是伴随着行政权力日益扩张，继而国家行政法院终于独立拥有对行政案件审判权的事实而确立的。德国是理论上最先将给付行政确立为优先秩序行政的国家。德国学者欧恩斯·福斯多福（Ernst Forsthoff's）的“生存照

① 狄骥．公法的变迁．郑戈，冷静，译．沈阳：辽海出版社，春风文艺出版社，1999：13.

② 勒·达维德．法国行政法和英国行政法．法学译丛，1984（4）.

顾”的行政法理论标志着行政法征服了规制行政的法律。① 美国福利国家的行政法理论的发展趋势，学者们致力于揭示传统行政法学偏废的一隅，开始将程序性问题与实体性问题结合起来考虑，来达成行政法学真正的目标，即不仅仅用规范限制行政机关权力的运用，更为重要的是促进政府科学有效地进行公共管制，实现维护公民的基本权利，并为公共福祉的宗旨奠定基础。“新兴的行政法理论必须为福利国家对政府的重新定位寻找合法性根据，并调和政府的新角色与传统法治原则所存在的矛盾。”② 由此可以看出，行政法的理论变迁对行政权力的要求是日益地与公共服务的目的性相一致。

**（三）行政国家的收缩阶段**

进入 20 世纪 70 年代以后，西方社会出现了通货膨胀、高失业率和财政赤字等“滞涨”的现象。20 世纪 70 年代以来，英美等西方国家掀起了一场公共改革运动的浪潮。这次改革，在方向上与过去迥然不同，如果说以前行政改革方向是政府职能扩张和规模膨胀的话，这次行政改革则体现了政府的退缩和向市场价值的回归。③ 在对政府和行政权力重新审视和评价的过程中，也必定引起行政法的变迁。④ 这种变迁具体表现在：

（1）国家行政的收缩与社会公行政的发展。

现代社会，政府并不是个公共行政的唯一主体，各种社会力量，如社会组织公共事业单位、第三部门，非营利性组织等也可以成为公共行政的主体，承担对公共事务的管理职能。随着社会的发展，公众的需求日趋多样化，可供政府支配的资源有限，政府无力

---

① ［印］M. P. 赛夫．德国行政法——普通法的分析．周伟，译．济南：山东人民出版社，2006：26.

② Harry W. Jones：*The Rule of Law and The Welfare State*，Columbia Law Review，58：154.

③ 周志忍．当代国外行政改革比较研究．北京：国家行政学院出版社，1999：4.

④ 石佑启．论公共行政与行政法范式转换．北京：北京大学出版社，2003：46-49.

垄断公共物品的提供和公共服务的供给，且过分强调政府的作用、行政权的过度延伸，会使公民的生存能力和创造能力退化，不利于公共利益扩大和个人利益的增长。20世纪80年代兴起的公共管理理论，强调政府的职能是“掌舵”而非“划桨”，主张公共行政主体的多元化，放权于社会。政府应专注于公共政策的制定及监督执行而不是深陷复杂繁琐的具体事务中。同时，主张参与式民主授权给公民，让社会参与到公共管理过程中来，实现真正的民主行政。伴随国家行政范围的收缩，社会公行政逐渐培育成长，行政法的调整范围不断深入到社会公行政领域中，不仅控制和预防权力主体权力滥用，而且激励和保障其有效行使公权力。

（2）国家行政的收缩还表现在强制性行政权的弱化，非强制性的行政方式大量运用。

现代公共行政改革理论在为“好政府”定义时，认为只有能让积极的市场因素合理作用的政府才是好政府，将政府分离出来的“划桨”职能交由社会来承担，并通过“政府业务合同出租”、“竞争性招标”等市场化的手段，与相对人晋级协商谈判，以契约的方式确定双方的权责关系，形成公共事务管理的合作。同时，把竞争机制引入公共管理，给公众提供“用脚投票”的机会，迫使公共机构竭力改善服务以赢得更多的“顾客”，以此提高公共服务效率和质量。伴随着放松管制与管制方式的变革，弹性、温和、赋含民主色彩的行政合同、指导、激励、沟通等非强制性行政行为应运而生，并逐渐成为现代公共行政的主流方式，曾被过分强调的行政权力，随着公共利益与个人利益的协调性不断的加强，行政权力的强制性属性日渐减弱。这些新的行政方式的广泛运用既适应了现代社会发展的客观需要，又有助于促进行政法制度创新和行政法治的发展。

（3）行政程序法备受青睐和重视。

自由资本主义时期，主要是通过议会制定法律和法院的司法审查来控制行政权，行政国家兴起后，在行政权大举扩张的情况下，议会和法院的控制模式产生了危机，对行政权的制约更大程度上转向行政程序。政府公共改革运动以来，新兴的行政法理论为传统的法治原则和宪政理论引进了新的因素，最突出的是引入了广泛的公众参与和责任政府等原则，将民主机制引入以科学管理著称的行政领域，通过增加行政机关的说明和解释义务促进行政机关尽可能理性地作出决策。这种程序原则被作为政府法治的一项重要标准，即如果行政机关要侵犯人民的自由，则必须在以国家的名义对公民采取任何行动之前，明确说明其性质和限度。行政法理论逐渐使法律成为公共行政的灵魂，越来越多的法律原则和规范渗透到公共行政中，行政法理论对行政程序法和司法审查制度的关注，使得公共行政完全纳入到宪政体系之中。①

20 世纪 90 年代起，行政法学界又提出了新的发展趋势，即开始从关注行政程序转而关注行政法的实体内容，着手建立起一种新的分析话语。他们从政府的性质入手，探讨了“管制国家”的目的和对象，健全管制、新公共时代等对公共生活与公共秩序具有重要价值的问题。他们不仅仅站在传统研究法律形式、法律原则和法律规范的角度，而且更结合经济的、政治的、社会的方法，由于“行政法学者们对政府的基本运行更为精通，因为他们是法律程序的专家。所以他们能够对政府运行的具体领域，如环境、公共安全、社会福利进行入木三分的政策分析，从中寻求和回答有关“美好社会”与“美好政府”这样宏观而广泛的问题”。②

## 二、社会危机防治行政的行政法理论基础

我国行政法起步较晚，行政法的理论发展没有经历西方国家行政法从消极行政到积极行政的发展过程，国家自始以来行政权力就是强大无比，无所不能的。行政法的发展路径与西方国家有较大差别，在行政法制建设和行政法学理论上，大多强调行政机关的管理

---

① See, David H. Rosenbloom, *Rosemary O' Leary*: *Public Administration and Law*, Marcel Dekker, Inc. 1997, 82: 147-150.

② 转引自董炯．国家公民与行政法——一个国家—社会的视角．北京：北京大学出版社，2001：86. See, Stephen L. Elkin and Karol Edward Soltan, *New Constitutionalism*: *Designing Political Institutions for a Good Society*.

功能，将行政机关和行政行为作为行政法学的重要内容，长期疏于对公民权利的保护和对行政权力的控制。行政法学的固有思维限定在国家行政的领域，公共行政的范围被现实的关注缩小而不具有对社会多元化的包容性；行政法律关系强调不对等性和行政主体的优越性；行政行为的单方性和强制性的特性突出；行政救济的滞后性和有限性的成为显著局限。当然，正如美国学者 Alfred C. Aman, Jr 所说，“行政法在任何时候都是与当时流行的国家主导理论直接相关的”。① 这些行政法上的不足表现，都是受我国特定时期的政治和经济条件下的国家行政观念支配而形成的认知和行政现实。

从“规制行政”到“服务行政”的公共治理范式的转变，对当前中国风险社会的公共危机治理来说，服务行政的理念和范式是否契合当代的现实与需求？如果说通过政府来防治公共危机的功能在传统的“秩序行政”、“规制行政”下无可非难的话，那么在现代的“服务行政”范式中是否具有应然性和现实性？即作为公共行政管理的当然内容的社会危机防治行政，是否也一定是服务行政的当然内容？

行政法学的观念更新，进而引发行政法学调整范围的变化，从国家行政观念到公共行政观念的转变，为治理理论下社会危机防治行政的社会化提供了理论的支撑。在国家行政观念的深远影响下，主张政府要直接运用行政权进行全权管理，权力与资源高度集中，政府多单方面采用命令和强制的手段实现管理目标，强调社会和个人无条件服从，忽视公民个人的主体地位，抑制社会组织的自主性和公民的积极性和创造性，使行政法沦为国家行政管理的工具。显然这种观念与当前社会发展的价值观和国家与社会的运行机制不相适应，与社会公众日益增长的民主政治迫切要求不相适应，公共行政由此替代了国家行政，公共行政的理念表现为：管理社会公共事务的最优选择是多元主体参与，强调社会与公民的自主性，提高公共管理与公共服务的社会化程度，合理调整行政权的作用范围与作

① ［美］Alfred C. Aman，Jr. 面向新世纪的行政法（上）. 袁曙宏，译. 行政法学研究，2000（3）：85.

用方式，改变政府权力结构上的高度集权，使政府从“全能无限政府”向“有限有效政府”转变。

与公共行政相伴而生的是“服务行政”的理念，国家行政下的秩序行政自上而下威严地实施着对社会的管理，片面强调公民的服从，使社会在过度的管制下缺乏自主性和能动性，抑制了社会的积极性和创造性，也使政府背离了为公共服务的宗旨和目标。服务行政将政府定位于服务者的角色上，政府的存在、运行和发展的根本宗旨在于为公众服务，服务行政的理念彻底抛弃旧有的治民观念和“为民做主”的观念，相应地规范政府权力、维护公民权利自由的法律也在制度上切实保障服务观念贯穿于公共权力运作的全过程。防止政府凌驾于社会之上。政府告别作为统治者或管理者的角色，以服务于整个社会的姿态出现，满足社会公众的要求，任何时候都不以任何手段追求政府自身的利益。政府服务角色和服务观念的确定与形成，对于引导行政资源的投向、政府行为的选择和政府工作目标的定位均具有重要意义。伴随着社会转型，市场经济的建立与完善，行政观念正在发生深刻的变化，服务行政的观念逐渐成为社会的主导观念。

从服务行政的宗旨和理念来看，现代政府行政权一再膨胀，行政管理领域一再扩展，政府在广泛介入公众生活秩序与生产秩序时，并不能继续高举传统的“规制行政”的旗帜，来获得行为的正当性。行政获得民众认可和政府权威的获得，不再仅仅是由于强有力的行政权力。新公共管理改革运动以来，政府行政权的存在和扩展的正当性理由，都依赖于政府是否以妥当的方式提供给公众有价值的公共物品，民众的满意程度成为政府行政权存在正当性的价值标准。社会危机防治行政重在通过提供各种有益有效的权利救济机制、化解社会矛盾的方式实现对社会危机的预防和消除，其在制度供给上凸显了服务行政的公共产品的提供和公众福祉的增加，服务行政的理念将对社会危机防治行政提供内在价值的理论指导和支撑。

当前政府倡导的行政管理改革创新，是基于法治政府和服务性政府建设的理念指导下的行政改革，社会危机防治行政的改革创新应当立足于基本原则，作为衡量和约束社会危机防治行政活动的标准，即服务行政原则、法治原则和实践标准。服务行政原则倡导社会危机防治行政应多采用柔性行政方式，柔性管理方式作为行政管理方式改革创新的成果，体现社会广泛参与、两造互动、平等协商、自由选择等行政民主性要求，产生相对人积极配合和实现行政管理目标的积极效果，不仅有助于相关问题的解决，而且有助于形成良好的政民关系。行政管理方式上重视和运用行政指导、行政契约、行政资助、行政调解、行政奖励、行政协调等回应性、协商性的行为方式。法治原则倡导在原有的秩序行政已经建立的法治运行基础上，对新兴的行政管理创新的柔性和非强制性行政方式如何纳入到法治化的发展轨道上，柔性行政方式虽然不会直接造成公民权利的损害，但是授益性行政方式的运用，也会涉及公民权利享有的平等性，对服务型政府的行政方式进行多角度、多层次和多元化的比较研究，重新认知和改造传统行政方式的基础上，提升对于新型柔性行政方式的特点和发展规律的认识水平，探寻服务型政府下行政方式创新及其法治化路径，是法治原则在社会危机防治行政中要求和体现。实践标准原则要求，社会危机防治行政中创新行为的初衷和目的性必须正当，从实现人的尊严和增进公共福祉的行政价值理念出发，实现私益与公益、自由与秩序的平衡。在社会效果上贴近民众的正当利益诉求，纠正不良的社会导向，实践中从认同度、支持度来总结和评估不同的社会危机防治行政中的制度和方法。

# 第三章　社会危机防治行政法律原则体系的构建

## 第一节　社会危机防治行政法律原则概说

"原则"在各种语言中基本都具有行为的基本准则的意义。法律原则根据美国布莱克法律词典的解释是"法律的基础性真理或原理，为其他规则提供基础性或本源的综合性规则或原理，是法律行为、法律程序、法律决定的决定性规则"。① 国内法理学对其定义是法律原则是"法律的基础性真理、原则，或是为其他法律要素提供基础或本源的综合性原理或出发点"。② 社会危机防治行政中由于行政活动依据的规范大多是效力层级较低的行政法规、行政规章，甚至行政规范，整体的内在统一性和协调性就更难以实现和保证，社会危机防治行政的法律原则就成为行政法基本原则的特别原则，担当起指导和规范危机防治行政活动的基本思想和统帅作用。正是这些法律原则才使得不同层级行政法规范在多样性中贯穿着统一性，在纷繁复杂中形成有序的整体。法律原则对于法律规范的有序化具有特殊的整合价值。

社会危机防治行政的法律原则是行政法基本原则在危机防治行政领域中的具体化，作为行政法灵魂的行政法基本原则本身就具有比其他部门法的原则更重要的地位，大量分散的不同形式、不同位

---

① *Black's Law Dictionary*, Fifth Edition, by Henry Campbell Black, M. A1979：462

② 张文显．法理学．北京：高等教育出版社，2003：96.

阶的规范，正是因为有了相应的原则，从而构成一个具有内在逻辑的统一体系。行政法学者更加重视对原则的探讨，对具体行政法原则投入更多的关注也就有了必要性了。社会危机防治行政的法律原则，当前的研究主要体现在紧急状态法的研究和政府危机管理法中，而且即使在后者中也未形成比较统一和权威的法律原则。因此，社会危机防治行政的法律原则在接受行政法基本原则的指导之下，与紧急状态法律原则不同，而表现出一定的独特性。

## 一、社会危机防治行政法律原则的意义

### （一）对社会危机防治行政的规范具有整合价值

社会危机防治行政的法律原则对其相应的行政法规范的整合价值，具体体现为对行政法规范的稳定价值、协调价值和优化价值。① 社会危机防治行政所依据的法律规范具有多变性，但这种多变性也不应是朝令夕改，而应当具有相对稳定性。否则，法律的权威就难以确立，相对人也无所适从。德国行政法学之父奥托·迈耶曾说过惊世之语“宪法消逝，行政法长存”，应该说，这里的“行政法”主要指的是行政法基本原则和基本原理。而非具体的行政法规范。② 社会危机防治行政法律规范既要维护社会正常秩序，又要保证公民基本宪法权利得到保障；确立社会危机防治行政下的法律原则正是体现了维护行政法制统一的基本精神，同时，该法律原则对消解行政法规范的冲突又具有根本性的指导作用。在社会危机防治行政中如果行政活动的法律原则确立有误或模糊，就会使得行政规范和行政命令脱离法治的基本精神，如何保障社会危机防治行政所依据的行政法规范乃至具体抽象行政活动符合“良法”的标准，社会危机防治行政的法律原则就对行政法规范的产生和良性运作起着导向和优化的作用。社会危机防治行政法律原则蕴涵着维稳理念下法律调控社会生活所欲实现的目标和构建和谐社会的理想，是社会危机防治行政法律所调整的社会关系本质特征的集中反映，

---

① 周佑勇．行政法基本原则．武汉：武汉大学出版社，2005：5-14.

② 陈新民．公法学札记．北京：中国政法大学出版社，2001：14.

贯穿于整个一类立法之中，确立了社会危机防治行政立法的基本价值取向，当前维稳理念下社会危机防治行政行政法律原则体系的确立将为政府危机管理法治化提供理论的指导。

### （二）社会危机防治行政法律原则具有适用的价值

法律原则作为法律规范的出发点，它既对静态的法律规范语言、逻辑结构有指引作用，又对法律规范动态运行的诸过程有规范的约束作用。“在法学领域，价值判断是指关于法律及法是什么的判断及内心确信；实证判断是指法律及法是什么的判断及分析模式。”① 二者随着西方法学的相互靠拢，逐渐走向互补和统一。“价值判断不断为实证判断创造新的经验事实，开辟新的经验领域；而实证判断则为价值判断奠定了正确认识的基础。”② 这说明行政法的法律原则的价值存在两个方面的判断：其一，法律原则是体现法的根本价值的原则，行政法律原则作为一种价值表述，应当包含着丰富的价值内涵，即自由、平等、正义、秩序等，价值判断是行政法律原则的首要判断基准。其二，行政法律原则不仅是价值内涵的根本承载，而且也是对既定事实的功能判断。即行政法律原则所蕴涵的价值和功能能否在具体领域的行政活动中和司法活动中得以实际运用或适用，尤其法官如何适用行政法律原则进行创造性的司法活动，则有赖于经验事实判断和考量。因此实证判断为原则体现的价值提供正确认识的基础。法律原则赋含的价值对具体的事实提供指导的同时，实证判断也丰富着价值判断的内涵。社会危机防治行政中当遇到行政法律规范表述不明时，或不同规范之间相互冲突时，法律原则就成为人们得以理解法律意图的指针。当法律规范出现缺位时，法律原则可以弥补法律规范的缺漏，成为具有现实约束力的行为准则。在健全的法律制度下，法律适用者要尽力证成自己的主张而法律原则所包含的价值观成为证成自身合理性的依据。政府维稳管理过程中，充满了大量的概括授权的职权行政行为，大量的行为缺乏直接的规范依据，而是在总体的法律原则价值

① 葛洪义．法理学导论．北京：法律出版社，1996：69.

② 葛洪义．法理学导论．北京：法律出版社，1996：87.

指导下，为其行为的正当性进行证成。当前由于有关政府维稳行政的相关法律主要复合在政府危机管理的法律体系中，大多社会危机防治行政的依据又多有政策性的特征，即原则性多于具体性，加之社会危机防治行政规范多层级性，以及领域的广泛性，自由裁量的普遍性就使得社会危机防治行政法律原则的适用性尤为重要。

**（三）社会危机防治行政法律原则对社会公众理解和接受维稳理念具有指导性价值**

通常来说，大众对于一国浩如烟海、繁若星辰的法律规范尤其是缺乏法典化的行政法来说更是难以全面了解，更遑论熟悉和应用了。但对于法律原则，尤其是那些从社会关系的本质中抽象和产生出来的，得到普遍认同的，不证自明的公理性法律原则，则极易接受和认同，因为法律原则是“指导大众了解法律制度的整体的切入点，是公众对于法律制度的信赖与尊重的价值支撑点”。① 现实存在的各种暴力抗法的事件，以及大量的以政府机关和执法人员为指向的社会事件，在很大的程度上，都源于社会危机防治行政的法律原则还未被群众所认同，其原因不外乎两个方面：一方面，是维稳理念下的社会危机防治行政在实践中追逐的价值目标背离了社会普遍公理性的价值基础即正义；另一方面，是社会危机防治行政的法律原则本身不能体现现实的需求，以致无法被现实所吸收，民众也无法认同法律原则的丰富内涵。社会危机防治行政法律原则无论是基本原则还是具体原则，无论实体性原则还是程序原则，不仅应当体现政策性，而且也应当体现公理性，或者说公理性的成分的增多将为社会危机防治行政法律原则及此原则指导下的社会危机防治行政的公众认同打下良好的基础，如行政法中的均衡原则、比例原则、最小侵害原则、人格尊严受尊重、人权保护等原则，都包含普适性的公理，为公众易于理解和内心诚服，接受顺畅少有障碍。公众对政府维稳理念的认同应当是从公众对社会危机防治行政法律原则的理解和认同为起点和归宿的，只有认同了法律原则，各种行政法律规则在具体实施中才能获得实效，社会危机防治行政的价值目

① 公丕祥．法理学．上海：复旦大学出版社，2002：342.

标才得以实现。

## 二、社会危机防治行政法律原则的现状

社会危机防治行政法律原则是指体现在社会危机防治行政法律之中，指导并规范社会矛盾、纠纷的检测、预防、化解。社会危机防治行政作为整个行政法治体系中的组成部分，同样应当受到一些重要的法律原则支配，只有这样才能既坚持自身的特殊性，又保持社会危机防治行政制度体系内部精神上的统一和规范之间的协调。

社会危机防治行政是政府危机管理下的一个重要组成部分，与应急行政共同构成政府危机管理体系。政府危机管理虽然包含危机防治行政，但无论是理论上对政府危机管理体系研究和设计，还是实践中对各类突发事件的应对和处理，无不将工作的重心和关注的视角投向政府应急行政，这不仅是因为突发事件的严峻性和灾难性使得突发事件的应对成为需要全力以赴的客观现实，而且对于常态下社会危机的预防、社会隐患因素的排查和化解，长期以来不认为是专业的行政工作，所以当前的政府危机管理，主要是应对各类突发事件的处理和即将发生的突发事件的预警和准备迎战工作，即重视突发事件的应对工作而对忽视置于危机管理的更前端和更基础的社会矛盾的控制、分析、化解及突发事件处理完毕后的社会矛盾观测和善后处理效果的评价。当前从行政工作来看，在思想理念上对社会危机防治行政提到了前所未有的重视高度，但是社会危机防治行政的理论指导和行为规制还远没有达到合理的社会期待。

这种侧重突发事件应对的政府危机管理必然产生与之相适应的政府危机管理法律原则，其主要体现在紧急状态下应急行政法律所具有的价值取向和法律化属性。当前的各类有影响的研究所确立的法律原则主要针对紧急状态法、应急法制和危机管理法制等几种：

紧急状态法的基本原则有：（1）比例原则；（2）法治原则；（3）人权保障原则；（4）最小代价原则；（5）预防为主原则；（6）平等保护原则；（7）公民支持义务原则。①

① 于安．制定紧急状态法的基本问题（上）．法学杂志，2004（4）．

突发事件应急法制的法律原则，包括基本原则和具体原则，基本原则包括：（1）法治原则；（2）应急性原则；（3）基本权利保障原则。具体原则包括：（1）目的上的公益原则；（2）手段上的比例原则；（3）手段上的科学与效率原则；（4）后果上的积极责任原则；（5）预防与抗救相结合原则；（6）分级管理原则。①

行政紧急权力运用的法律原则包括五项原则：（1）效率原则；（2）依法行政原则；（3）比例原则；（4）公开原则；（5）保障公民宪法基本权利原则。②

行政紧急强制制度基本法律原则包括以下原则：（1）人权保障原则；（2）法定原则；（3）比例原则；（4）公开原则；（5）救济原则；（6）监督原则。③

政府危机管理法律原则，包括基本原则和具体原则，一般原则包括：（1）法治原则；（2）应急性原则；（3）基本人权保障原则；（4）法律保留原则；（5）权力制约原则。具体原则包括：（1）策略上的预防与应对相结合原则；（2）权限上的分工原则；（3）手段上的科学高效原则；（4）目标上的比例原则；（5）程序上的特殊程序原则；（6）后果上的救济原则。④

从以上各类研究中，我们可以看出，对政府危机管理相关领域法律原则的研究可谓丰富多样，各有特色，也表明此类问题的研究已经受到了学界的广泛关注。但学术多样性的同时也说明了对此类问题观点上的分歧性，造成这种现象的原因主要有以下几点：第一，行政法学者比其他法学部门学者更重视对法律原则的探讨，由于法律原则内涵的高度抽象性和学者们看问题的角度不同，依据的

① 韩大元，莫于川．应急法制论——突发事件应对机制的法律问题研究．北京：法律出版社，2005：53-62.

② 戚建刚．法治国家架构下的行政紧急权力．北京：北京大学出版社，2005：129-163.

③ 王天星．行政紧急强制制度研究．北京：知识产权出版社，2007：51-71.

④ 王晓君．政府危机管理法律问题研究．济南：山东人民出版社，2008：142-150.

标准各异，“原则的泛滥在当代中国的各法律部门中绝不是个别的现象，他基于论者们对原则到底是什么缺乏正确的理解，他们似乎认为，任何重要的东西都是原则”。① 这一中肯的批评用在当前行政法及其部门法的原则的研究上仍然不无过。第二，对于危机管理相关的法律在法律原则确立的标准是上不统一，人们将在危机管理中所涉及的各种利益的保护都纳入到基本法律原则的范围中来，并未考虑用怎样的衡量标准为依据，使得出的原则真正地成为法理念与法律规则之间的桥梁，这是研究原则首要解决的问题。

需要指出的是社会危机防治行政法律原则有别于社会危机防治行政原则，社会危机防治行政追求的是效率和秩序，而社会危机防治行政法律原则则更强调政府维稳行政的规范化、正当性和权利保护，即行政的核心价值——正义。在众多的有关政府危机管理的法律原则的研究中，多有将危机管理中的行政原则直接视为是行政法律原则，如前述所列将分级管理原则；手段上的科学与效率原则、公民支持义务原则等。因此，探讨行政法范畴下社会危机防治行政的法律原则就应当从法律原则的确立标准入手，以避免将法律原则滑向行政原则的老路。

## 三、法律原则确立的标准

### （一）形式上的标准

从行政法基本原则应当具备的形式标准来看，社会危机防治行政法律原则也应当具备“法律”性、“基本”性和“特殊”性，在确立此类法律原则时依据的内在依据上应当体现“法的正义——这一根本价值”②，在行政与法的对立统一中确立如何规范行政权，即在部门法领域行政法律原则核心仍指向行政权，旨在回答行政主体运用行政权实施行政行为时所应当遵循的原则，社会危

① 徐国栋．民法基本原则解释．北京：中国政法大学出版社，1992：6.

② 周佑勇．行政法基本法律原则．武汉：武汉大学出版社，2005：123-140.

机防治行政法律原则也应该集中反映现代民主法治国家下行政与法之间的对立统一关系。

其一，在“法律”性的属性上，维稳行政法律原则作为“法”的原则，必须是法律准则，而不是行政准则，法律原则与具体法律规范一样，应当是一种法律准则，是法的基本构成要素之一，因为必须得到普遍遵守和执行，违反社会危机防治行政法律原则同样构成一种违法行政行为，这就是社会危机防治行政法律原则的“法律”属性。这种法律属性最重要在于划清了行政法律原则与行政管理原则之间的界限，行政管理原则是为了达到行政管理的科学化和效率化所必须坚持的基本原则，是人们从实践中概括出来的理论原则，具有科学性却不具有国家强制性。① 如经济效率原则、分级管理原则等都是行政管理的基本原则，虽然行政基本原则与行政法律原则都以行政为基点，反映着社会对行政的根本要求，但前者旨在解决行政的效率问题，违反这些原则则妨碍行政目标的实现；而后者则旨在解决行政行为的法律效力，违反这些原则引起的后果是导致行为的正当性缺失，行为无效甚至造成损害应当承担法律责任。

其二，从“特殊”性上来看，在部门行政法的具体性上更应体现该部门的法律属性的特殊性，当然，法律原则的确立首先应当体现法的一般原则，如自由、法治、平等、人权等原则，行政法乃至部门法在制定、实施和实践中都应当遵循的原则，但是在政府维稳行政活动中，遵循法的一般原则的基础上，还应当对这些原则进行部门下的特殊加工，使其具体化，如民主原则在行政法领域会具体表现为行政参与和行政公开原则，在社会危机防治行政中又进一步细化为社会协力原则。

当然，对社会危机防治行政的法律原则的特殊性也不能机械的理解，它自身又要具有行政法的基本原则的共性，同时，又与宪法原则之间有着紧密的联系，现代宪法的精神直接影响到行政法的发展，现代新宪政论的理论发展下，为社会危机防治行政的法律原则

---

① 叶必丰．行政法学．武汉：武汉大学出版社，1996：33.

提供了新的理论支撑，宪法的每一步发展都对行政法产生直接的影响，因为行政法是宪法的必然延伸，而且纵观西方发达国家的行政法基本原则的确立，无不以其本国的宪政原则为基础。

**（二）内在实质性标准**

社会危机防治行政的法律原则内在根据在于法律原则的根本价值——正义。对于任何法律部门的法律原则的根本价值的追问，都逃脱不了法律所共有的价值追求，即正义，“正义是一个能综合、包容和指导、调整其他价值目标的最高的全局性的价值目标”。① 虽然现代法律追求的基本价值包括自由、平等、秩序、效益、公正，但法律的其他价值目标必须统一于正义这个目标中，只有正义这个目标得到充分实现，其他价值目标才可能实现，才具有合理性。然而，正义不能仅仅作为伦理意义上和法律意义上的“善”，只供人类翘首期盼和瞻仰。“作为价值上的判断标准，正义与否应该有客观的法律上的人事实判断和逻辑判断，也就是说，价值判断的情感因素被以事实判断和逻辑判断来支撑，并受到事实判断和逻辑判断的限制。”② 其行政法虽然作为独立的法律部门，以及其内部不同的行政领域，有其特定的规范对象和制度内容，但行政法的价值追求并没有特殊性，行政法同样要保障公民的基本自由和权益，维护平等，追求正义，确保行政秩序的稳定。③ 可见，行政法乃至包括社会危机防治行政在内的部门行政法的法律原则的根本价值，就是正义价值。而正义价值从逻辑上包括形式正义、实质正义和程序正义。其中，实质正义和形式正义主要是一种“结果价值”，是用以评价行为结果的价值标准；程序正义则体现为一种“过程正义”，是评价程序过程本身正义与否的价值标准。④ 正义价值要依靠具体标准来衡量，正如埃得加·博登海默曾对自然法评价时说：“自然法只是构成一个正义制度的最为根本的基础，它是

① 严存生．论法与正义．西安：陕西人民出版社，1997：12.

② 王林彬．国际司法程序价值论．北京：法律出版社，2009：26.

③ 薛刚凌．行政法基本原则研究．行政法学研究，1999（1）.

④ 肖建国．程序公正的理念及其实现．法学研究，1999（3）.

由那些最低限度的公正和合理标准组成的，没有这些标准，就没有可行的法律制度。”① 社会危机防治行政的法律原则也要承载法律正义价值的三个方面衡量标准，并且能够协调融合各项正义价值要素，承担起连接行政法理与行政法规范之间的纽带作用。

从行政法律原则所应当体现行政与法的对立统一来说，社会危机防治行政的法律原则如果侧重体现对行政权力享有者赋予法律地位、授予法律权力，或者行政立法不断增设和强大行政职权，则这种法律原则的确立背离了行政与法的对立统一关系，即对行政机关的授权应当是规范和框定行政权的正当性和合理性的手段和途径，法对于行政的关系表明法决定着行政的内容和性质，现代行政法的产生的根本基础就在于法治国原则在现实生活中的真正确认和实现。“依法行政”的理念就是根据法的合理性来约束行政的随意性。在“行政与法的关系”上必然要注入民主法治的现代宪政精神和价值取向，行政法的基本原则从正义价值的三个层面（形式正义、实质正义和程序正义）考量行政的正当性，可以体现为行政法定原则、行政均衡原则和行政正当原则②，这种从行政与法关系的内在逻辑推演出的呈体系化的行政法基本原则对部门行政法法律原则的研究和确立应当具有理论的指导意义。基于此，对于社会危机防治行政的法律原则探讨，就有了形成内在体系化法律原则的理论基础。社会危机防治行政的法律原则的确立应接受宪政内在原则的指导，民主、法治、人权的理念通过法律原则贯彻到具体的部门行政法中。

## 四、社会危机防治行政法律原则体系的型构

政府危机管理中应急行政虽是体系中的重点环节，但政府在常

---

① ［美］埃得加·博登海默．法理学：法律哲学与法律方法．邓正来，译．北京：中国政法大学出版社，2004：271.

② 此观点为周佑勇教授在《行政法基本原则研究》中提出的，由于其内在推理的严密性，使得推导出的行政法基本原则在当前中国行政法学界行政法原则研究分歧较大的背景下，有较强的说服力，并被后来者所接受。

态下的危机管理同样是危机管理中的重要环节，在当前政府治理的理念下，常态下的社会危机防治行政被纳入到国民经济和社会发展的可持续发展的战略之中，更凸显了这一环节的重要性。政府危机管理中的常态和非常态下的行政类型中，当前侧重的在于应急行政及其行政紧急权的理论研究和实践工作上，实践中，如国务院设有应急管理委员会、应急管理办公室，政府网站上也设有应急行政专栏；理论上的研究当前出版有大量应急法制和行政紧急权的书籍。随着人们对公共危机认识的加深，政府和研究者更加认识到常态下社会危机防治行政的重要性，在应急法制的建设中，当前的研究也重视将更多的工作放在公共危机预防阶段，在常态下切入和着力，做到公共危机预防为主，预防与解纷相结合。

上面所列举政府危机管理中的紧急状态下、突发事件应对下的各类法律原则，事实上都是针对应急行政所作出的抽象和概括。而全面来说，政府危机管理应当包括应急行政和社会危机防治行政，政府危机管理在不同阶段有着不同的目标侧重，应急行政和社会危机防治行政在价值目标上有着巨大的差异。因此，就会出现笼统地研究政府危机管理的法律原则会出现在不同阶段上的法律原则适用上的混乱和错位，因为应急行政的法律原则立足于非常态的情境下，而社会危机防治行政的法律原则则立足于常态的情境下，二者截然相反的客观基础，也就决定了其无论在行政的价值目标还是法律原则上都是不同的。

社会危机防治行政法治目标是国家按照自身的社会发展目标对危机管理和社会整体秩序状态所设定的一种理性效果，是社会危机防治行政价值取向的法律化，也是社会危机防治行政法律原则的逻辑起点。通过以上对行政法律原则内容确定的理论分析和框架预设，结合有关各种学说对相关政府危机管理的领域法律原则的已有研究的启发，从宪政理念对社会危机防治行政的内在要求和行政法基本原则逻辑体系对行政正义的体现，我们尝试提出如下有关社会危机防治行政法律原则，为当前的社会危机防治行政实践提供原则指导。

我们认为，从具体内容上来看，社会危机防治行政的法律原则可以包括三个层次：

一是从宏观角度将人类具有普适性价值的原则对社会危机防治行政进行全面指导而形成的“宪法位阶的基本原则”，它将贯穿于社会危机防治行政及其法律的始终和诸方面。又可称之为普适性原则，它约束所有的行政法律领域，是普世价值在行政法律关系中的反映，不仅适用于行政执法，而且适用于行政法制的起始阶段——立法，和其后的法的具体运行过程即守法、执法、司法、法律监督等。不仅适用于对法治的宏观指导，而且更适用于具体社会关系应用实践。宪法位阶的原则概括为行政法治原则和公民权利保障原则。

二是从中观层次将行政法三大基本法律原则适用在社会危机防治行政的具体领域所形成的原则，即行政法位阶的基本原则。从正义的形式正义、实质正义和程序正义三个方面出发凝练而来的行政法的三大原则，即行政法定原则、行政均衡原则和程序正当原则，作为行政法体系中的基本原则，对社会危机防治行政领域具有直接的指导意义，成为原则体系中的基本法律原则。

三是从微观层次上侧重社会危机防治行政的特殊性，而形成的与日常事务性行政不同的特有法律原则，即专有法律原则，它是专属于某一法律制度或某一子部门领域中，数量很少但却体现该法律制度和部门领域的特性，在效力等级上，宪法位阶原则具有绝对的效力，是最根本的法律准则，专有原则仅具有相对效力，它们必须以基本原则为前提，内容上应该满足基本原则的要求，尽管有关社会危机防治行政的法律制度未对基本原则作出规定，基本原则的约束力也应存在，宪法位阶的原则和精神，行政法治的基本理念和基本原则，都是社会危机防治行政的上位法。专有法律原则概括为权利优先原则、政策指导原则、多元解纷机制法制化原则、社会协力原则。

## 第二节　社会危机防治行政的宪法位阶原则

### 一、行政法治原则

由于人性的非理性倾向使得我们的社会总是处于政府的管理之

下，从政府产生之日起，人类就一直在探讨什么是最好的政府制度和统治形式，从最早的古希腊和古罗马政治学家们研究城邦的构造体系开始，学者哲人们就一直在思考，如何在既保证政府的有效管理又防止政府为恶之间找到平衡，通过建立一套有效的制约与激励机制使政府总是维持向善的倾向，使政府公权力的运用达到为人民谋求最大的福祉。当然人类最终得出的结论是：法治。① 行政法治原则正是在规范政府权力运作上贯彻法治原则的体现。当"人民主权"和"法治"成为社会共识和统治基础时，传统的行政紧急权才由事实性的强权行为转变为法律性的国家权力行为，接受法律的调整。由于社会危机防治行政是政府危机管理的一部分，在行政行为的表现上极易与应急行政下的各种权力行为相仿效，将非常时期的法律授权行为适用于常态时期的行政活动之中。这种因为行政目的即维护社会秩序、保证社会安全的一致性而推导出的社会危机防治行政活动正当性的逻辑是有违法治原则的。围绕国家行政紧急权力的设定、行使和监督的应急行政在现代民主法治政治下都是纳入到法治的轨道上（尽管这种法治被当前学者称为非常法治），常态下的社会危机防治行政行政也应当接受法治的规制和引导，即遵循行政法治原则。

法治原则是宪法位阶的法律原则，这种法治理念在行政法中的体现和内在要求，则表现为行政法治，"行政法治"起源于德国的19世纪的"法治国"理论，其形式主义的法治国倾向，使得在法的内涵上充其量只是形式正义的体现，因此有学者为了避免两难境地，主张将此原则称为"行政法定原则",② 既不与宪法原则重合，也避免了形式主义法治的非难。随着第二次世界大战后，形式主义的法治国走向实质主义的法治国，法治国的工具主义思想已经融入实质主义的法治思想之中。行政法治原则的基本内涵在于：第一，行政的权力行使应当有明确的法律依据，按照法律规定执行。

---

① 胡建森．论公法原则．杭州：浙江大学出版社，2005：172.

② 周佑勇．行政法基本原则研究．武汉：武汉大学出版社，2005：161.

对于维稳行政来说，政府不能任意借防范突发事件或维护社会秩序之名行专制之权，剥夺或限制公民权利，相反必须遵守权力的授权规范。突出的表现在于，对于损益性的行政行为如维稳行政中的行政及时强制权（身体搜查、财物没收等），此类权力行使主体须有法律上的授权。第二，行政的法律规范的产生应当由有权机关按照宪法和法律授权制定，不同层次的法律规范不能与高层次的法律规范相抵触；社会危机防治行政范畴下的法律规范，一般层级较低，且内部不具有高度的统一性，这对于社会危机防治行政来说是法治的源头，如何保障社会危机防治行政的依据法制化，这在当前是一个现实课题。第三，与行政相对应的法律责任，即滥用行政权力应当承担法律责任。如果说“没有救济就没有权利”是一条法治公理的话，那么“没有责任就不可能有权利的真正实现”。即使一个法律制度规定权利和救济，但是没有责任制度的话，法治仍将是一场看上去很美的幻影。社会危机防治行政虽然与可能发生的公共危机和社会秩序的维护有关，但仍然是常态法治下的行政，为了保证该过程的正当性和合法性，以及权力行使对权利侵害的责任追究，行政法律责任制度是行政法治中的重要内容。

## 二、公民基本权利保障原则

人权体现着宪政的内在精神，尊重人权、保障人权是人类共同的最高价值，宪政的发展史本身就是人类争取和捍卫人权的历史。“在几乎每一个社会中，我们都可以看到为获得这些权利而斗争，以及为保护他们既不受独裁者也不受民主多数的贬损而做的努力。”① 一切政府强制权力都必须以保障公民基本权利为依托，紧急状态下行政紧急权力会造成公民权利的侵害，似乎无可辩驳是因为国家行使特殊时期专制的需要，势必造成某些公民权利受到限制或剥夺，权利克减的程度会极度扩大，体现出的是突发事件的特殊危险性和损失较小利益保全较大利益的立法考虑。这个过程中公民

① ［美］路易斯·亨金，等．宪政与权利：美国宪法的域外影响．郑戈，等译．北京：三联书店，1996：528.

的一些基本权利是遭到侵害的。如公民的财产权、劳动权等基本宪法权利受损。但是对于常态下社会危机防治行政的行政强制权正当性的考量，却必须以公民的基本权利为行使即时强制权力的法律底线。所谓的公民基本人权保障原则是指在一个法治社会中，政府必须对公民个人承担一定数量的绝对责任。社会危机防治行政下同样会有行政强制权，因此，公民的基本人权保障原则成为社会危机防治行政权力行使的一项基本法律原则，但是对于社会危机防治行政来说，由于其面对的是常态行政下的问题性事务，即使有个案性的紧急事态的出现，需要行使行政强制权，权利的行使也不应与紧急状态下的应急行政相同，而是应当循序公民基本权利保障原则。即公民基本权利中的三个层次的内容（首要权利、基础权利和核心权利）都应当受到保护，不被克减。在公共危机预防行政时期，大多数公民的权利并未受到既有事实或即将发生事实的侵害，社会危机防治行政活动的内容不仅不能侵犯公民的宪法基本权利，而且公民基于法律而享有的各种权利也应当受到尊重，换言之，在社会危机防治行政的领域中，并不是适用与应急行政相同的基本人权保障原则，而是对其有更严格的原则要求，即公民权利保障原则。这种法律原则的要求可以避免行政主体在社会危机防治行政活动中借国家安全和社会秩序的利益维护之名，跨入到社会对应急行政下公民对行政行为的容忍限度内，让公民过度承担越界的义务，以至于损害了公民的利益，背离了政府存在的目的是为了保证民众最大福祉的实现。公民的基本权利，如人身自由权、居住权和迁徙自由权，通信自由权、言论自由权以及罢工权等，这在非常法治的理论下，认为可以在法定的条件下中止这些权利，即公民的紧急失权。但紧急状态下，不得剥夺和克减公民重要的基本人权，如生命权、人格尊严权、人道待遇权、平等权、公正审判权、思想自由、信仰自由、良心自由等。① 而在常态下的社会危机防治行政中，应当切实尊重和保护法律上规定的基本人权以外的其他权利，如财产权、选举权和被选举权、申诉、控告、检举权、人身自由权、言论、出

---

① 刘小冰．国家紧急权力研究．北京：法律出版社，2008：298.

版、集会、结社、游行示威权以及其他公民依据法律应当享有的经济、社会和文化权利。

## 第三节　社会危机防治行政的行政法基本原则

### 一、行政法定原则

**（一）职权法定原则**

在现代法治社会，私人权利和公共权力的运行规则有着明显不同：对于私人权力来说，法不禁止即是自由；对于公共权力来说，法不授权即是禁止。这种不同的区别在于私权与公权的本质属性不同，私人权利从本源上来自于社会本身，是由人作为社会本体的地位所决定的。法律所规定的公民法定权利只是人类应有权利的一部分。那些没有转化为法定权利的人权仍为人类所保留。正是由于法律没有也不可能完全列出公民的应有权利，所以对公民的权利认定应为“未禁止即自由”。与私人权利不同，公权来源于人权，是人类为了克服人权社会自发现实的阻碍而建构起来的系统。从根本上来说，权力自身不是本源，而是由人民的权利所派生出来的，“人民是权力的唯一合法源泉”和“原始权威”。① 在法治社会里，公共权力的直接来源便是政治共同体的代议机关公共意志的体现——法律，法律的授予是公共权力产生的依据，在法律授权之外，公共权力就没有存在和行使的正当理由。正式这一理念，现代公法理论将权力法定作为一项基本原则。

职权法定在政府危机管理领域具有理论和现实意义，对于职权的法定主义模式，存在绝对主义和相对主义的两种模式。在紧急状态下应急行政领域，由于紧急状态的需要，行政机关行使超越宪法和法律规定的紧急权力似乎在事实上是不可避免的，但绝对主义的职权法定模式，认为宪法统帅下的法律秩序是统一和完整的，不存

① ［美］汉密尔顿，杰伊，麦迪逊．联邦党人文集．程逢如，等译．北京：商务印书馆，1980：257.

在常态与非常态宪法秩序之分，即使应急状态下也不能使行政机关脱离正常的法律秩序。绝对主义职权法定模式认为现有的法律体系已经为行政机关提供了解决应急状态下的所有权力和手段，处理宪法明确规定的特别国家紧急权力之外，行政机关不应当有解决突发事件的其他紧急权力，也不得要求新的权力。在这种严格职权主义下，即使发生了特殊的紧急状态，也不能成为全部或部分中止现行法律体系和宪政秩序的理由。因此，行政机关的职权法定主义是宪法和法律体系在个人自由与政府权力之间形成了一个不可改变的、任何时候都必须维持的平衡。相对主义职权法定观点试图为宪法和法律能够适时调整和适应以有效应对紧急状态提供答案。这一观点认为行政机关在尽可能坚持法治原则和坚守民主价值的同时，又必须具有足够有效的处理突发事件的权力。这种观点的前提是承认在应急状态下，国家现存的法律体系无力应对，但仍然坚持行政机关解决突发事件的答案终究还是在现存的法律体系的限制之内，不能对现有法律体系进行大规模的破坏和改变，其观点主张应当通过法律解释对现行法律进行适应性的解释，在保证基本宪法和法律系统保持稳定的前提下，让法律获得新的解释或者通过修改普通法律以及制定国家紧急状态法的形式来实现职权法定原则。相对主义职权法定原则较好地解决了在紧急状态下政府权力扩张的程度和方式，此观点同意在绝对主义的模式下，任何紧急权力的建构都必须在现存的宪法框架内，政府在正常时期和紧急时期能够行使的所有权力都必须直接或间接地在宪法中能找到，但相对主义的支持者却主张权力应该扩张，宪法所保护的个人权力将相应地减少，虽然赞同宪法是政府权力的唯一根源，但政府权力却随着环境变化而应加以变化，公民宪法权利的范围也将随政府权力变化而变化。并且认为紧急状态下政府权力扩张，公民权利减少，这是为了在突发事件中政府维护社会运行的正常秩序或保存国家的独立和尊严，社会所必须付出的成本。

由此可以看出，相对主义对绝对主义的修正在于赋予行政机关在为紧急状态而战的时候可以变更或修改法律体系，可以说在主张行政紧急权力正当性的前提下，就赋予了行政机关职权的相对主义原则的适用，所以在政府危机管理的应急行政下，职权法定主义原则是相对主义职权法定原则，这与当前学者们的研究思想一致。但在政府危机管理的维稳行政下，则应适用绝对主义职权法定原则，这种区别能更好地指导两种不同的危机管理阶段下对政府行为的规范和约束的限度和强度。虽然都是政府危机管理中的构成部分，但由于所处的客观条件的不同，在行政法的同一法律原则适用的限度和强度上有着显著的区别。这种区别适用的理由还在于，在紧急状态下行政机关紧急权力的获得，会对现存常态下的法律体系产生削弱的作用，因为相对主义职权模式势必会引发行政机关运用紧急权力的冲动，即使在某些没有必要运用行政紧急权力的情况下，行政机关会更多地求助于紧急权力，并且会越来越远离真正的紧急状态，常态下的法律体系的正义性将大打折扣。

对社会危机防治行政中坚持绝对主义的职权法定主义，它的意义在于：第一，坚持宪法一致性的信仰有益于对政府权力的控制和公民权利的保障。因为建立和维持公民对宪法秩序和权利的稳定化和制度化的尊重，能够更有利于阻止专制的发生，绝对主义职权法定原则会起到不时地警醒人们，在为国家安全利益和社会秩序维护而设立的政府维稳机构及其职权，不能成为权力扩张和抛弃宪法根本价值的理由或幌子。第二，这个原则的适用，为政府官员在社会危机防治行政的活动中添加了一种道德上的约束，强调在社会危机防治行政中政府不能享有新的权力，由此也会削弱政府获取权力的冲动。这种原则在社会危机防治行政下的适用，尽可能减少政府在常态社会危机防治时期即非紧急状态下运用行政紧急权力，避免政府过多地运用行政紧急权力的可能性。第三，有利于维持对现有法律秩序、现有宪法和法治观念的持久不变的信仰。如果政府在潜在危机时刻就越加频繁地出现侵害现行法律规范的行为，政府就越难使公民相信法律的权威和神圣。因为坚持现存法律的不可改变性，本身就具有一定重要的价值。

但需要强调的是，职权法定原则是指一切行政行为以行政职权为基础，即无职权即无行政；行政职权的行使受制于法，越权无效，并应承担法律责任。在这里的“法”，需要在政府危机管理的不同阶段在外延上进行法律解释，传统行政法理论中“法”的理解是认为包括宪法、法律、法规和规章。政府危机管理下社会危机防治行政遵循的“法”主要是指导性的行政决定或行政政策，能够快速回应实践的需要，规定内容上较笼统、重在兼容并包，对行为方式的种类、数量、幅度等不明确规定，不作具体的权益分配安排，给公共主体博弈留下回旋余地与调整空间重在指导和建议。因此，社会危机防治行政不宜以强制性的硬法形式为主来调整，主要通过具有法治理念的行政法律原则来规范和进行法律解释获得正当性的证成。

**（二）法律优先原则**

法律优先原则又叫法律优位原则或法律优越原则，是源于德国并为具有大陆法系特点的国家广泛借鉴和吸收的一项行政法原则，在公法领域，法律优先被视为法治原则或法律至上原则的一个具体体现，“法治由三个部分构成：形成法律规范的能力、法律优先和法律保留”。① 法律优先概念最早也是由德国行政法学鼻祖奥托·迈耶提出，他认为，法律为国家意志中法律效力最强者，“以法律形式出现的国家意志依法优先于所有其他形式表达的国家意志；法律只能以法律的形式才能废止，而法律却能废止所有与之相冲突的一致表达，或使之根本不起作用。这就是我们所说的法律优先”。② 当法律优先这一概念被引入我国行政法学时，学者们将其内涵相对限制在法律与行政立法的关系上，认为法律优先的基本含义是指法律优先于行政立法，强调法律对与行政立法即行政法规和规章的优越地位。③④ 这种基本含义的界定能够准确地概括出法律与行政的

---

① ［德］奥托·迈耶．德国行政法．何意志，译．北京：中国商务出版社，2002：67.

② ［德］奥托·迈耶．德国行政法．何意志，译．北京：中国商务出版社，2002：70.

③ 应松年．中国走向行政法治探索．北京：中国方正出版社，1998：105.

④ 孙笑侠．法律对行政的控制——现代行政法的法理解释．济南：山东人民出版社，1999：194.

关系，而且“法律”一词表明是仅限于狭义上使用，从这个角度而言，法律优先实质上强调的是法律位阶体系，即法律对于行政立法的优越地位。具体到适用上来说，一切行政活动，无论权力性行政行为还是非权力性行政行为，不得与现行法律相抵触，只要存在现行有效的法律，行政机关就必须予以适用。法律优先是一个偏于行政法领域的具体原则，对具体行政行为具有指导和规范依据的意义，直接拘束、规范着行政执法活动，对抽象行政行为（包括行政立法行为以及其他抽象行政行为）则具有指导原则和价值取向的意义。在政府危机管理的应急行政下，法律优位原则被削弱。①削弱的原因在于，首先，这里的法律已不是常态下的立法机关制定的法律，而是非常时期适用的应急状态法律，而且这些法律的一个主要特点是，充斥了概括性的、无实质限制性内容的条款，结果是授予行政机关几乎不受限制的自由裁量权，尤其是针对中度和重度紧急状态。如《英国紧急状态法案》（2004）第21条第1款规定，紧急状态规章可以制定规章制定者认为需要的任何条款，只要其认为是出于预防、控制或缓解以制定规章的紧急状态的各个方面或影响之目的。②

政府危机管理下社会危机防治行政将危机管理纳入到日常行政之中，是常态法治下的构成部分，法律优先原则应当适用。法治思想可以说是法律优位原则最根本的思想来源。古罗马的西塞罗曾指出，“由于法律统帅执政官，执政官又统帅人民，那么毋庸置疑，执政官是会说话的法律，法律是沉默的执政官”。③社会危机防治行政中行政主体的活动应是法律的体现，法律优先原则的确立构成了社会危机防治行政合宪性和合法性的首要含义，日常行政中的危机预防和危机化解，都应当是和平民主政治下的常态运行，行政机

① 戚建刚．法治国家架构下的行政紧急权力．北京：北京大学出版社，2005：144.

② 戚建刚．法治国家架构下的行政紧急权力．北京：北京大学出版社，2005：145.

③ 沙斌．政治学说史（英文版）．1946：166//胡建淼．论公法原则．杭州：浙江大学出版社，2005：281.

关必须在法律的范围内活动，抽象行政规范与上位阶的法律规范冲突，构成无效，具体行政行为与现行有效的法律规范（包括行政机关自己制定的法律规范）冲突的，构成违法。由于社会危机防治行政的规范依据往往是行政规范、规章、行政命令或决议，规范依据的本身是否遵循法律优先原则，该原则都具有对社会危机防治行政在特殊情况下过度地求助于行政紧急权力的有效阻挡，克服行政机关在常态下假借应急行政之名突破法律的限度。

**（三）法律保留原则**

法律保留原则主要见于德国、日本和我国台湾地区的行政法理论，其基本含义是指国家公权力行为，尤其是对公民自由权利进行限制侵害，或对公民权利有重大影响的公权力行为只能在法律规定的情况下作出，特定范围之内的行政事项专属于立法者规范，行政非有法律授权不得为之。① 随着传统规制行政转入现代服务行政、给付行政，行政手段开始兼具权力与弱权力、非权力、非强制性等多重属性，行政主体与相对人之间的关系由单一命令服从转变为命令服从、相互合作等多重关系，行政在主体、权力、手段、直接目的等方面变得更加复杂，一改传统上单一属性和单极色彩，转而呈现一种“融合”的特点，行政的本质属性从强制性和执行性转向兼具公共性、服务性、创制性等多重属性，行政手段不仅包括公权力手段和公法手段，而且还包括私法手段；行政目的体现“双服务”精神，即既服务于个体利益，又服务于公共利益，与个体利益不仅包括相对人利益，而且还包括相关人利益。②

行政领域出现的“融合”特点为法律保留原则的范围界定增添了困难，如果定位不准确，则将会导致法律与行政之间要么法律成为行政的桎梏，要么行政不适当的摆脱法律控制，都可能使法律保留原则的作用弱化。在国家目的和行政模式发生极大变化的当今，法律保留原则有了新的发展：其一，法律保留的价值取向由控制行政权力转向保障权利自由。法律的目的开始超出控制权力这一

① 陈新民．行政法总论．台湾：三民书局，1997：52.

② 柳砚涛．行政行为新理念．济南：山东人民出版社，2008：108-109.

法治目的，正走向权利保障、社会福利与人性尊严等终极目的过渡。其二，法律保留规制逐步缓和积极行政功能兴起，行政不再以消极法律后果为目的，而以增进福利、满足权利为价值取向，公益与个人利益日渐融合一致，个体利益对公益的服从不仅仅出于强制，而且利益趋同领域强制性权力也不必要了。权利权力之间因目标一致而转化为相互合作，为推崇意思自治和淡化法律规制奠定了基础。其三，自然、社会因素日渐复杂和难以捉摸，法律的预见性愈显不足，即使担心行政权被滥用的立法者，也不得不越来越赋予行政机关在应对复杂多变的社会现实时享有较大自由裁量权。

行政法律保留原则对干预行政和给付行政的不同类型上适用也有所不同，干预行政是侵害相对人权益的行为，按照人权保障原则必须适用法律保留原则，即行政主体侵害行政相对人的基本权利，或对行政相对人克以义务的，必须得到法律的授权，并在法律规定的范围内进行。但给付行政却是给相对人提供物质帮助和服务，是授益行政行为，但对其是否适用法律保留存在两种观点：一种观点认为，给付行政并没有侵害相对人的权益，因而不必适用法律保留，且给付行政必须按照代议机关的预算和提供的资金进行，这本身受到了民意的控制。另一种相反观点的人指出，给付行政中行政相对人获得了政府的特别资助和服务就取得了竞争优势，产生了特权，违背了宪法的平等原则。虽然给付行政不会直接侵害行政相对人的合法权益，但拒绝给付却会直接侵害行政相对人的合法权益，这种侵害并不亚于干预行政。

基于以上理由，给付行政的法律保留不断地为人们所接受并成为实践，而且随着行政职能的不断扩张，一些内部行政行为对行政相对人的权益也有着直接的影响，对特别权力关系的内部行政通过法律加以调整也显得必要，其中涉及重要的权利保障的内容，也要适用法律保留。由此得出，行政法律保留原则的调整范围不断扩大，由干预行政扩大到给付行政，又由给付行政扩大到内部行政，而且这种扩大还会继续。

行政法律保留原则是基于人权保障、对公民权益或社会公共生活有重大影响事项的重要性标准来界定适用范围，社会危机防治行政在类型上，既有干预行政又有给付行政（如拥有行政强制权的公安机关的行政即时强制和民政机关对特殊群体的行政资助），在行政活动的内容上以预防民众对社会问题和社会矛盾的反应过度为主，尽力为民众提供解决问题的途径和方案，综合各种行政方式，化解社会矛盾为目标，维护社会稳定为宗旨。在针对日常社会危机防治行政个案上，虽然有时也会出现一定的紧急性，在常态行政内称做紧急事态，① 行政即时强制权的行使应当接受法律保留原则的制约，享有行政即时强制权的主体需要通过法律（狭义）授权享有这种专有权力。对于一般社会危机防治行政主体非强制性的行政行为，如民政部门的行政给付、行政救助等也同样需要接受法律保留原则的规制。社会危机防治行政是当前服务行政理念下的行政内容的一方面体现，如上分析，给付行政下非强制性行政行为也会产生特权和不公，社会危机防治行政中不应被民众的利益需要所左右，各种授益性行政行为的作出应当接受法律保留原则的规制，现实中出现的大量不惜一切代价，花钱买平安的极端做法需要受到批判。

## 二、行政均衡原则

均衡原则是适应控制自由裁量权的需要而出现的，它是法国行政法院对具体行政行为的监督逐渐强化的产物，是法治国思想进一步深化的表现。第二次世界大战之后，随着社会对公共服务需求的不断增长，国家加强了对社会的干预，行政事项迅速增多，行政自由裁量权出现日益扩大、难以监督的趋势。在此情况下，法国总结出均衡原则作为控制行政自由裁量权的一项可操作性的原则。该原则的本质是防止行政自由裁量权的滥用，维护行政机关和相对人之

① 紧急状态和紧急事态是两种不同的状态。前者是法律状态，是我国宪法赋予，并通过《紧急状态法》规定进入的状态，是非常态下的法治权力模式。后者是事实状态，是行政法范畴下，通过各种行政规范规制的状态，是常态下的法治权力模式。最显著的特点在于，权力必经授权、权力接受行政程序规制并纳入法律救济。

间，公共利益和个人利益之间的平衡。现代行政法律关系趋向多元化，行政必然也体现多元化的利益和利益关系。行政法除了调整行政关系中的最基本利益关系之外，还可能涉及多重利益关系，即“可能因行政权的行使而在不同的行政相对人间发生个人利益与个人利益的关系”。① 任何权利主体的正当利益，无论是个人利益、团体利益，还是公共利益，都必须受到社会的尊重和法律的保护。但是利益关系往往表现为冲突与矛盾，因此，需要权衡各种利益作出最佳的选择。从这个角度来说，行政均衡原则就是为这种利益权衡和选择判断提供一种具体的标准。它要求行政主体在对各种利益衡量时，应综合考量各种利益因素，充分协调各种利益关系，使之有机地统一起来，在最大的可能范围内保护各种合法利益。因为“利益衡量的结果应当促进各种利益尽可能的最大化”。② 行政均衡原则作为一个实体性正义实现的原则，是基于价值判断基础上形成的概括，对具体行政行为的指导和操作则具体化为更具有操作性和定量性质的原则，即平等对待原则、比例原则、信赖保护原则。

### （一）平等对待原则

平等原则是宪法位阶的法律原则，可拘束行政、立法和立法。平等对待原则是平等原则在行政法中具体化的体现，是行政主体针对多个相对人实施行政裁量行政时应遵循的规则，具体表现为禁止恣意原则和行政自我拘束原则。禁止恣意原则是由“平等对待原则”推导出的具体准则，要求行政主体的行政行为必须有合理的、充分的实质理由。“任何法律秩序均蕴涵着区分，也就是含有不平等，如果将平等原则理解为对于所有事物应当做相同的处理，那么，在必须作区分的法律秩序里，平等原则将丧失其意义。平等原则本身不能创设正义，但是，平等原则可以阻止正义的反面——恣

① 周佑勇．行政法基本原则研究．武汉：武汉大学出版社，2005：208.

② Paund，*A Survey of Social Interest*，57，Hav. L. Rev. 1943：14//周佑勇．行政法基本原则研究．武汉：武汉大学出版社，2005：209.

意。因此，应当将平等原则理解为恣意禁止。"① 对"平等"这个高度不确定的法律概念，如果从正面评价往往众说纷纭，无法达成统一标准，那么从反向论证的角度来衡量，禁止恣意就形成了对平等原则的相对统一的共识。这个统一的达成不能不说是因为禁止恣意原则是平等原则的最低标准，因此才能满足行政和司法的实用主义要求。

禁止恣意原则在负担性和授意性的行政活动中，都具有适用和指导意义。社会危机防治行政中，由于多采用行政指导、行政检查、行政调解等非强制性的行政行为，负担性的行政活动相对较少，在特定预防行政中的紧急案件下，禁止恣意原则对强制性的行政行为具有客观现实的评价意义，如公共场所可疑物品的检查和扣押，对人身的强制，是否具有主观恣意的因素？均是以事务本质作为衡量的标准。禁止恣意原则是衡量和审查危机防治行政行为的合法性和正当性的基本原则。在社会危机防治行政中，大量常见的授益性行政行为是否也应当接受禁止恣意的指导和审查？以行政调解为例，在实践中，行政调解被认为是模糊纠纷的核心，放弃争执的是非对立，调和双方利益的重大分歧，选择相互妥协和谅解的方式解决利害关系。而且只要能达成调解协议，至于采取何种方式，具体的程序或形式是否规范，不被重视。这种观点表现出严重违反禁止恣意原则，实践误读和扭曲了行政调解制度，这不仅不利于行政调解的制度化权威的树立，而且弱化了行政调解的制度运行效力，使制度上具有良好初衷的行政调解的解纷息争功能受到制约，制度投入成本高居不下，但难收纠纷解决的实效。强制性行政行为需要接受禁止恣意原则规制，非强制性行政行为同样也会对相对人权利义务造成影响，即使授益性行政行为必须以相对人的同意才能产生法律效力，但禁止恣意原则无疑是对授意性行政行为的正当性也具有适用的必要价值。

平等对待原则另一个衍生出来的原则是行政自我拘束原则，又称"行政自律原则"，系指行政机关在作出行政裁量决定时，若无

① 陈爱娥．平等原则作为立法形塑社会给付体系的界限——简评司法院大法官相关解释．宪政时代，2007：32（3）．

正当理由，则应受行政惯例或行政先例的拘束，对与相同或同一性质的事件作出相同的处理。① 但是“行政自我拘束”虽然是行政机关受到自己所定规则或先前意志的约束，是一种“作茧自缚”的现象。但是却不能望文生义地将之理解为“行政机关自己约束自己”或“行政机关自愿受约束”；否则，行政自我拘束原则将成为不具有强制性的道德原则，继而也就失去在法律上加以适用的价值了。从根本上来说，行政自我拘束原则仍然是来自于外在的法律约束，即均衡原则的限制。行政自我拘束原则要求行政主体在法律、法规未有明确、具体规定的情况下，应受行政惯例的约束，因此，行政自我拘束的适用前提是必须有行政惯例或行政先例的存在。除了行政惯例之外，行政自我拘束原则的适用还必须行政机关有决定余地，即限于行政裁量领域。

社会危机防治行政中，大量行为规范依据都不是制定法规范，而是各种以政党和政府为决策权主体而发布的各级各类以维稳为目标的政策性和指导性的行政决定、决议。② 由于社会危机防治行政涉及领域的广泛性和事务处理上的行政吸收政治的色彩，实践中存在着大量规范性非法律文件，性质上属于现有研究成果的软法范畴。软法的目标实现主要依靠融入软法之中的激励机制，借助利益诱导的力量，通过协商、沟通、利益协调等方式来达成目标的实现。行政主体在实施社会危机防治行政过程中，没有明确的法律、法规依据，若行政裁量依据规范性非法律文件作出并逐渐形成一定的行政先例或行政惯例，则对于大量的社会危机预防行政活动来说，行政自我拘束原则将对此领域具有不可或缺的应用和指导价值。例如，行政救助数额的行政决定，无论是针对特定公共事件造成破坏后的地区恢复秩序、恢复经济生产，还是针对公共事件中受到人身和财产损失的私人来说，具体行政救助决定的作出，是出于

① 周佑勇．行政法基本原则研究．武汉：武汉大学出版社，2005：218.

② 笔者认为对社会危机防治行政中的规范依据，更多地体现为与制定法相对应的软法范畴，并在本书第四章进行专门的论述。

对未来社会危机防治的考虑，行政主体在作出行政给付决定时，除了考虑一定的政策指导、财政条件外，如何来维护个案上的平等和跨案件之间的平等，行政拘束原则这种超越个案，在不同案件的当事人之间发挥平等对待效力的原则，将补足均衡原则所欲达到的正义内涵。

**（二）比例原则**

比例原则首创于大陆法系的德国，曾被德国行政法学鼻祖奥托·迈耶誉为行政法中的“皇冠原则”，被我国台湾学者陈新民教授称为行政法中的“帝王条款”① 该原则是介于国家权力与人民自由之间的一种目的与手段的考量。比例原则的思想最早源于古希腊的改革家梭伦，他将正义作为目的，将限度作为社会秩序的界限，使其成为以后立法者的楷模。而最早将比例原则予以明文化的实践，可追溯到英国1215年6月10日颁布的《大宪章》，大宪章要求对于自由人犯罪所受惩罚需要符合一定尺度，轻罪处轻罚，重罪处重罚。在此条文中明确表述了国家行为须依所犯之范围受到了比例原则的拘束。② 在行政法领域中最初起源于19世纪德国的警察法制，是为限制警察权力的行使而提出的。德国学者奥托·迈耶在其1885年的德国行政法中认为，“以自然法上的基础要求警察作合乎比例的防御并界定警力发展的范围”。③ 1911年行政法学者F.弗莱纳（F. Fleiner）在其《德国行政法体系》一书中，提出了“警察不可用大炮击麻雀”。第二次世界大战后，随着民主法制的发展，比例原则又被赋予了宪法原则的地位，对行政、立法和司法都具有拘束力，在宪法层级上比例原则之任何对人民权利的限制都必须以“公共利益需要”为前提。在行政法层级上，比例原则指行政权虽然有法律上的依据，但必须选择使相对人利益受到限制或

① 陈新民．行政法总论．台湾：三民书局，1997：3.

② 蔡振荣．行政法理论与基本人权之保障（第2版）．台湾：五南图书出版公司，1999：106.

③ 蔡振荣．行政法理论与基本人权之保障（第2版）．台湾：五南图书出版公司，1999：115.

损害最小的方式来行使，并且使其对相对人个人利益造成的损害与所追求的行政目的或所要实现的公共利益相适应，从而达到既实现公共利益又保护公民合法权益的目的。

比例原则是现代实质主义法治的典范。① 比例原则自被德国法制确立之后，就对世界其他许多国家和地区产生了广泛的影响。我国虽没有明确地将比例原则确认为行政法的一项原则，但比例原则的因素在我国现有的行政法规范中已有体现。如《行政处罚法》第4条规定："设定和实施行政处罚必须以事实为根据，与违法行为的事实、性质、情节以及社会危害程度相当。"《人民警察适用警械和武器条例》第4条规定："人民警察适用警械和武器，应当以制止违法犯罪行为，尽力减少人员伤亡、财产损失为原则。"我国的《行政强制法（草案)》第5条规定："设定和实施行政强制应当依照法定的条件，兼顾公共利益和当事人的合法权益，正确适用法律、法规，选择适当的行政强制方式，以达到行政管理的目的为限度。"

比例原则产生后又超越了行政法领域被上升为宪法原则，在宪法上的意义在于，不仅在行政法的个案上权力的行使必须有公共利益需要并权衡手段和目的的相称关系，而且在立法目的上，如果没有公共利益需要而限制人权，则会产生立法违宪的问题。由于比例原则不再是行政法领域的专有法律原则，而且在行政法中也存在广狭之分，因此学者们主张将行政法内的比例原则用"禁止过度原则"指称。② 台湾学者陈新民教授和吴庚教授也大体持此观点。③

① 周佑勇．行政法基本原则研究．武汉：武汉大学出版社，2005：220.

② 周佑勇．行政法基本原则研究．武汉：武汉大学出版社，2005：223.

③ 台湾学者陈新民教授也认为，"原广义的比例原则就是讨论手段与目的的限度及过度的问题，所以，比例原则的主义作用即在于制止过度的侵犯人权，乐雪正名'过度禁止'令人耳目一新"。（陈新民．德国公法学基础理论．济南：山东人民出版社，2001：374.）台湾学者吴庚教授则主张直接将行政法中的"比例原则"改为"禁止过度原则"（吴庚．行政法之理论与实用．台湾：三民出版社，1996：57.）

比例原则主要调整两类法律关系：第一，国家活动中目的与实现目的的手段之间的关系；第二，公民的自由权利与公共利益的关系。比例原则在应急行政中能够控制政府权力的可能滥用，被视为国家紧急权力行使的帝王条款。① 而且在我国《突发事件应对法》中明确规定，该法第 11 条第 1 款规定："有关人民政府及其部门采取的应对突发事件的措施，应当与突发事件可能造成的社会危害的性质、程度和范围相适应；有多种措施可供选择的，应当选择有利于最大限度地保护公民、法人和其他组织权益的措施。"应急行政下的国家行政紧急权，往往会暂时克减、限制或中止某些公民的基本权利，行政紧急权的明显具有侵益性，紧急权力的使用本身意味着赋予政府较大的自由裁量权，尽管行政紧急权力是在政府迫不得已下而为之的，处于维护公共利益和公共秩序的需要，但行政紧急权力的正当性都来自于禁止过度原则的遵守程度。但是在社会危机防治行政阶段，行政主体不享有紧急状态下的行政紧急权，是否不具有适用禁止过度原则（比例原则）的必要呢？应急行政下比例原则的适用前提是干预行政，而社会危机防治行政中的行政行为既包含对行政相对人权益产生直接的、强制的影响的干预行政，如拥有行政强制权的公安机关行使的行政强制措施、行政即时强制（物品检查、人身搜查、盘问、留置等）等；又包含大多数没有行政强制权的行政主体作出的各种公共危机预测、调查、疏导、协调、化解的非强制性行政行为。对于前者因为是侵益性的行政行为，具备适用比例原则的前提条件。以规范损益行政为目的而发展起来的比例原则，能否适用于包括服务行政、给付行政下非强制性行政行为尤其是授益性行政行为，当前学者对此多持有怀疑态度，理由是：其一，比例原则生成的背景所致。在规制行政下，国家权力被认为尽可能地缩减，以保障人民权利，为此，即使在法律明确授权行政主体作出损益行政行为时，也不应逾越必要的限度，要求行政权力，必须自我抑制，比例原则主要产生于规制损益行政行为的需要。其二，比例原则的主要对手段和目的之间进行损益的量化

① 刘小冰．国家紧急权力制度研究．北京：法律出版社，2008：50.

工作，但是对于非强制性行政和授益行政领域，所追求的内容多是安全、福利、公平等不适宜用数字来衡量的领域。

按照比例原则的内涵和价值追求对比例原则适用于非强制性社会危机防治行政领域进行利弊分析，我们可以发现，非强制性行政遵循比例原则同样具有积极意义。理由是：其一，社会危机防治行政下出现大量的自由裁量权，但它并非是完全自由的权力，是一定原则约束下的裁量。非强制性的社会危机防治行政需要在预防公共危机的不同阶段作出选择和裁量，行为方式的选择上也应体现“应有分寸”，比例原则的妥当性、必要性和相称性，对社会危机防治行政同样是有益的。其二，对于社会危机防治行政的给付性行政行为，对受益人的过度给付或者给付不足均会产生与社会危机预防理念背道而驰的效果，这正好是比例原则可以和应当规制和防范的。如现在各省市都设立有维稳基金，如何正确运用该种基金，应当如何规范行政救助行为？在制定法滞后的情况下，危机防治行政中对于非强制性行政行为的规制首先应当适用和遵守的就是行政均衡原则及其衍生出的具有可操作性的比例原则。

**（三）信赖保护原则**

信赖保护原则是第二次世界大战后，德国发展出来的一项行政法基本原则。该原则的产生于第二次世界大战后德国发达的社会法治国理念有着密切的联系。进入20世纪，德国完成了从自由法治国向社会法治国的嬗变，进入社会法治国以后，德国的政府任务发生了转变，国家面临越来越多的因城市化、工业化、社会发展带来的一系列个人无力解决的社会问题。政府不仅承担起创造合乎正义的社会秩序的使命，而且还负有为人民提供个人生活不可缺少的“生存照顾”的职责。行政主体和社会成员之间不再是单纯的命令和服从的关系，而是相互依存相互依赖的关系。人民更视国家和政府为自身谋求生存与发展的工具。因此，信赖关系不仅在私人生活领域具有重要意义，在国家的公共生活中同样占据着重要地位。

可见，信赖保护原则是诚信原则在行政法领域中的援用和发展。信赖保护原则指当社会成员对行政过程中某些因素的不变性形成合理信赖，并且这种信赖值得保护时，行政主体不得变动上述因素，或在变动上述因素后必须合理补偿社会成员的信赖损失。该原则的核心思想是维护法律秩序的安定性，保护社会成员的正当权益。“保护人民权利，首重法律秩序之安定”① 信赖保护原则强调给予实质性保护，其目的在于保障私人的既得权，并维护法的安定性以及私人对它的确信。不管行政机关的决定是否合法，行政机关的行为一经表露于外，人民通常会对其所造成的“法律状态”之存续寄予信赖，并以此作为行为的依据。基于信赖，政府就有责任对这一利益予以保护。

诚信原则作为一种利益均衡原则，是对行政主体在实施某种行为时必须具备诚实、善意的一种“内心状态”要求。作为对行政主体一种内心状态的要求，在行政法领域中运用广泛，如平等对待原则主要实现各种个人利益之间的平衡；禁止过度原则适用于涉及负担行政行为方面的公共利益与个人利益的关系；行政均衡原则侧重于诚信原则的实体方面；行政正当原则侧重于诚信原则的程序方面；是对授益性行政行为的特殊原则要求等。信赖保护原则伴随着私法的诚信原则在行政法中引入而确立起来，是诚信原则在行政法中的最直接体现。

行政法的视角下，行政相对人的信赖都值得保护，只是公共利益与信赖利益相较量的结果不同。当信赖利益大于公共利益时，授益性行政行为不得被撤销或废止；当公共利益居上的时候，虽可以撤销或废止，但是应该尊重受到损害的事实，给予公平补偿。可见，利益衡量是适用信赖保护原则的核心与关键。在该原则适用的过程中，进行利益衡量应考虑什么因素？进行利益衡量是问题的关键。

社会危机防治行政中，将出现大量的授益性行政行为，如危机防治的行政许可、行政救助、行政资助等。在风险社会下，随着社会发展引发的大量频发的公共事件，已经给快速发展的社会带来一定不安的心理，社会危机大量潜伏。政府在经济扶摇直上的发展中

---

① 罗传贤．行政程序法基础理论．台湾：五南图书出版公司，1993：65.

权威的巩固和公信力的加强，都更加仰赖于在危机防治过程中的种种政策和措施的实施。社会危机防治行政中信赖保护原则必将是对政府行为的一大衡量。由于各种突发事件巨大的危害性，对公民的人身和财产造成了严重的损害，在后期维护稳定的社会危机防治阶段，政府常常出台大量行政救助和行政资助等各种举措，在灾害面前表现出勇于承担损害责任的积极担当形象，这无疑是政府对公民"生存照顾"的责任体现。或许对于一般事务性的行政行为，信赖保护原则有严格的适用标准，即应当存在信赖基础；具备信赖行为；值得信赖保护。但是对于社会危机预防行政，尤其是突发事件后期的善后救助行政行为，对政府作出的损失和补偿的行政决定，诚信原则的体现则至关重要，此时，授益性行政行为的撤销和废止不仅不再适用信赖保护原则的严格标准，而且应当在行政行为作出时遵循更加严谨的诚信原则，由此有利于政府抓住危机带来的转机一面，树立政府威信，增强社会凝聚力和向心力。我国现在尚缺乏《行政补偿法》，面对社会不断出现的各种公共事件造成的损害，为进一步预防社会危机的形成和积聚，危机防治行政中各种行政给付、行政救助和行政补偿等行政行为将成为行政活动的重点。在社会各种权利置换成可量化的利益的现实推动下，社会危机防治行政中的利益分配将成为人们的关注热点。如何以原则为指导，以制度化有序运行的方式，实现社会危机防治行政的实效？如何区分政府承担责任的范围和强度，如何确保公民信赖利益的实现，将是社会危机防治行政中对行政法信赖保护原则的实践应用和发展。

### 三、行政正当原则

西方法治发达国家，在利用正当性法律程序控制行政权力以保障和实现人权方面有着悠久的历史，其成功实践给我们提供了非常有益的经验。尤其是对我国的有着浓厚人治传统的国家，行政权力处于无所不在又无所不能的状态。尽管当前强调建设法治政府和政府职能转变，但是权力受程序规制的道路还只是刚刚起步。同时，随着现代社会的变化和发展，政府的裁量领域日益扩展。遵循严格规格主义的行政实体法在防止政府滥用行政职权的功能方面的不足日趋明显，尤其是在行政权基本上处于自由裁量权的现代行政法治社会中，严格规则主义在防止行政主体滥用自由裁量权方面几乎没有发挥其功能的地方。① 在行政自由裁量权扩张和实体法控权不利的背景下，将西方运用正当法律程序控权的成功经验引入行政法领域，并建构一系列正当性行政程序规则，就成为了智慧之举。

法律程序的价值在于程序本身的正义，而不是结果的有效性。程序并不仅仅是指实现某种实体目的的手段或者工具，结果有效性并非法律程序的唯一价值。程序具有独立于结果的“内在品质”，即程序正义。“现代法律程序中最低限度的程序正义应当包括三项：程序中立性、程序参与性和程序公开性。”② 它们反映在现代行政中，可分别概括为避免偏私、行政参与和行政公开三项原则。

政府危机管理下社会危机防治行政除了在个别紧急事态下，拥有行政强制权的行政主体实施的规制行政外，为了预防公共危机的发生而为的各种矛盾化解、利益疏导或行政资助和救助等行政活动，大多都是属于给付行政的范畴。对权力控制和权利保障而言，最有效的因素首推程序。这也是当代“权利法”背景下加强程序法治建设的根本原因。行政程序对以授益性行政行为为主的社会危机防治行政政来说，同样具有不可或缺的意义。

第一，有利于建立行政主体与公民之间的平等关系，拉近政府与公民社会的距离。在实体法范畴，行政主体享有行政优先权和处置权，相对人只有服从和接受的义务，加之权利直接监督权力的机制缺位以及权利仅为权力制约的诱因而非权利制约的本体的现状，导致实体法范畴内难以形成平等关系。程序和程序规则介入实体领域后，增加了相对人参与的机会，相对人有了程序发动权，并成为程序权利的主要享有者，程序权利提升了相对人的地位。有利于实现行政主体与公民关系的平等化，最终促成平等型行政法律关系的健康生成。

---

① 章剑生．行政程序法基本理论．北京：法律出版社，2003：20.

② 周佑勇．行政法基本原则研究．武汉：武汉大学出版社，2005：247.

第二，有利于促进授益性行政行为下的权利义务的实现，保障给付行政下更普遍存在的公民社会权利。行政程序被视为形成人民客观权利、主观权利及义务的有效手段，其禁止将人民视为国家程序之客体，以保护宪法对人性尊严的保障。① 程序规范可以将授益性的行政活动中的权利义务分解为相互关联和支持的程序上的权利义务，使单一的行政活动派生出多个分属于不同主体和阶段的程序性行为，进而使行为过程变成多种权利义务相互交融、交互作用的动态过程②。

第三，对于授益性的行政活动来说，行政程序有利于受益人享有行政上的主动权，从而以受益人程序上的权利来监督行政主体的行政活动。社会危机防治行政中大量是授益性行政行为，行政主体享有极大的自由裁量权，如果程序缺位，则将会使授益性行政活动失去动态的规制，也会使行政行为的启动失去了保障，在程序权利上丧失主动性。

社会危机防治行政在宏观的意义上，应该是体现国家与政府向社会和公众承担和兑现的正义，这种正义是实体正义，实体正义离不开程序正义，程序正义的实现是实现法治的前提和途径，程序将使社会危机防治行政活动更加切近公平正义的理念。

## 第四节　社会危机防治行政的专有法律原则

### 一、权利优先原则

人权虽然是宪法和法律所要保障的首要价值，但是在人权保障与国家利益、公共安全的维护之间发生冲突时，人权的优先性让位于国家的至上性，这是由人权的相对性和社会性所决定的。这是在政府危机管理中应急行政阶段适用的一项原则——效率原则的正当性根源。因为行政紧急权力的行使必然会涉及对公民权利的克减、

① 章剑生．行政程序法基本理论．北京：法律出版社，2003：197.

② 柳砚涛．行政给付研究．济南：山东人民出版社，2006：412.

限制或中止，而这一权力的行使也是迫不得已的最后一道防线的权力。因此，行政紧急权力适用的前提还在于用尽了常态下可能有效的途径和手段，行政紧急权力的一旦适用就必须注重效率原则，它不可能在不改变常态下的权利保障来实现维护国家安全、社会秩序的目的。因此，行政紧急权力以牺牲一定范围内权利为代价的行为，必须快速地实现目标，而要放弃追求确切的利益衡量，这种价值的预设，就决定了应急行政中行政紧急权力与公民权利保障之间必然出现法律关系内容的设计上偏重于向权力的倾斜，并确立效率的价值目标。对这种应急行政下的权力价值衡量，是否符合公平正义的基本考量就是效率，而适当、适量的适用部分集中起来的行政紧急权是实现效率的前提和手段。因为在危机时刻，只有效率可以决定一切，任何的犹豫和迟疑都可能意味着更大的牺牲和代价的支付。

然而，法治本身是以追求正义为使命的，在公共行政领域中，公平和效率似乎始终是一对充满矛盾的价值，长期以来一直居主导地位的原则“效率优先，兼顾公平”，在当前已经受到了严峻的质疑和挑战。其实，这种观点弊端在于，将效率和公平对立起来，并简单地做了一个先后的排序，却并未认识到效率和公平之间的关系并不是一种简单和绝对的你先我后的关系。正义本身没有具形，只有在特定的时空中，保持对效率和公平的一种动态制衡，才是有价值的选择。即只有在特定的经济活动中或政治层面上，“效率”和“公平”何者优先才有一定的积极意义。在应急行政中实现效率本身蕴含着公平的内在因素，或者说，效率本身就会是一种正义。因此，效率的优先性符合了此种时空下的效率和公平的动态平衡。

而在政府危机管理中，由于应急行政和社会危机防治行政的客观性基础不同，适用于应急行政下的效率优先原则，在社会危机防治行政上不能使“效率”和“公平”达到时空上的动态平衡。因为在效率和公平上，“我们不能把治理效率本身视为一个终极目的，而应当把实现保护人权的适当措施视为开明进步的行政司法的一个基本条件”。① 那种坚持在社会危机防治行政中“效率优先、兼顾公平”的声音主要是对行政法持有“管理论”的政府行政机关及其工作人员的观点，这种观点始终将行政法律关系认定为是“权利义务”关系，将行政机关作为法律关系的权力主体，将公民作为法律关系的义务主体，是一种命令与服从的关系，而不是服务与合作的关系。与行政实务界相反，行政法学界从“控制论”和“平衡论”的视角强调常态下的行政行为应当是“权利优先原则”，行政权的行使应当在坚持公民权利优先的基础上，兼顾行政效率。② 这是从法律的权利本位出发对行政权的定位。“平衡”是行政法的价值追求目标，即促使行政主体与相对人的权利义务处于平衡状态，实现公共利益与个人利益的和谐一致。“公共利益与私人利益之间的差别和冲突是现代社会的普遍现象，正确处理利益关系应该统筹兼顾，不可只顾一头。”③ 但平衡论不仅是兼顾论，而且又是重点论，在应急行政时期，应当侧重效率才能体现正义，而在社会危机防治行政中却应当侧重公民权利才体现公平和正义，这种侧重权利原则定位才维护了此种时空下的效率和公平的动态平衡。其理由有三：其一，在公民权利与行政权力二者的扩张性上，行政权的扩张性是其与生俱来的属性，现代行政法的产生就是近代法治国原则在行政与法的关系上，确认行政受制于法，这种易干扩张失控的权力受法律制约，受权利制约。而公民权利的扩张空间远没有权力的扩张那么广阔和便利，权利扩张极易遭受权力和其他权利的抵抗而扩张无果。在历史和现实的利益格局中，政府是最强大的、最具优势的力量集团，它拥有着足够的权力来维护国家和社会秩序。行政权力的扩张性容易将保障权利的权力在公共利益和国家利益的不确定法律概念的旗帜下异化为对公民权利侵害的权力，而此

① ［美］埃得加·博登海默．法理学：法律哲学与法律方法．邓正来，译．北京：中国政法大学出版社，2004：386.

② 张婧飞．行政强制权正当性的法哲学追问——尤其以行政强制权规范体系的构建为视角．北京：法律出版社，2009：149.

③ 罗豪才．现代行政法的平衡理论．北京：北京大学出版社，1997：37.

时个人难以自保，甚至社会正义、人类理性都会在强大的旗号下苍白无力。其二，在公民权利与行政权力的力量对比关系上，权利处于弱势地位。在国家拥有社会暴力的合法性基础上，权利处于相对不利的地位更需要加以保护。任何个人在与国家相抗衡时都是微不足道的，在现实上，公权力主体是强者，而权利主体是弱者。“法律必须平等地对待政府和公民，但既然每个政府必须拥有特别权力，很显然，就不可能对两者同样的对待。”① 其三，从权利和权力所体现利益来看，行政权力的行使必须以充分尊重公民权利为前提。按照社会契约论，权力来源于权利，权力维护的公共利益自身并不是一个本源和终极的利益，“公共利益并非是独立于个人利益的特殊利益。共同体是一个虚构体，是由那些构成其成员的个人所组成，因此共同体的利益就是组成该共同体的若干成员的利益总和”。② 然而，共同体又是一个虚拟体，公共利益本身是一个不确定的法律概念，无法具备一个本质性的解释，权力的公共资源基础和公益的目的相较于个人利益具有强势性，往往成为凌驾于个人利益之上的堂而皇之的借口。法律产生于利益分化和冲突，法律的功能就在于在各种不同的利益主体之间找寻利益衡量的最佳平衡点，在行政法领域，就需要对公共利益和个人利益之间进行利益衡量。但是单纯地要求公民主体为了公共利益而对个人利益进行限制毕竟过于简单化，对正义追求的本质要求我们构建的制度，使得维护和追求公共利益成为人们实现公民福祉和利益的有效而可靠的途径，尊重权利保障公民合法的利益，而不是将公共利益作为侵犯个人利益的借口。

## 二、政策指导原则

公共治理的兴起引发对“法”概念的理解和修正，扩大了法

---

① ［英］韦德．行政法．徐柄，等译．北京：中国大百科全书出版社，1997：27.

② ［英］边沁．道德与立法原理导论．时殷弘，译．北京：商务印书馆，2000：58.

的范围，推动公法规范体系向“软硬兼施”的方向发展。在维稳行政中，除了政府危机管理法律中以各种制定法的形式出现的正式法律渊源外，还大量存在着以政党和政府为决策权主体而发布的各级各类社会危机防治的政策性和指导性的决定、决议。在我国法律、法规、规章中，有大量的规则就是由国家机关的行政命令、行政措施、重要文告等内容中提升出来的。国家和有关社会组织的政策（尤其是执政党的政策），在当今时代也是具有效力的正式法律渊源，由于中国的国家性质和执政党对国家的领导地位，中国的执政党政策，特别是转化为国家政策的执政党政策，是许多法律、法规、规章的重要渊源，法律，法规、规章在相当大的程度上是政策的提升或法定化。

政策通常是指一定的政党或其他政治组织为达到一定时期的政治目标，调整特定的社会关系而规定的行动方向和准则。政策是一个多层次的结构，按其调整范围来分，可分为总政策、基本政策和具体政策；按其主体来分，可分为执政党的政策和国家政策。执政党的政策有时又表现为国家政策，政策与法律有着密切的关系，二者在本质上具有一致性，在形式上则有不同的品性，法律具有稳定性、规范性和明确性，而政策具有灵活性、功效性和原则性。政策渗透着更多的人格化因素，政策的用语不像法律那样明确、生硬，而是呈现出一定的感召性和原则性。一国的政策与法律作为该社会调整系统中的两种重要形式，其本质是一致的，二者相辅相成，互为补充。在现代民主法治社会，人们崇尚法治，依法行政不仅是现代法治国家所普遍遵循的一项法治原则，而且是各国据此原则所建立的一整套行政法律制度。在经济全球化、利益多元化、复杂化的社会转型变革时期，各种权利和利益的主张具有较强的变化性，在法治国家的基本理念和制度下，政策作为社会调整手段的重要形式，以其灵活性、适应性和易于接受性不仅发挥着法律不可替代的作用，而且在一定的程度上对法律起着指导作用。即“应该承认导致法律规范产生和运作的道德、政策动力”。①

维护国家公共利益、社会稳定与保障个人利益和自由的矛盾在行政法领域尤其是在社会转型期的行政法领域仍然突出，并且成为各国政治生活中的一个重大问题。社会危机防治行政为这两者的冲突提供一个允许使冲突保持在秩序的范围内的社会矛盾化解模式。在社会危机防治行政中，行政的规范依据包括两个部分：一是政府危机管理法制体系中各种不同效力层级中的基本法（如《突发事件应对法》）或单行法（如《传染病防治法》）中包含有关突发事件的预防、监控、危机规划、危机预测等内容的规范；二是有关维稳工作的指导性政策，如 1996 年 2 月，中共中央、国务院发布《关于加强社会治安综合治理的决定》，2009 年 12 月 31 日，中共中央办公厅办转发的《中央政法委、中央维护稳定工作领导小组〈关于深入推进社会矛盾化解、社会管理创新、公正廉洁执法的意见〉》。这些党和国家的政策，在法理学上被称为规范性的非法律文件或“其他规范性文件”②，具有行为规范的功能但却不具有强制性的法律效力，这些内容，尤其是执政党的政策和决定，能有效影响甚至决定国家各方面的政策形成和作用的发挥。在社会危机防治行政中，这种具有政策性质的规范性文件，是该领域的特殊法律渊源。虽然随着国家民主法治的发展，从形式上看，这种不具有严格法律形式和内容的规范性文件的地位不断在受到质疑，但随着我国《立法法》和其他规范立法活动法律的实施，对这类文件的审查也开始重视。中央一级的规范性文件由于体现对国家发展的宏观规划，内容多体现宣言性、号召性、原则性和思想指导性，对一个国家的大政方针的决断具有核心的重要意义。但是各级政府的各类

① 莫纪宏，徐高，等．紧急状态法学．北京：中国人民公安大学出版社，1992：21.

② 规范性文件是指政府及其部门在法定职权范围内制定并公开发布的，规范行政管理事务，涉及公民、法人和其他组织的权利、义务，具有普遍约束力的文件。规范性文件分为政府规范性文件和部门规范性文件。

规范性文件则呈现出一定混乱的状态,① 对此，全国人大常委会于2006年8月27日出台了《中华人民共和国各级人民代表大会常务委员会监督法》，该法适用于从全国到地方县级以上的人大常委会实施监督权力的范围和程序。根据该法，成文法范畴内的“行政法规、地方性法规、自治条例和单行条例、规章的备案、审查和撤销，依照立法法的有关规定办理”（第28条）。非成文法规范应当纳入到人大常委监督的范围之内，该法规定，县级以上地方各级人民代表大会常务委员会对下一级人民代表大会及其常务委员会作出的决议、决定和本级人民政府发布的决定、命令，经审查，认为有不适当的情形的，有权予以撤销。地方也纷纷出台对规范性文件审查的规定，如济南市政府2007年7月10日通过《济南市规范性文件管理规定》中规定，“规范性文件有效期自实施之日起最长不得超过5年。有效期届满，规范性文件的效力自动终止”。②

### 三、多元解纷法制化原则

公共危机管理中大致可以分为四个阶段：减缓预防、应急准备、紧急应对和事后恢复。从整体上来说，政府危机管理包括危机防治行政和应急行政。通常应急行政和紧急应对更容易引起重视，因为此时突发事件已经造成现实和严重的社会危害，但在政府危机管理法制建设过程中，我们应当强调危机预防，消除隐患及危机诱因行政工作的重要性。因为预防是整个政府危机管理过程的第一个阶段，在某种程度上它比危机事件的应对和解决更富有意义。预防

---

① 如山东潍坊的寒亭区政府下发了《关于促进房地产业加快发展的意见》，明确要求全区副科级及以上县直干部，每人至少销售一套住房，随后不久，寒亭区房产局专门制定出台了考核认定办法，要求全区副科级及以上干部每人至少购买或引荐购买一套商品住房《济南市规范性文件管理规定》已经2007年7月10日市政府第49次常务会议审议通过。2009年5月5日，湖北公安县以“红头文件”的形式，规定了该县各单位2009年度公务用烟指导性计划。

② http：//law. baidu. com/pages/chinalawinfo/1696/45/6cb501a349d371eaf7b6dc760570bd57_ 0. html，2010-10-16.

可以减轻大量应对、恢复工作，节省危机应对中的人力、物力、财力的消耗，并对应对和恢复打下良好的基础，为此应当做到，把危机的控制阶段尽可能的前移，并将前期控制过程纳入到政府长远的战略目标和日常行政中。

政府危机管理法制原则确立的基本原则是预防为主、预防与应急相结合原则。具体到不同的阶段，对社会危机防治行政阶段来说，则体现为将危机的排查、预防、社会矛盾的化解、群体性矛盾纠纷的调解等都贯彻到日常行政之中，避免、减少或者延缓危机的发生，做到对可能发生的危机有备无患。任何突发事件都不会无缘无故地出现的，如果只承认突发公共事件发生的必然性，仅仅关注突发事件应对一个突出的环节，看不到形成突发公共事件的起源、潜伏、发生、发展和消散的周期，不从源头上消除突发公共事件产生的诱因，则必然会导致危机一旦发生，没有其他选择，只能发动一切可能的政府部门、“不惜一切代价”地应对，因此将政府危机管理的整体置于宏观的社会视野中，从产生机理和应对机制两个方面入手，更多地将政府危机管理的法律制度与公共危机的产生和生长的环境联系起来，寓政府危机管理于政府日常工作中，即重视社会危机防治行政环节。由于社会危机防治的侧重点不在于应对突发事件，而在于预防、化解冲突，制度化解决矛盾纠纷，因此预防与应急相结合的应急行政下的原则就不具有适用社会危机防治行政的正当性，由于社会危机防治行政不仅对诱发社会矛盾和社会危机的深层次因素进行收集、分析、排查、控制，而且更侧重对已出现的矛盾纠纷的及时、有效的化解，对权利的有效救济，突出多元解纷机制的综合运用，尤其通过行政调解、行政补偿、行政赔偿、行政申诉等行政救济机制，实现将纠纷矛盾解决在行政层面。这样才真正做到从根源上、从源头上遏制或降低突发公共事件的发生几率，并大大缩小政府危机管理的成本，并提高危机管理的有效性。

对于社会危机防治行政法律原则的概括来说，应当体现出其法律性的属性。社会危机防治行政中重心在于社会矛盾、社会纠纷的消除和化解，制度化的解纷机制是法治社会下的必然路径。社会危机防治行政中正在兴起和规范制度化的解纷机制，如中央倡导的

“大调解”体系下行政调解和人民调解，都是各种不同性质的危机防治主体在纠纷化解中的具体制度化机制。我国于2007年出台了《人民调解法》，从人民调解的组织、行为、程序和法律效力上，确保了社会主体在矛盾化解方面功能的实现。尤其在人民调解协议的性质，其与司法机制相衔接的程序上作出了有力的推动，为社会矛盾化解提供了制度化的供给和保障。行政调解当前虽然缺乏相应的制度化构建，但是从行政调解的性质和功能来说，中国社会有着悠久的对国家和政府信任的文化传统，行政调解必然成为社会危机防治行政中的主要解纷机制，这种法制化的建设正在进行之中。社会危机防治行政的多元治理主体必然产生多元的解纷机制，多元解纷法制化原则成为社会危机防治行政一项特色的法律原则。危机防治行政解纷机制体制有一系列制度，如行政信访、行政申诉、行政补偿、劳动人事争议仲裁、行政复议等，这些解纷机制虽然在当前发展中还有很大的不规范性，但总体都呈现出不断制度化、程序化、法制化的趋势，引导和推动社会纠纷向有序性的理性道路运行。

### 四、社会有序协力原则

政府危机管理的体制上强调政府在危机管理中的主导作用，而且在相当长的时间里，由于突出和侧重政府在应急中的地位，政府都被认定为应对公共危机的唯一主体。但进入21世纪以来，公共危机潜伏并爆发频繁，影响规模大、持续时间长、复合性特点增强，以应对为主的管理模式势必造成政府疲于奔命去当“救火队”的情形。当公共危机自身是一种客观存在并日益被视为“正常”现象，强调将非常规的应对转变为一种常规化的管理时，政府在从”全能政府”转变为“有限政府”的情形下，危机治理中的社会多元化主体，公民个体、非政府组织、市场主体等都被纳入到公共危机的治理结构中，危机治理过程实际上成为了政府、社区、非政府组织、媒体等共同发挥作用的过程。政府在危机管理中，如果说应急行政更仰赖专业化的行政组织、行政权力和行政资源来应对突发事件所造成的巨大和严峻危害的话，那么对于社会危机防治行政领域下，潜在危机所波及的影响范围几乎包括所有社会成员，任何一个组织都无法单独进行回应。因此，对于突发事件的应急行政，如果曾经单凭政府一方之力也能有效应对和解决个别突发事件的话，但在政府危机管理侧重对社会危机进行防治时期，则需要社会多元化主体的“共担”，即承认各个危机治理主体在公共危机管理过程中的资源优势与功能互补的优势，构建一个开放、平等、互动的权力和权力运行机制，各主体与政府之间、各主体之间形成合作伙伴关系，在互动博弈中形成相互依赖于合作的关系结构，并重新界定各主体的职能与责任，权力与权利。

因此，在社会危机防治行政领域，由于政府在资源掌握、人员结构、组织体系各方面都不可避免地存在局限性，应当积极吸收和发挥社会资本的能力和作用。提高危机管理的效率。由此社会协力原则就成为该领域的重要原则。在危机防治中维持和加强最大限度的社会信任，对于预测社会风险、排除潜在危机因素、事件之后步入较长期平静的社会运转是至关重要的。社会多元主体的参与前提是社会的信任，社会信任体系的发育完备与否对社会危机防治行政具有决定意义，社会信任基础上的社会协力原则将有效地减少危机冲突和摩擦的潜在风险。

总之，基本法律原则对法律规范的产生、存在和发展的静态和动态的各个方面都有约束力，但在法律规范产生和运作的特殊环节上会有不同的特点需要不同的原则加以指导。我们对社会危机防治行政法律原则的构建中，专有法律原则作为次级层级的法律原则，不能与上一层级的法律原则的精神相抵触，它仅是对上一层级的法律原则的进一步的补充。如专有原则中的权利优先原则，在遵循行政法治的基本原则下，还要遵循法律优先，法律保留和正当程序等上位法律原则的要求，来主张在个案行使中的权利优先原则，即权利优先性在社会危机防治行政中并非最高价值位阶的原则，它的适用不能与上位的法律原则相抵触。

# 第四章　社会危机防治行政的法律规范分析

运用制度化的理性优势来治理危机已经成为世界各国的普遍共识。各国纷纷在突发事件的推动下不断出台和完善政府危机管理法制的体系和内容，在行政与法律、效率和公平之间不断找寻协调统一的价值模式。当我们看到法治力量的作用，可能在最容易被人们忽视又在一定目的上必须要求公民容忍的政府危机管理中往往容易被忽视和抛弃，所以在立法和执法实践中逐渐成为被关注的核心领域，民主法治的建设也被学者们引入到政府应急管理的领域，并得到最集中的体现。但以预防为主的危机管理阶段，法治化同样不容忽视。政府危机治理的机制在多大程度上服从法律，甚至可以视为法治发达程度的一块试金石。

## 第一节　国外主要国家政府危机管理的相关法制概述

### 一、主要国家危机管理法制概述

自国家产生以来，涉及国家危机管理领域主要是制度——紧急状态的制度和国家紧急权力包括军事紧急权力、行政紧急权力等就与国家相伴而生，并随着国家历史形态的变化而变化。

第一次世界大战之后，出现了世界性的经济危机，危机管理首先作为企业防卫管理而产生，第二次世界大战之后，危机管理开始从私人部门走向公共部门，由此是否需要建立一个与正常状态相对应的危机状态下维护国家权力的制度，就成了各国在构建和实施宪政过程中普遍关注的一个问题。随着民主宪政在民族国家中的纷纷建立，各国都试图在宪法和法律的架构下，规范调整危机状态，并以法治国家的原则支配紧急状态下的权力，宪法的基本原则，如分权制衡、人权保障的原则也成为解决紧急状态非常法治的制度思想和原则。

1. 英国

英国没有成文法，关于紧急状态的法律规范是由成文法律和习惯法所组成的。历史上最早对国王的这项特权予以限制的法律是1628年的《权力请愿书》，该法律规定了不得因戒严而随意逮捕公民。1679年的《人身保护法》肯定了普通法上的传统的人身保护状制度，但规定可以在“非常时期”中止颁发人身保护状。1688年的《权利法案》进一步限制了国王的紧急权力，规定只有国会才可以是决定宣布戒严的法律，国王只能根据国会的决定发布宣布戒严的“枢密院命”。19世纪规范紧急权力的立法大大增加，其中，也通过立法的方式保护国王，包括在某些情况下中止《人身保护法》的规定。1914年和1915年的《王国保护防卫法》授予政府在战争或内乱时以通过颁布命令条例的方式获得广泛的立法权以及其他委托立法权。1920年和1964年的《紧急状态权力法》建立了应对诸如大罢工的和平时期的紧急状态制度，在1970年至1974年，英国政府曾四次根据该法宣布紧急状态。1939年和1940年的《紧急状态权力防御法》再次授予了政府广泛的委任立法权，以应对第二次世界大战中的各种紧急状态。

英国在危机管理方面有民防与平时危机规划两个组成部分。英国1948年的《民防法》，着意于受到外国势力攻击时的保护平民。所以当时认识的危机主要是外来侵犯。20世纪80年代末以来，政府开始着手和平时期的危机预防和准备，为此政府以危机规划的作用为题相继提出了四个回顾报告，即分别是1989年、1991年、1997年和2001年。每一份报告都对特定时期的危机规划作了总结和提出了新的规划建议。在2001年的规划报告后，随即发生了口蹄疫危机和震惊世界的“911”事件。“911”事件的对英国的影响在于它使英国人注意到了特定种类的危机应对，由此直接促成了一个应急规划的议会咨询案。这个咨询案表明1948年的《民防法》已经不能适应时代的发展需要。1972年的《地方政府法案》授权政府花资金以防止、减轻和消除灾害造成的影响。20世纪80年代英国的灾害频发，作为其结果产生了1986年的《和平时期民防法案》。该法案允许地方政府动用民防资源对和平时期的紧急情况作出反应。1987年的《民防法规》又提高了预算开支。

2. 美国

尽管1775年大陆会议时期的美国国会就有了紧急立法权，制宪之后，美国国会依据宪法行使立法权，但国会的立法仍然需要受司法机关的审查。到20世纪30年代罗斯福新政时期，美国国会出台了大量的关于自然灾害的法案，依据“新政”计划，美国依据总统的行政命令、国会的法令、行政的授权建立起有关的救灾、减灾的联邦机构、部门等。1947年，美国通过《国家安全法》，它赋予美国总统实施战争动员的基本权力以及设立动员领导及组织机构的权力。1950年，美国国会融合了过去的单项法，通过第一部统一的联邦减灾法案，使危机管理工作得到初步统一。20世纪60年代以来，由于频发的自然灾害，联邦应急处理重大灾害过程中和之后，就着手制定通过了一系列的法案。如国会于1968年通过的《国家洪水保险法》、1950年通过的《灾害救助和紧急援助法》，1973年通过的《洪水灾害防御法》等。1974年，美国通过了全面修改的新的《灾害救助和紧急救援法》，将其完善为综合性灾害救济和援助法。在此之后，针对国家紧急状态的需要，1973年，美国通过了《战争授权法》，主要是强化国会的宣战权，并对总统动用军队的权力进行授权和限制。1976年，国会又通过了《国家紧急状态法》，这是应对突发事件影响最大的一般性法律。它对紧急状态的宣布程序、实施过程、终止方式、紧急状态期限和紧急状态的权力做出了详细规定。该法既赋予了总统特别权力，又限制了总统在紧急状态后的权力滥用。即总统宣布国家进入紧急状态后，必须同时或此后颁布的行政命令说明其法律依据。1977年，国会通过了《国家地震灾害减轻法》，1992年，美国联邦应急事务管理总署公布了《联邦应急计划》，它是美国联邦各部门签署的一项协议，其目的是动员联邦资源、协调联邦行动，增强州和地方政府、私人和资源组织在灾害应急方面的努力。“911”事件后，美国进行了深刻的反省，对公共安全中的国土安全开始高度重视，2002年，制定并通过了《国土安全法》以及大量的反恐法律。

3. 德国

德国的危机管理法律是一个以基本法为基础、单行法律为支撑的法制框架。德国的基本法规定，德国的危机状态可以分为四种：战争状态、紧急状态防御状态前的临战状态、内部紧急状态（即内部叛乱、动乱等）和民事紧急状态（包括自然灾害和特别重大的不幸事故）。德国没有一部单行的紧急状态法，但根据基本法制定了一系列单行法律，如《交通保障法》、《铁路保障法》、《食品保障法》、《灾害救助法》等。德国基于冷战时期的呼吁随时可能爆发战争状态的考虑，制定有《民事保护法》主要针对民事保护和灾害救助的管理任务的界定。随着冷战的结束由于防御理念和侧重点发生变化，1997年，修订了《民事保护法》主要体现德国应急管理的基本理念，民众的自我保护成为重要基础，而官方的措施是补充平民的自我保护。德国各州都有相应的民事保护和灾难救助法律。如《巴伐利亚州灾难保护法》、《黑森州公共秩序和安全法》等。①

4. 法国

法国的紧急状态制度包括了狭义的紧急状态制度和戒严制度。1789年，制定的《禁止聚众的戒严法》是世界上第一部成文的戒严法。1849年，颁布的宪法规定了戒严制度的必要性，之后根据宪法的规定颁布了《戒严法》。1955年，颁布了《紧急状态法》，对紧急状态的宣布作了规范。其第1条规定，“在公共秩序遭到严重损害的十分危机的情况下，或当发生性质和严重性都具有社会灾难性质的事件时，可以在本土、阿尔及利亚或海外省的全部或部分

① 王晓君．政府危机管理法律问题研究．济南：山东人民出版社，2008：112-113.

地区宣布紧急状态”。① 法国的戒严和紧急状态制度的适用范围不同：戒严主要适用于对外战争、内战、武装叛乱等发生武装冲突的紧急情况；而紧急状态的适用范围要比戒严宽，除了适用于武装冲突的紧急情况外，更侧重于针对公共秩序遭到严重破坏的恐怖事件以及重大自然灾害和公共灾害性事件。

5. 俄罗斯

前苏联解体后，随着激进的政治和社会变革，俄联邦的立法迫切需要制定关于国家防御、紧急情况和灾难应急管理方面的联邦法律。1992 年，制定了《国家安全法案》，明确了国家应急管理的任务和目标，规定了在应急管理方面的国防和安全系统的基本准则、构成和职能。1994 年，通过了《联邦共同体应急管理法案》，规定了基本准则、任务、职责和组织等方面内容。“到 2001 年，俄罗斯联邦紧急通过了应急救援方面 40 个联邦法律和约 100 个联邦法规。俄罗斯联邦政治实体的立法机构也通过了超 1000 个行政区法案。其中，《俄罗斯民防紧急情况和消除自然灾害后果工作条例》和《俄政府关于建立国家预防和消除紧急情况的统一国家体系条例，就安全生产应急管理作了详细规定。”② 为保证突发事件后的补偿和善后工作，俄罗斯颁布了相应有关保险法律，如 1991 年颁布的《俄联邦公民医疗保险法》和 1992 年颁布的《保险法》（1999 年修正），并建立起储备资金和补偿金，他们把应急管理的重点放置于善后安置补偿上，这种危机管理后期制度的设计是它的一大特色。

6. 日本

日本从 20 世纪 90 年代以来，在原来的综合防灾管理体系上，建立了综合性的国家危机管理体系。危机管理成为国家和地方行政提供公共服务和判断政绩的一个重要内容，形成了“建设国民安心、安全、安定的社会”的政治目标和行政的基本理念。日本危

① 郭春明．紧急状态法律制度研究．北京：中国检察出版社，2004：54.

② 黄典剑，等．发达国家应急管理法制研究．城市与减灾，2007（6）.

机管理体系经历了从单灾种的防灾管理到综合防灾管理继而到国家危机管理的过程。20 世纪 50 年代，制定了《国土综合开发法》和其他防洪、防震等单项灾种的法律和规划。1961 年，制定了《灾害对策基本法》标志着防灾体制向综合防灾转变。1997 年，各种灾害事件又促使日本加强了对危机管理的高度认识，并推动体制改革，修改了《灾害对策基本法》。1996 年 2 月，日本成立了“内阁官房危机管理小组”，在紧急时期配合官房长官采取政策。1998 年 4 月，内阁官房里设立“内阁危机管理监”其职责在突发事件发生时期，迅速与有关部委联络进行综合协调，扶助总理大臣和官房长官采取相应对策。在平常站在内阁的立场检查和改善各个部委的危机管理体制。

## 二、国外主要国家的政府危机管理法制的评价

国外危机管理法律制度总体上经历了一个从无到有不断发展的过程，随着时代的进步，尤其是在经历了 21 世纪美国的“911”事件和亚洲国家的 SARS 这样影响全球的突发公共事件以后，人们的危机意识空前的提高，各国的危机管理法律呈现加速发展的趋势。从危机管理的领域来说，经历了由一般灾害救助法到专项灾害应对法律，再到综合的危机管理法律的发展。尽管突发公共事件的表现形态各不相同，甚至千差万别，但发达国家正在走上危机管理程序化、模式化、过程化之路，危机管理法律也在力求保证权力运行高效有序，同时，兼顾做到危机管理权力的合理性和正当性，以防范对公民权利的侵害。概括而言，国外的危机管理法律制度呈现出以下趋势：

### （一）危机管理法律体系逐渐成熟完备

统一的紧急状态法或统一的危机管理法是公共危机法制领域中的基本法，统一的紧急状态法或危机管理法能够有一个统一的指挥机制和程序规范，既可以加强应对紧急事件的效率，又可以使公民权利保障有一个底线，在受到紧急权力过度侵害时可以获得有效的法律救济。从世界范围来看，多数国家都有一部统一的紧急状态或危机管理法律，这些法律通常规定宣布紧急状态权力的行使主体、

程序、对公民权利的限制以及权力救济等内容。

**（二）危机管理组织体系较为健全**

从各国情况来看，许多国家的公共危机管理组织机构较为健全，大多设置专门的政府机构作为危机管理体系的核心和骨干，主要的趋势有：第一，行政首长担任最高领导，全面领导国家的危机管理工作。第二，危机管理委员会或联席会议辅助决策。第三，常设的危机管理机构处理日常事务，常设的危机管理机构的工作一般可分为两类：一是负责日常的危机管理工作；二是紧急状态下的具体协调工作。第四，地方政府为操作主体，实施具体的危机管理人，强调多方协作。

**（三）政府应急管理行为程序走向规范化，强化国会的参与和监督**

公共危机管理中的政府应急管理行为程序不断走向规范化、制度化，以利于保证紧急事态处理的正当性和高效性，是世界各国公共应急法制未来的一个公共发展趋势。从各国危机管理实践中可以看到，各国的危机管理活动都是以相应的法律规范作为依据，政府机构所指定的政策、采取的措施都是以议会的立法作为根据。国会的监督主要表现为：决定在短期内的紧急状态或授权行政机关发布紧急命令，国会能够以决议终止紧急状态或废止授权命令。

**（四）行政机关被赋予的紧急权力不断集中且强度加大**

各种突发事件严重程度不断增加，对行政机关来说采取何种程度的措施应对突发事件都有无从预料，因此国会只能打包授权给行政机关集中而强大的权力，否则权力授予自身局限，本身使得授权不能实现应对危机的作用而丧失意义。因此，国会一旦宣布或追认紧急状态，行政机关根据授权的规定就享有强大而集中的权力。

**（五）危机管理系统化，工作重心前移**

人们在不断的突发事件的应对和经验总结中看到，在公共危机管理中，建立快速、周密的预防和预警机制更加迫切和重要。危机状态的预防比危机事件的应对更富有意义，它可以避免社会财富在爆发的危机中毁灭巨大，有效地保障社会秩序的稳定。因此，各国从注重应急处理逐渐转向对危机爆发前的控制，采取措施避免危机的形成和爆发，化解危机，有效地预防和避免危机事件的发生。

### （六）政府危机治理中社会力量广泛参与

在危机管理领域，由于政府在资源掌握、人员结构、组织体系等方面不可避免地存在着局限性，因此不管是在危机预警、危机准备阶段，还是在危机发生后的灾难救助阶段，都应当信任、借助、激励民间力量的加入，发挥社会的作用。从各国情况来看，无不重视社会力量的参与。

### （七）行政法在规范行政紧急权力中的地位提高

随着社会的发展，科技、工业的进步及现代化的加速为社会带来了更多的风险和危机，社会面临问题从传统安全转向非传统安全，严峻的民族存亡的历史主题转变为国内社会问题的应对，如灾害性的生产安全事故，经济类的金融风暴等，各种突发事件都是轻度状态或中度状态，而多发的事件类型属于基本可控的轻度状态，轻度状态时国家的紧急权力，即行政紧急权力专属于政府，其效力在于强化国家行政权力，依法适量的克减、限制或中止公民的少部分的权利。因为社会矛盾处理上行政权力应遵循的原则是，保证突发公共事件的性质及其程度与国家紧急权力的力度相吻合，并符合正当性的比例。对轻度的突发事件，一般而言，宪法的授权具有概括性、模糊性的特点，不适应规范政府在应付常发性的轻度突发事件的各类行为，行政法作为具体化的宪法，以部门法的形式来规范行政紧急权力具有相恰性，以法律和行政法规为主体的行政法不断成为政府危机管理中的制度规范的主导力量。

## 第二节　我国与社会危机防治行政有关的法律概述

“从某种程度来说，在一个相对稳定的政治体制内，现行的制度选择往往是历史的延续。”① 政府危机管理是 20 世纪 60 年代在西方兴起并于 20 世纪 90 年代逐渐引入到我国，维稳行政更是

① 王天星．行政紧急强制制度研究．北京：知识产权出版社，2007：39.

2000年以后我国政府在面对危机治理中而提出的新的理念和管理模式，有关社会危机防治行政的法制从内容上可以追溯到政府危机管理的法制发展上，与政府危机管理法制内容相类似的制度及法制在中国宪政国家建立以来是以“紧急状态”或“戒严之制”的形式出现的。

## 一、紧急状态与戒严法

自立宪以来的近200年中，中国历部宪法和重要宪法性文件都十分重视紧急状态及其紧急权力制度。民国时期，有关国家的紧急权力行使是在戒严的基础上实施的。1912年3月1日，武昌起义之后建立的中华民国，中国近代的第一部宪法《中华民国临时约法》第36条规定，“临时大总统得依法律宣告戒严”。这是中国历史上最早的政府危机管理方面的法律规范，以议会的权力授权政府对戒严的宣告和结束，并于1912年12月15日通过了《中华民国戒严法》①。该法将戒严地域分为警备地域和接战地域。在警备地域内，与军事有关的地方行政和司法事务，其管辖权移至该地的司令官。在接战地域内，地方行政与司法事务的管理权移至该地的司令官。② 1912年的《戒严法》是中国历史上第一部戒严法典，它标志着中国戒严制度进入到法制的创始阶段。戒严法在内容上与法国的围困之制相近，赋予当时的临时大总统无上的紧急权力。各地军事首领都被赋予宣告临时戒严的权力，这也是造成民国时期军阀割据和混战的一个原因。如1911年11月，《中华民国鄂州临时约法》公布实施。其中规定，“鄂州政府，以都督及其任命政务委员，与议会、法司构成之”。都督是行政机关，于紧急必要时，得以政务委员全体之签署，发布可代法律之律令，但事后仍须提出议会归其承诺，依法律宣告戒严。该约法同时规定：人民之权利，于

① 戚建刚．法治国家架构下的行政紧急权力．北京：北京大学出版社，2005：100.

② 王天星．行政紧急强制制度研究．北京：知识产权出版社，2007：41.

有认为增进公益、维护治安必要，或非常紧急必要时，得于法律限制之。之后江苏、浙江、江西等省也都纷纷公布临时约法，都规定了紧急状态、戒严等紧急权力措施。虽然这些规定在形式上主张以议会来监督戒严的行使，但这种监督没有丝毫的严肃性，它们加剧了国家的混乱，严厉限制甚至剥夺了人民的权利和自由。这些紧急状态及戒严权力，既是国家分裂、军阀混战的重要表现，也是分裂国家的重要手段。①

此后，中国政权频繁更替，动荡不已，但戒严都成为各个政府施政的重要组成部分。1914 年的《中华民国约法》、1925 年的《中华民国宪法》都规定了戒严制度。1926 年，广东革命政府制定了《戒严条例》。1934 年，蒋介石在 1912 年的《戒严法》和 1926 年的《戒严条例》的基础上制定了《戒严法》。这部《戒严法》在中国实施的时间最长，至今仍被我国台湾地区视为所谓的“法律”。1946 年，《中华民国宪法》规定：总统依法宣布戒严，但须经过立法院之通过或追认。立法院认为必要时，得决议移情总统解严。（第 39 条）当国家遇有天灾或灾害、病疫，或国家财政经济上有重大变故，须为急速处分时，总统于立法院休会期间，得经行政院会议之决议，依紧急命令法，发布紧急命令，为必要之处置，但须于发布命令后一个月提交立法院追认。如当立法院不同意时，该紧急命令立即失效。（第 43 条）② 可以看出这部宪法在立法上有一定的先进性，既赋予总统强大的行政紧急权力，又对这种权力做到了制度化的限制。1948 年 4 月 18 日，国大又通过了《动员戡乱时期临时条款》，由国民政府公布，其目的是“行宪政府可以戡乱，戡乱政府可以行宪”。原提案人武汉大学校长王世杰认为，“现在政府有两大任务：一为开始宪政，二为动员戡乱。但在宪法里，对于政府在变乱时期的权力，限制綦严，如果没有一个适当办法补救，则此次国大闭会以后，政府实行宪政，必会有两种结果：

① 刘小冰．国家紧急权力制度研究．北京：法律出版社，2008：152-153.

② 刘小冰．国家紧急权力制度研究．北京：法律出版社，2008：153.

一为政府守宪守法，但不能应付时机覆平叛乱；二为政府应付戡乱需要，藐视宪法或曲解宪法条文，使我们数十年流血革命付出了很大牺牲而制定的宪法，变为具文。我们提这个案，以沉重的情绪，要使国民大会休会以后，真正能行宪而且能戡乱”。①自宪政制度蹒跚开行以来，不同时期的宪法及宪法性文件都将紧急状态和国家紧急权力制度作为一项重要的宪法制度，中国历史上一时间，仿佛成为了戒严和紧急状态制度的试验场。

中华人民共和国成立初期，与戒严之制紧密相连的紧急权力运行是以军事管制为特征的军事统治。中华人民共和国建立后的四年间，我国运用军事管制体制来巩固新生的人民政权，镇压反革命活动，维护社会秩序。主要的宪法、法律和政策有《政治协商会议共同纲领》、《大行政区人民政府委员会组织通则》、《中央人民政府关于改变大行政区人民政府与任务的决定》，等等。它们从不同方面规定了军事管制的任务、形式、时间和解除条件等内容。1954年《宪法》从形式上来说，第一次以根本法的形式规定了戒严制度，但之后并没有以单行法律具体化，在现实中也没有实施。1975年《宪法》取消了戒严制度，1966 年，“文革”开始后，由于法律虚无主义盛行，绝对的个人权威至上，戒严制度实际是名存实亡。

改革开放以来，我国制定了 1982 年《宪法》，开始了中国社会主义法律体系的建设，这个进程正在发展之中，我国的与政府危机管理相连的国家紧急权力制度开始得到恢复和发展。1982 年《宪法》再次确定戒严是有关国家机关所拥有的职权。在全国人大常委会决定戒严及戒严令的发布上与 1954 年《戒严法》相同，同时，又发展了 1954 年的《宪法》关于戒严的规定，即将戒严决定权交由全国人大常委会和国务院分别行使。1982 年《宪法》成为实施戒严措施的直接法律依据。将宣布戒严的权力扩展到国务院，并且在过去的政府面对重大社会危机事件中，得到了体现和运用，

---

① 林纪东. 中华民国宪法逐条释义（第 3 版）（第四册）. 台湾：三民书局，1986：400.

具体事件即为《三八戒严》① 和"五二〇戒严"。② 这两次戒严是中华人民共和国成立至今国家正式宣布的戒严，依据是 2004 年宪法修正案通过之前的《宪法》第 89 条第 16 项，国务院有权决定省、自治区直辖市的范围内部分地区的戒严。1996 年 3 月 1 日，全国人大常委会通过了《中华人民共和国戒严法》，该法明确规定了实施戒严的条件、实施戒严的措施、戒严期间公民基本权利的限制、戒严人员的职责等问题。这部法律的戒严制度军事色彩较弱，主要是一种行政紧急权力的规范。与战争和戒严相联系的法律规定，还体现在 1997 年 3 月 14 日的第八届全国人民代表大会第五次会议通过的《中华人民共和国国防法》，其中的第 8 章即为"国防动员和战争状态"。2004 年的宪法修正案将"戒严"修改为"进入紧急状态"，这个修宪的内容主要是在 2003 年中国遭受非典冲击后，为了应对发生几率不断增长的自然灾害、安全事故灾害、公共卫生事件以及其他社会安全突发事件所采取的立法上的应对，并做到能与国际通行做法相一致。2004 年，我国的"紧急状态"入宪，弥补了原来宪法所规定的戒严制度对国家机关行使紧急权力规范不到位的立法缺陷，比较全面地将国家机关行使国家权力的行为纳入到宪法和法律调整的范围内。戒严法适用的范围过于狭小，紧急状态相对较为宽泛，戒严法适用于发生严重危及国家统一、安全或社会公共安全的动乱、暴乱或严重骚乱，而排除对严重自然灾害下的国家行政紧急权力的适用。紧急状态模式则是一种涵摄模式，即在宪法和法律上规定紧急状态可以涵摄戒严。紧急状态既可以用于严重社会原因引起的非常情况，也可以用于严重自然原因引起的非常情况。在紧急状态下，"戒严"只不过是实施"紧急状态"的一种

---

① 1989 年 3 月 7 日，由国务院总理李鹏签署的《中华人民共和国关于在西藏自治区拉萨市实行戒严的命令》，就规定，鉴于少数分裂主义分子不断在西藏自治区拉萨市制造骚乱，严重危害社会安定，为了维护社会秩序，保障公民人身、财产的安全、保护公共财产不受侵犯，根据《宪法》第 89 条第 16 项的规定，国务院决定，自 1989 年 3 月 8 日零时起在拉萨市实行戒严，由西藏自治区人民政府组织实施，并根据市局需要采取具体措施。

② 1989 年 5 月 20 日为制止动乱局面在北京某些地区实施的戒严。

主要手段，这正是紧急状态制度得以广泛使用的客观基础。在紧急状态下，国家可以按照紧急状态的严重程度所处于的不同阶段（轻度、中度或重度）选择不同的手段，而并非时时刻刻像戒严一样体现出国家十足的暴力。所以宪法以“紧急状态”取代“戒严”制度有助于我国建立统一的紧急状态制度，并构筑统一的国家应对对各类突发事件的管理和救助的法律体系。而且在面对我国未完成的国家统一大业来说，在国家必须面对战争的情况下，紧急状态也可以在宣战前创造缓冲期。所以无论是从世界各国的经验来看，还是我国自身权力制度的完善，紧急状态都是一种更为涵摄、更为实用的制度安排。与之相适应，我国当前应当制定《紧急状态法》，使得有关国家紧急权力制度既有力、实用，又能够有充分的宪政精神和权力规范，让这种国家属性上最易脱缰的权力和制度从充满暴力、恣意向正当性和从容性道路上发展。

未来要制定的《紧急状态法》在概念外延的界定上，从“世界各国宪法和法律对紧急状态概念外延的规定来看，狭义的只适用于特定紧急情况的紧急状态概念并不符合国际人权法的要求，因为从人权国际保护的立场来看，所有的人权克减措施都应归入紧急状态的范畴，受到相应的国际监督”。① 即紧急状态的外延界定上应当按照广义设定，即将各种突发事件应急法制调整的重大自然灾害、重大事故、社会骚乱、重大政治动乱和暴乱、重大恐怖性事件等都应当纳入到紧急状态的适用范围，只是这些突发事件导致的公共危机及危害后果的严重程度是否达到需要宣布进入紧急状态的判断标准上要区别考量。即将全部突发事件都纳入到紧急法规制的范围，唯一例外是将战争状态除外。2004 年修改的我国宪法将紧急状态与战争状态区别对待，采取了二者并列的立法模式。我国的《香港特别行政区基本法》、《澳门特别行政区基本法》和《香港特别行政区驻军法》也明确将紧急状态与战争状态并列。因此，我

① 郭春明．论我国紧急状态法律制度的完善//中国人民大学宪法与行政法治研究中心．宪政与宪政法治研究——许崇德教授执教五十年祝贺文集．北京：中国人民大学出版社，2003：192.

国紧急状态的调整范围包括了公共突发事件应急法制中一切突发事件，战争状态除外，并且是其达到了非常严重程度的情形。

## 二、应急管理法

### （一）基本法律——《突发事件应对法》

按照当前学者的研究，紧急状态按照严重程度的不同从轻到重依次为轻度紧急状态、中度紧急状态和重度紧急状态。① 政府危机管理主要限定于政府基本可控的轻度和中度紧急状态。2007 年 8 月 30 日，全国人大常委会针对政府危机管理的现实需求出台了《突发事件应对法》，并成为政府危机管理中应付突发事件的基本法律。第十届全国人大二次会议审议并通过的第四个宪法修正案将紧急状态的决定、宣布载入了宪法。2004 年 2 月，十届全国人大常委会七次会议将紧急状态法正式列入本年度立法计划。② 在起草过程中，经过深入调研和广泛征求意见，各方面普遍认为，当前应当抓紧制定的是《突发事件应对法》而不是《紧急状态法》。主要理由是：（1）制定一部应对各类突发事件的法律，以解决我国在突发事件应对工作中普遍存在的突出问题，是当前应急管理的一项紧迫任务，也是完善应急法律体系、建设公共应急法治的首要目标。（2）制定一部统一的紧急状态法还没有现实紧迫性。实行紧急状态只是在处置特别重大突发事件时，才有可能采取的一种特别手段，实践中很少适用。即使出现需要实行紧急状态的情况，也完全可以根据宪法和戒严法等法律作出决定。（3）制定突发事件应对法，对突发事件的预防、应急准备、应急处置等作出规定，有利于从制度上预防突发事件的发生，或者减少突发事件造成的损害，防止一般的突发事件演变为需要实行紧急状态予以处置的特别严重

① 刘小冰．国家紧急权力制度研究．北京：法律出版社，2008：112.

② 在紧急状态纳入立法规划后，即以制定《紧急状态法》为立法目标，组织力量制定草案，由中国人民大学法学院、清华大学公共管理学院、上海市政府法制办分别提供了三份法律草案，以及最后由国务院法制办起草的官方草案，都是以对紧急权力的授予、控制和平衡为立法主线的。

事件。因此，2005 年，本法法名最终确定为《突发事件应对法》。①

突发事件应对法与紧急状态法的关系在于，从广义上看，突发事件应对法作为非常法制，是我国法律体系的一个重要组成部分，是一个以突发事件应对为调整对象，由各层次法律规范构成的子部门，包括宪法规定的紧急状态条款，未来需制定的《紧急状态法》、《国防动员法》、《反恐怖法》，还包括与《突发事件应对法》相配套的各种单行应急救灾救助的法律，国务院及其部门以及地方人大和政府制定的应急法规、规章。从狭义上看，突发事件应对法是指调整重度紧急状态以外的政府应急行政体系应对突发事件的法律、法规和规章，这也是当前通说所指的突发事件应对法调整的层面。虽然突发事件应对法与针对日常性、事务性的常态法制不同，突发事件应对法和紧急状态法都以突发性危机事件为解决和关注焦点，属于非常法制的范畴，但二者却是属于不同层次的非常法制②，区别在于：一是突发事件应对法是行政法部门的法律规范，主要调整国家行政机关与行政相对人在突发事件中的权力（权利）义务关系，根据突发事件发生演变的规律，行政主体在不同阶段采取不同的行政应急措施，以维护社会秩序和恢复正常的行政管理秩序。而紧急状态法是指宪法上的紧急状态条款以及依据这些条款制定的宪法性法律，主要调整国家权力机关、国家主席、行政机关、军事机关等国家机关与公民、社会组织在紧急状态下的权力义务关系，目标在于明确紧急状态的决定、宣布、实施、终结等程序以及在各阶段的实体权利义务配置。二是突发事件应对法适用于广义紧急状态下的轻度或中度紧急状态，即通过应急行政可控的突发事件，而紧急状态法则适用于突发事件的严重程度达到中度以上和重度紧急状态的情形，即采用《突发事件应对法》或其他应急行政法律、法规和措施不能消除或有效控制，减轻严重的社会危害，需

① 马怀德．应急管理法治化研究．北京：法律出版社，2010：25.

② 李岳德，张禹．《突发事件应对法》立法的若干问题．行政法学研究，2007（4）．

要进入紧急状态情形，它包括在全国或局部地区的戒严、军事管制、动员和击机状态①。

**（二）各个灾害领域的应急法律**

1. 自然灾害应急法律

针对我国自然灾害比较频发和造成损害较大的领域，相应的应急法制的类型主要有防治地震和地质灾害应急法律（包括《国家地震应急预案》、《自然灾害救助应急预案》、《地震监测管理条例》、《地质灾害防治条例》、《地质资料管理条例》、《地震安全性评价管理条例》、《地震行政法制监督规定》、《地震执法规定》、《地震行政规章制定规章程序》、《地震行政复议规定》等）；防洪应急法律（包括《中华人民共和国防洪法》、《中华人民共和国防汛条例》、《防汛抗旱应急预案》等）；气象灾害类应急法律（包括《中华人民共和国气象法》、《港口大型机械防阵风防台风管理规定》等）；环境灾害应急法律（包括《中华人民共和国环境保护法》、《中华人民共和国海洋环境保护法》、《中华人民共和国大气污染防治法》等）。

2. 事故灾害应急法律

由于事故的原因和种类比较多，大多数的立法是针对具体的事故。具体的类型主要有交通事故法律（包括《中华人民共和国道路交通安全法》、《道路交通安全法实施条例》、《铁路交通事故应急救援和调查处理条例》等）；核事故法律（包括《核电厂核事故应急管理条例》、《核事故辐射影响越境应急管理规定》、《核事故医学应急管理规定》、《核电厂核事故应急报告制度》等）；公共卫生事故法律（包括《中华人民共和国传染病防治法》、《中华人民共和国传染病防治法实施办法》、《突发公共卫生事件应急条例》、

---

① 在法理上，击落被劫持飞机是一种正在发展和完善中的国家紧急权力。以杀死多人为代价，其社会影响强烈，不可能仅仅是一种轻度的国家紧急权力的行使，所以随着时间发展，击机状态将会成为与戒严和紧急状态处于同一层次的国家紧急状态即中度紧急状态。刘小冰．国家紧急权力制度研究．北京：法律出版社，2008：163.

《传染病非典型肺炎防治管理办法》、《国家救灾防病于突发公共卫生事件信息报告管理规范》、《艾滋病检测管理的若干规定》、《国内交通卫生检疫条例》、《结核病防治管理办法》、《性病防治管理办法》、《医疗事故管理条例》、《食品卫生法》、《尘肺病防治条例》等）；火灾事故法律（包括《消防法》、《森林法》、《草原防火条例》、《森林防火条例》等）；生产安全事故法律（包括《安全生产法》、《矿山安全法》、《国务院关于特大安全事故行政责任追究规定》等。

据统计，我国目前已经制定涉及突发事件应对的法律 35 件、行政法规 37 件，部门规章 55 件，有关文件 111 件。国务院和地方人民政府制定了有关自然灾害、事故灾害、公共卫生事件和社会安全事件的应急预案（其中，1 部国家总体应急预案，18 个国家专项应急预案、31 个省份的总体应急预案①，突发事件应急法制体系初步建立。②

## 三、社会危机防治行政的法律规范分析

“严格区分常规行政所主导的防范机制，以及由紧急行政所主导的应急处理机制，这基本上是各国立法的一个通例，我国的《传染病防治法》、《消防法》、《防震减灾法》等也大体采用这种模式。”③ 上文所述的不同领域的公共危机防治法中，大量规定着危机预防的内容，包括预防、预警和应急措施的准备方面，应急法制规范中在立法上采取的立法例中都包括防范机制和应急处理机制。2007 年制定的危机管理的基本法——《突发事件应对法》，在预防为主、预防与应急相结合的法律原则指导下，立法体例上就突出表现出对预防的重视，在阶段上分为预防与应急准备、监测与预警、应急处置、事后恢复重建四个环节。在章节上用两章完整的内

---

① 关于专项应急预案共有 26 个，即还有 8 个尚未制定。林鸿潮．公共应急管理机制的法治化．武汉：华中科技大学出版社，2009：23.

② 莫纪宏．要加强应急法制的统一性．检察日报，2008-02-01.

③ 宋功德．行政法的均衡之约．北京：北京大学出版社，2004：498.

容对危机防治进行的重点规定，即第二章的预防与应急准备和第三章的监测和预警，在《突发事件法》整个体系仅七章 70 条的内容中，有关预防的法律条文就达到 40 多条。所以，在这部针对突发事件管理的基本法律中，对危机预防的重视也体现了当前危机治理中的危机防控尽力前移、掌控主动地位的理念。这部法律将公共危机事件划分为四类，即自然灾害事件、事故灾害事件、公共卫生事件、社会安全事件。对于前三类非人为故意的事件预防来说，突发事件应对法通过划分和界定四个预警等级，来实现危机预防的重视程度和危机发展的危害等级。但是对于社会安全事件来说，由于社会危机的隐蔽性和突发性，对社会危机预防需要采取适宜其性质的方式单独对待，如第 21 条规定：县级人民政府及其有关部门、乡级人民政府、街道办事处、居民委员会、村民委员会应当及时调解处理可能引发社会安全事件的矛盾纠纷。第 38 条规定：县级以上人民政府及其有关部门、专业机构应当通过多种途径收集突发事件信息。县级人民政府应当在居民委员会、村民委员会和有关单位建立专职或者兼职信息报告员制度。获悉突发事件信息的公民、法人或者其他组织，应当立即向所在地人民政府、有关主管部门或者指定的专业机构报告。

从现有的政府危机管理法律来看，虽然立法在规范内容上，对危机预防给予了大量的重视，预防性规范占据了一定比重，但这些预防措施的内容却是紧密围绕着突发事件发生的应急准备状态作出的，最主要表现为危机前的预警和与之相配套政府部门发布的各类应急预案。危机前预警，有助于避免、减少或延缓危机的发生及其造成的不良影响。从制度上来讲，危机前预警的内容，包括技术标准的制定、执行以及危机信息的监测和预报。“我国许多分散的应急法律规范对此虽有规定，但一直未把危机的前期控制纳入到政府长远的战略目标、规划与日常管理中，因此对危机的科学、定量、实时的诊断监测仍显不足，以至危机发生后仓促应对，过于激动。"①"法律规范和实际操作两个层面均存在重视应急处置权责、忽视危机规划（预防）权责，如《防洪法》对防洪抗汛中各级主管部门的紧急处置权的范围、内容、措施，与相关部门的关系均规定的明确、具体，操作性强，但对于引发洪水的诱因的防范却没有涉及。"② 由此可以看出，虽然各种统一的或单行的应急法律对危机的预防也有一定的规范，但由于人们长期以来立法和实践中对危机预防的忽视，所以对于政府危机管理中社会危机防治行政仍然缺乏理念上的研究和实践中的指导和操作。虽然危机预防在立法中的重视程度和规范内容差强人意，但应急法制中的有关预防、应急准备、监测、预警、危机规划等内容，是围绕突发事件而展开的活动，总体上是应急行政中的组成部分，与我们探讨的政府危机管理下危机预防更加前移的社会危机防治行政所涵盖的预防、排查、化解社会危机和矛盾在领域和范围上虽有一定的交叉，但仍有很大的区别，即社会危机防治行政侧重的领域是比应急行政所围绕的突发事件预防、预警更前端的危机监测、排查、化解的领域。

虽然笼统地说，政府防治机制应该对所有被纳入防治视野的公共危机都积极防范、全力应对，但对于不同类型的突发公共事件而言，政府预防对于降低发生概率的影响程度不同、预防机制与应急机制之间的可替代性不同，预防机制的成本—收益比例不同等原因，决定了相关立法不仅要严格区别危机防治机制与应急处理机制，而且在分配政府资源与社会资源时，或侧重于预防，如火灾事故；或侧重应急处理，如地震、洪水事故；对政府危机治理机制在资源配置上，通过立法配置行政权与公民权利时，并非千篇一律，而要具体问题具体对待。③

我国政府危机管理机构，尤其是突发事件应对管理机构是在各

① 韩大元，莫于川．应急法制论——突发事件应对机制的法律问题研究．北京：法律出版社，2005：12.

② 王晓君．政府危机管理法律问题研究．济南：山东人民出版社，2008：194.

③ 宋功德．行政法的均衡之约．北京：北京大学出版社，2004：498.

类危机事件的催促下在短期内迅速建立起来的，主要是政府自上而下行政命令的结果。依靠行政命令建立行政机构的做法固然有一定的现实需要的合理性，但毕竟是暂时现象和权宜之计，从长远看，行政机构的合理建构和科学运行必须依靠完善的宪法和组织法的配置，实现组织机构的法治化。目前，我国政府突发事件管理机构的法制化程度不高，针对这些机构所发的文件，上至国务院的意见、通知，下至区县政府的决定、通知等基本上都属于"其他规范性文件"，除国务院和省级政府、较大的市的政府通过规章制定程序产生的规范性文件，具有一定的法律效力外，规范的效力范围主要是内部的一种管理效力，不仅法律效力的等级低，而且有些也缺乏一定法律效力。这种情形直接导致了对由这些文件产生机构的行政主体资格的质疑，更不利于行政法律责任的追究和承担。因为根据行政法学原理，判断一个组织是行政主体的资格要具备三个条件：即是否依据法律、法规明确授予的行政权力，是否能以自己的名义行使行政权力，是否能对立承担行政行为产生的法律后果。以这样的标准衡量我国的各级各类应急行政和危机防治行政的临时性和专业性机构或常态性机构时，不免就会产生一定的疑虑，这些政府应急委员会、应急管理办公室、各类专项突发事件管理机构、维稳办公室、基层综治维稳中心是否有法律法规的明确授权？这些机构能否以自己的名义实施行政行为，如果不能，则又是以哪个主体的名义行使权力？如果这些机构在实施管理活动中侵犯了公民、法人和其他组织的合法权益时，则能否成为行政复议中的被申请人和行政诉讼的被告？这样引发的一系列的行政法问题，都需要有一个系统的解释和安排，这就暴露了在政府危机管理中，无论应急行政还是危机防治行政，都存在法治化程度需要提高的现实。①

当前社会危机防治行政领域中主要的政府工作部门就是我国的信访机构。我国的国家信访政府机构——国家信访局，是在2000年，由中共中央办公厅信访局和国务院办公厅信访局合二为一，并正式更名为国家信访局。由此，社会矛盾的接待和化解工作被设置

---

① 马怀德．应急管理法治化研究．北京：法律出版社，2010：196.

为政府行政工作的主要内容之一，即信访工作是从党政和行政的日常行政机构的工作中专门分化出来被正式地纳入到国家行政体系之中。有关国家信访的法律规范，具体体现为《信访条例》（1995 年颁布，2005 年修改），有关信访的行政法规及其有关规定自 1982 年以来共有 58 项。这可以说是社会危机防治行政中最主要的法律规范依据之一。

当社会组织履行和实施社会危机防治职能时，就成为作为社会危机防治行政的社会主体，相应的化解社会矛盾的解纷机制主要是人民调解委员会。只有在法律、法规有明确授权的情况下，使社会组织成为了授权行政主体时，才可以成为行政调解的主体；否则，调解的机制则在性质上为人民调解。对于人民调解制度，立法上于 2010 年 8 月出台了《人民调解法》。这部法律的出台是为回应我国进入矛盾凸显的社会转型期的现实，中央大力提倡在全国范围内，尤其在基层构建“大调解”平台，弥补传统的纠纷解决方式由于彼此缺乏信息交流，条块分割，各自为政，不能形成有机的统一整体，解决多样化和复杂化的社会纠纷往往心有余而力不足的缺陷而打造的新的公共治理机制。在社会危机防治行政中，由于对于矛盾纠纷的排查、预防和化解工作中，最根本的目的在于对已有的矛盾和纠纷的调解和清除，所以，调解行为成为社会危机防治行政中的重要内容。对于调解的规范性规定，该法是对人民调解制度的系统、完善和权威的规定，该法成为社会组织防治危机调解纠纷时所应当遵循的规范性法律文件。

## 第三节　社会危机防治行政中规范性非法律性文件分析

### 一、软法在社会危机防治行政中的表现和意义

#### （一）何谓“软法”

软法一词的出现得益于国际法学的创造，该词的出现对分析国家条约、国际协议、国际宣言等相关的国际规范提供了及时而有力

的分析工具。国际交往纷繁复杂，主体多样、目的多种，因而国家法中的软法外延是非常广泛的。“很显然软法涵括了大量的规范性文件，如协议、宣言、换文、建议、决议、指南、通知和表态——这些列举表明软法是无穷无尽的。”① 在国际法领域如果说软法是退而求其次的选择的话，那么软法的国内法领域的运用则更多的是有意识选择的结果。“软法是一个概括性的词语，被用于指称许多法现象，这些法现象有一个公共特征，就是作为一种事实上存在的可以约束人们行动的行为规则，而这些行为规则的实施总体上不直接依赖于国家强制力的保障。即软法是原则上没有法律约束力但有实际效力的行为规则。”②

软法的特征可以概括为以下几方面：第一，从主体看，软法规则的形成主体具有多样性，既可能是国家机关、公法人，也可能是社会自治组织。但后者形成的规则需要得到某种形式直接或间接的国家认可。第二，从形式上看，软法的表现形式多样，既可能是以文本形式存在，也可能是以某些具有规范作用的惯例的形式存在。第三，从内容上看，软法一般不规定罚则，通常不具有硬法那样的强制性制裁的法律后果，而更多的是自律和激励性的规定。第四，从过程上看，开放协商、互动回应机制是软法形成和实施不可或缺的重要环节。第五，从效力上看，硬法的实施不需要行为者将规范的要求内部化，行为者是否将其要求内部化与其实施机制本身无关，而是和实效有关；软法的实施则需要行为者将规范的要求内部化，违反软法规范通常不能起诉到法院或受到其他形式的国家强制。但这并不说明软法就没有约束力，而是说与硬法相比，其约束力的实现是凭借制度与舆论导向、文化传统和道德规范等保障，需要依靠人们内心的自律和外在社会舆论的监督。③

软法与硬法的共通之处在于：其一，二者都必须遵循宪法的框

① 肖承锋．国际制度的有效性：一种法规范的视角．http://www.siis.org.cn/gjwtlt/2004/04winter/siaochenfeng.htm，2010-10-05.

② 罗豪才，等．软法与公共治理．北京：北京大学出版社，2006：6.

③ 罗豪才，等．软法与公共治理．北京：北京大学出版社，2006：6-7.

架。既然都是法，都是基本的社会控制体系的组成部分，都要尊重和体现宪法的精神，在我国尤其要坚持党的领导、人民主权与依法治国的有机统一原则。其二，二者都要遵循共同的法律价值和法治原则，诸如公开、公平、公正、正当程序、基本人权保障等所有法律规范都应当遵循原则。其三，二者目标一致。软法和硬法都是为了促进社会秩序朝着有序的方向发展，都是为了维护和拓展公民自由、规范和监督公共权力，致力于实现法治目标，建设以人为本的和谐社会。

软法的功能有二：其一，软法作为硬法的补充，在现代社会关系高度复杂、变动的态势下，硬法覆盖的广度和深度都是有限的，软法能对硬法予以有益的补充。大体而言，有几种情形：一是软法作为硬法的先行法，在硬法空缺或制定硬法条件不成熟时，软法通常可以像制定出原则性的规定一样，进行试验，经过反复试错与协商，一旦条件成熟，这些软法的规定通常称为制定硬法的重要和灵活的运作；二是在硬法条文原则抽象的情况下，软法可以将硬法具体化，从而使硬法更顺畅；三是软法填补硬法留下的空白。对于硬法中需要时常顺应当今任何国家都是由软法与硬法共同发挥调节社会的功能实际状况作出调整的部分，立法者可以有意地将其留给软法作出规定，从而保持硬法的稳定性。

其二，二者优势互补，协同发挥治理功效，而不是单独依靠硬法。软硬兼施、刚柔并济的混合法机制，正是调整当今复杂的社会关系所必需的，它抛弃了以往的命令—强制模式和单线思维方式，更加注重协商与民主、对话与互动。这种转变赋予了法律的生机和活力，法律不再是死的文本，而是活的行为规则。软法与硬法混合适用、充分互动、既能够发挥二者的优势，又能够弥补二者的缺陷，各尽所长，共同致力于法治国家建设。

在社会危机防治行政的领域由于涉及领域的广泛性和事务处理上的行政吸收政治的色彩，实践中存在着大量非法律性规范性文件，从性质上属于软法的范畴。对软法的价值的侧重一般来说分为法律的视角和政治的视角，法律的视角强调软法与立法相比的非直接法律效果。而政治的视角更在意法律“软化”的含义，强调不具有约束力的指导原则的政治效果。①

## （二）软法在社会危机防治行政中的作用

第一，政府治理范畴下社会危机防治行政，以“善政”和“善治”为目标的治理模式指导下，路径选择是建立起民主化的导向性制度。公共治理的民主性具体体现为公众能够参与开放的公共政策和公法规则的制定、实施和执行。社会危机防治行政的政策性指导只有吸收公众广泛参与，尽量直接地反映民声，使得公法制度安排充分反映民意，才能达到危机治理的效果。

第二，硬法自上而下的产生和实施路径，以及自身存在的僵化、滞后、简单和立法自身的局限等特征，无法使硬法适用于危机防治的弹性和广泛领域。而软法在创制方式上充满弹性，并非像硬法创制上要严格遵循法定程序，不像硬法的规定必须刚性十足。软法可以出于快速回应实践的需要，制度安排上也可充满弹性，规定内容上或者较为笼统、重在兼容并包，或者较为抽象，对行为方式的种类、数量、幅度等不明确规定，或者较为原则，不作具体的权益分配安排。或者较为灵活，给公共主体博弈留下回旋余地与调整空间，或者较为柔和，重在指导与建议。软法从产生的程序和内容上都与当前政府维稳的理念和实践有很强的相适应性。由于危机预防不能也不宜以强制性的立法来调整，社会危机防治行政中，更注重其应当具有的法治理念和抽象的法律原则，更突出基于理念和原则而外化的公共政策、政党政策及其他规范性非法律文件等。

第三，软法在实施方式上并不依赖国家强制力。硬法通常明确规定法律责任，在“法律效力”上具有强制性的约束力。这种特征显然不能切合社会危机防治行政中对社会危机预防的要求。而软法的目标实现主要依靠融入软法之中的激励机制，借助利益诱导的力量，通过协商、沟通、利益协调等方式来达成目标的实现。软法的规范性主要不在于设定明确的行为模式，而是通过描述背景，宣

① Yoichiro Usui, *The Roles of Soft Law in EU Environmental Governance : An Interface between Law and Politics* , http://www.ne.jp/asahi/usui/yoichiro/Presentation_ list.html, 2010-10-14.

示立场，指明指导思想，规定目标，明确方针、路线，确认原则，规定配套措施等各种方式，通过为社会提供行为导向的方式来施加影响，促使社会主体作出有利于公共目标的行为选择。所以软法的规范性是一种更加广泛的“软权力”，但保证与硬法同样的法治目标的指向。硬法主要用来设定强制性公共治理行为方式，如规制、处罚、强制等，并对违法责任进行明确规定；软法则侧重于设定非强制性公共治理行为模式，如建议、指导、协商等，对法律责任规定较为模糊，或交由当事人约定。相对而言，硬法更偏重刚性管理、制度目标更为确定，更重制约，而软法则更偏重柔性管理，更具弹性和灵活性、更重激励。软法更多地由政府机构与公民协商制定，或由社会自治组织制定，更多地指向社会自治关系，更多地依靠自愿或者自治，一般无法成为法院直接适用依据。当前公共治理领域中所提倡的软法理念与社会危机防治行政有更多的相适应性，因此，软法的内在价值和追求、软法的功能和作用都会对社会危机防治行政起到一定的指导作用。

## 二、社会危机防治行政的规范性非法律文件分析

### （一）法的概念的扩张

公共治理的兴起要求我们反思和修正传统对“法”概念的理解和界定，扩大法的范围，并推动公法规范体系向“软硬兼施”的方向发展。中国法学长期以来对定义“法”的概念时，深受实证主义法学思想和前苏联法理学的影响，认为“法律是主权者的命令”，“法由国家制定或认可、体现掌握国家政权的阶级意志、依靠国家强制力保障实施的行为规范的总和”。正在兴起的公共治理对这一传统概念提出了挑战。公域之治的多元化公共关系，规范依据的多元化，治理主体的多元化，治理方式的多元化，都对传统“法”的定义提出了挑战。其一，立法主体应当是多元的，法未必总是由国家立法机关制定或认可，也可以是社会自治组织创制的自治章程和规范。其二，法的本质扩张。在公共治理中，法律既有可能是“国家意志”的体现，也有可能是特定共同体的意志，因此法的本质应当是体现包括国家意志在内的社会“公共意志”。其

三，“法”的政治色彩应趋于淡化。对于公共治理而言，法所调整的未必就是阶级关系，随着利益群体的多元化和社会结构的阶层化，立法经常成为对特定利益群体或阶层的正当利益诉求的一种回应，在现行立法中，我们看到的常常都不是阶级性问题。其四，应当重新界定法的内涵。公共行为的法治化要以公共组织的制度化为前提，这就意味着法不仅仅是一种“行为规范”，同时，也应当是“组织规范”。且行政规范未必总是以命令—服从的强制性模式规定，非强制性的同样具有重要的一席之地。其五，法的实现方式多样化，虽然国家强制对于法的实施不可或缺，但公共治理模式要求法的实现方式向多样性上发展，既依靠国家强制力，又要发挥社会组织自治力。既可用强制手段，也可用协商、契约手段。命令性和强制性不是法的全部特征。正因为如此，与公共治理相匹配的公法规范体系应当“软硬兼施”。

**（二）社会危机防治行政中规范性非法律文件及其审查**

社会危机防治行政由于与应急行政存在一定不同的内在属性，除了政府危机管理法律中以各种制定法的形式出现的法律规范外，还大量存在着以政党和政府为决策权主体而发布的各级各类以维稳为目标的政策性和指导性的决定、决议。从法理学角度来看，法律渊源形式可以分为正式渊源形式和非正式渊源形式，“所谓正式渊源是指那些可以从体现为权威性法律文件的明确文本形式中得到的渊源。所谓非正式渊源是指那些具有法律意义的资料和值得考虑的事项，而这些资料和事项尚未在正式法律文件中得到权威性的或至少是明文的阐述和体现”。① 在通常情况下，法的正式渊源指权威国家机关经常据以作为法的来源或据以作为处理法律问题根据的法的渊源，如立法机关或立法主体的立法活动，行政机关的决策和行政举措，司法机关的司法判例和法律解释，执政党的政策、国家或国际组织之间的缔约活动等，当代中国正式的法的渊源包括：立法、国家机关的决策和决定、司法机关的司法判例和法律解释、国

① ［美］博登海默．法理学：法律哲学与法律方法．邓正来，译．北京：中国政法大学出版社，1999：414-415.

家和有关组织的政策、国际法。① 这表明在我国法律、法规、规章中，有大量的规则就是由国家机关的行政命令、行政措施、重要文告等内容中提升出来的。国家和有关社会组织的政策（尤其是执政党的政策），在当今时代也是具有普适性的法的渊源，由于中国的国家性质和执政党对国家的领导地位，中国的执政党政策，特别是转化为国家政策的执政党政策，是许多法律、法规、规章的重要渊源，法律，法规、规章在相当大的程度上是政策的提升或法定化。社会危机防治行政中的规范性文件，包括宪法、法律、法规、规章等成文法规范，也包括政治惯例、政党政策、公共政策、行政决定等非法律性的规范性文件，后者虽然不具有制定法的外在形式，但是从法理的划分视角来看，仍然属于正式的法的渊源，具有法的权威和正当性的实质。或许在司法审查和适用的过程中，后者直接引用的效力受到限制，不具有直接的法律约束力，但却可能具有间接影响和现实约束力。

从法理学上来说，按照是否属于法的范畴，可以将我国现阶段的规范性文件分为两类：一是属于法的范畴的规范性文件，即我们国家基本的法律位阶体系自上而下的包括宪法、法律、行政法规、地方性法规、军事法规、部门规章、地方政府规章、军事规章等；二是不属于法的范畴的规范性文件，即规范性非法律文件，② 它是由不具有立法权的国家机关、政党、社会团体等所制定的规范性文件。在我国规范性非法律文件的基本特征是：第一，制定主体是不具有立法权的国家机关和行政机关。具体而言，主要有中共中央各个直属机构，各地方省市党委及其工作机构等党权组织；较大市以

---

① 张文显．法理学（第2版）．北京：高等教育出版社，2004，5：69-70.

② 规范性非法律文件，当前这类文件的名称学术界也没有统一具体名称，在实践中对应着我们熟悉的俗称“红头文件”，它是政党、国家机关、行政体系内部适应各种管理工作的需要而制定发布并要求自上而下一体遵循的规范性文件，一般而言对外不具有强制的法律效力，不能成为归结法律责任的推理前提。在法理学中大多称为“其他规范性文件”，在行政法学中多称为“行政规范”。

下的部分省辖市、所有的县区乡（不包括自治县）的人民代表大会、政府等政权组织；中央和地方的政协组织；人民团体和群众性组织，如中华总工会、中国红十字会等，这些组织发布的规范性文件。第二，这些规范性非法律文件不具有强制性的法律效力，但是，其中的一些内容，尤其是执政党的决定，能有效影响甚至决定国家政策的形成及其作用的发挥。第三，这些文件具有完整的制定、修改和废止的规范形式，如接受备案审查，不适当的甚至可以被撤销。2006 年 8 月 27 日，全国人大常委会出台了《中华人民共和国各级人民代表大会常务委员会监督法》，该法适用于从全国到地方县级以上的人大常委会实施监督权力的范围和程序。根据该法，成文法范畴内的“行政法规、地方性法规、自治条例和单行条例、规章的备案、审查和撤销，依照立法法的有关规定办理”（第 28 条）。非成文法规范应当纳入到人大常委监督的范围之内，如该法规定：县级以上地方各级人民代表大会常务委员会对下一级人民代表大会及其常务委员会作出的决议、决定和本级人民政府发布的决定、命令，经审查，认为有下列不适当的情形之一的，有权予以撤销：超越法定权限，限制或者剥夺公民、法人和其他组织的合法权利，或者增加公民、法人和其他组织的义务的；同法律、法规规定相抵触的；有其他不适当的情形，应当予以撤销的。

2007 年 9 月 25 日，湖北省十届人民代表大会常务委员会通过了《湖北省实施〈中华人民共和国各级人民代表大会常务委员会监督法〉办法（草案）》，根据该办法，对于规范性非法律文件认为不规范的，可以建议人大常委会审查并可撤销。接受审查的规范性文件包括各级人大代表大会及其常委会作出的决议、决定；省人民政府和武汉市人民政府制定的规章；各级人民政府发布的决定、命令、规定、办法、细则、通知等。这些《监督法》及监督法的实施办法无疑是对规范性非法律文件的有益有力的监督，是法治理念下“有权力必有监督，有权利必有救济”的贯彻和实践。

社会危机防治行政的规范性文件层面来说，因为内容多涉及对维稳理念下行政工作的宏观指导，确立维稳的指导思想、工作目标、确认原则、规定方针、路线和配套措施等，从中央到各级党委、政府都发布各级各类的指导和贯彻的文件。政府作出的规范性非法律文件，当然属于《中华人民共和国各级人民代表大会常务委员会监督法》的范围之内，该法第5条规定，各级人民代表大会常务委员会对本级人民政府、人民法院和人民检察院的工作实施监督，促进依法行政、公正司法。但是对于党委制定和发布的规范性非法律文件，却没有包含在监督的范畴之中，这种权力监督体制下，将党委系统下国家机关的抽象行为活动留在了法治化规范治理之外的真空范围，在当前法治国家建设的大潮下，留下这一真空尽管有中国社会治理权力架构的传统惯例因素，但是法治的进程却不容得这个重要的公权领域“置之度外”。

从法的本质和内涵的扩张来看，政党的规范性文件属于法的范畴，在类型上属于软法。虽然软法不具有成文法的刚性特征，但是软法同样会对社会主体的权益造成一定的影响甚至侵害，具有公权力属性的软法，同样应当置于监督之下。对于具有政党属性的规范性非法律文件的监督可以从两种途径上来尝试审查：一是当前在党内民主不断推进的前提下，这种规范性文件在党内民主原则下也纳入到审查机制，如可由中共中央政研室内设立规范备案审查机构，通过一定的程序进行审查；二是政党的规范性文件是对政府活动的指导和部署，当国务院和各级人民政府依据政党的规范性文件作出的规范性文件时，属于监督法中人大常委会监督的对象和范围，依据监督法的规范和程序进行审查和监督。人大常委会依照法治精神和原则对其依据的审查，即时对政党的规范性文件的审查。人大常委会以对国务院和各级地方政府的规范性文件审查的方式，来间接实现对政党的规范性文件的监督。

# 第五章　社会危机防治行政中二元主体合作：政府与社会组织

## 第一节　政府与公民社会

### 一、社会危机防治行政中二元主体理论前提：公域与私域

现代社会的一大成果就在于对公民私人领域的发现，在于公共领域和私人领域相分离。前现代社会，国家与社会压缩为一体，无所谓公域也无所谓私域，国家虽然以某种方式顽强地表现出其公共性的一面，但在本质上，它仍然从属于君主的私人统治，只不过是私人权力的延伸。没有私人生活领域与公共生活领域的分化就不可能有真实的独立人格，也不可能有现代社会。从历史的角度考察，公共生活与私人生活的分化是人类进步历程中的产物。人类社会最初处于一种个体与类的混沌一体之中，无所谓私人生活与公共生活。当人类进入到阶级社会以后，虽然有了国家，也出现了某种公共生活的因素，但是，一方面，由于社会并没有普遍的个体独立；另一方面，这种公共生活其实是为统治者所掌握并服务于其统治的。因而并没有严格意义上的公共生活存在。①

“公域”是与“私域”相对应的范畴，是人们的共同生活世界，这个共同的生活世界是众人为了理想的生活自由地走到一起所形成的。在这里，每一个参与者都能自由地发表自己的意见、维护

① 王锋．行政正义论．北京：中国社会科学出版社，2007：20.

自己的正当权利。“公共领域的一部分由各种对话构成，在这些对话中，作为私人的人们来到一起，形成了公众，他们既不是作为私人来处理私人行为，也不是所为合法团体来接受国家官僚机构的法律规章的规约。当他们在非强制的情况下处理普遍利益问题时，民众作为一个群体来行动，这种行动具有这样的保障，即他们可以自由地集合和组合，可以自由地表达和公开他们的意见。”①

我们应当看到，公域与私域并非截然二分，国家权力在特定情况下可以对私人领域进行某种程度的干预，私人领域在某种程度上又可以替代公共权力的某些功能。前者如市场上的所有权结构、产权的结构和矛盾解决机制都无法通过市场自行完成，国家权力干预在此责无旁贷。后者如当国家进入社会国时期，政府承担了越来越多的社会职能时，政府无能力而出现失效，不能有效地提供社会所需要的公共产品和公共服务，公共产品的供给除了特定的必须由国家履行的公共权力之外，其他公共产品的供给，政府不是唯一的提供者，传统上由政府或国家企业垄断的领域可以由市场化的方式供给公共产品。这在新公共管理运动中被称为对国家与社会、公域和私域二元分离的反动，即哈贝马斯所称的社会国家化和国家社会化的双向互动。如果说公域和私域的二分是以消极的方式来保障公民个人权利的话，那么，新公共管理的努力则是为了积极促进公民个人权利的实现。在坚持公域和私域二分的前提下的国家与社会的相互渗透，并不是试图要消除二者之间的界限、否定公、私二分的价值，恰恰相反，却是在承认私人领域和个体权利的前提下保护个人权利免受国家和政府权力的任意干预。

西方行政法发展的历史是从国家—社会二分到国家—社会界分逐渐模糊的历史，相比之下，新中国行政法的发展经历了与西方截然相异的发展史，即国家—社会一体到国家—社会逐渐相分离的历史。② “全能政府” 向 “有限政府” 的转变，就需要逐渐实现国家—社会的二元分离。对于中国这样的后发民族国家来说，由于中

① 汪晖，陈燕谷．文化与公共性．北京：三联书店，1998：125.

② 董炯．国家、公民与宪政法——一个国家—社会的角度（第 2 版）．北京：北京大学出版社，2003：244-245.

国处于历时性向共时性转变阶段，在提出私人生活与公共生活分化任务的时候，就面临两个方面的压力：一是从传统社会向现代社会迈进反封建专制的压力；二是当前西方社会已进入后现代社会，防止后现代化进程中消极一面的压力。中国当前的困境是，在尚未完成私人生活与公共生活分化任务之前，私人生活领域就已经被消解掉了，从而使我们这个民族长期处于一种那个未分化不成熟的状态。① 当代中国任何一个领域变迁，均会同时面临来自现代性与后现代性双重维度的审思。行政领域亦不能例外，对此，作为当代中国人必须持有理性的清醒。不能简单地以西方发达国家的具体理论与实践为模板，不能以西方流行的后现代理论遮蔽现代性理论自身，按照哈贝马斯的观点，现代性事业仍然是一个未竟事业，所谓后现代性只不过是现代性中的一个环节。

现代社会，不仅摆脱了自然意志的决定，而且摆脱了国家意志的决定，成为与国家相对的自主力量。面对国家和社会之间的二元结构，国家虽然还是治理社会的力量，但这种治理，不再出自国家单方面的意志，而是国家意志与社会意志相互作用的结果。并且社会意志成为国家意志形成的现实基础。于是，人类的自我管理体系发生了重大变化，由一元化变为多元化，国家不再是绝对的治理力量。正如布来特和哈定的论述，“国家保留着一套独立自主的、不可缺损的制度，但是，国家是一个内部理性化了的免受大众影响的或只接受自定规则管理的官僚机构这一观点已经为另一观点所取代：国家是一个制度化、程序化了的政治竞争的大舞台，在这一舞台上，同时代表精英和大众的地位、身份、政治冲突一一得到表演和体现”。②

## 二、社会危机防治行政中的政府与社会组织二元合作

### （一）传统政府在危机管理中的一元管理的弊端

现代政府就其职责和能力而言，它都应当是危机管理的主要力

① 王锋．行政正义论．北京：中国社会科学出版社，2007：177.

② ［美］罗伯特·杰克曼．不需暴力的权力——民族国家的政治能力．欧阳景根，译．天津：天津人民出版社，2005：81.

量。事实上，从世界范围来看，无论是危机管理体系发达的美国、日本等发达国家，还是危机管理体系仍处于起步阶段的其他国家，政府主导都是危机管理的一个基本方式。离开了政府，没有任何一支力量可以单独承担起公共安全服务的全部责任。但这并不意味着政府必须承担提供危机管理的全部责任。重大突发事件的风险问题越来越复杂，这种日趋严峻的复杂性对危机管理的能力提出了更高的要求，单独依赖政府资源的治理方式越来捉襟见肘。

在政府一元管理的模式下，政府和社会对社会风险和危机的认识都是比较模糊的，在许多人看来，社会危机传统总是与政治权力的控制趋弱和更替相联系，与经济发展和运行体系的平稳有关，甚至与社会暴动有关。而对其他层面的危机，要么严重化处理要么干脆被忽视，一些没有关联性的群体性事件又往往被严重视为危及国家安全的政治危机来处理。对于社会矛盾缺乏合理分层的系统化认识，使得我国各级政府在很长一段时期里，一遇到突发事件尤其是社会性公共突发事件多采取紧张而剧烈的强制手段来处理。这种认知方式导致的结果是党和政府不得不反复强调正确处理人民内部矛盾，以此克服地方政府在处理公共危机中的简单划一的粗暴做法。

传统范式下的政府以“统治”为理念，建立在公民社会与国家之间的制衡与对抗关系模式基础上的关系范式，强调国家与社会非此即彼的一元化以及单一性权威。因此，传统范式下的政府与公民社会是一种相互冲突的对立竞争关系。传统范式下的政府与公民社会遵循着“统治”机制下的单中心理念，要么以国家为中心要么以社会为中心，国家与社会之间是一种相互对抗的关系。以国家为中心的观点推崇国家的公共利益取向以及政府在公共服务体系中的作用，并鉴于公民社会下的非政府组织中不同利益群体的利益取向以及效率问题对社会主体非常不信任。以社会为中心的观点则秉承了国家与公民社会之间的制衡关系模式，以自由主义为出发点，强调社会是人类活动的主导场所，政府存在是一种必要的恶，公民社会是保护公民个人免受国家强大权力侵扰的制衡机制，政府是在公民社会各种组织穷尽之后仍不能找到解决路径的情况下才会选择的一种制度路径。即使在福利国家兴起之后，公民社会及其非政府组织在公共服务体系中的作用也日渐突出，但是在传统一元化的国家—社会关系中，公民社会及其非政府组织是在政府无法满足多样化的需求时，作为政府功能的补充，在某种程度上仅仅是政府的替代组织。因此，仍未能走出二者冲突竞争的逻辑，政府与社会存在着固有的冲突，并且冲突中政府一直获胜，其结果是公民社会的弱小，一旦遇到公共危机政府只能单挑大梁，不堪重负，社会还会将所有的非难归责于政府，而这一切的原因都在于“当前道路的逻辑结果是，国家最终成为所有社会服务的唯一提供者”。①

**（二）全能政府到有限政府、国家行政到公共行政的转变**

长期以来，在我国占据主导地位的是与传统的社会主义计划经济体制相适应的行政权力高度集中的政府“全能”和政府承担“无限责任”的国家行政观念。这是一种国家行政观念的体现，主张管理社会公共事务的最优选择，是由政府直接运用的行政权进行全权管理，政府主要单方面地采用各种命令与强制的手段是实现管理目标，强调社会和公民个人无条件地服从，忽视了公民个人的主体地位，抑制社会组织的自主性与公民的积极性与创造性，也使行政法沦为国家行政管理的工具。这种国家行政模式与市场经济价值观和运行机制不相适应，与社会公众日益增长的民主政治的迫切要求不相适应。行政权力与公民权利的界限无法划清，社会和个人无法从政府的束缚中解脱出来，行政法应有的功能和作用也难以有效发挥出来。因此，顺应市场经济价值取向和公民民主参与意识、参与能力增强的现实要求，“全能政府”向“有限政府”转变，国家行政向公共行政转变，公共行政的模式要求，管理社会公共事务的最优选择是多元主体参与，强调社会与公民的自主性，着眼于培养多元的社会主体，提高公共管理与公共服务的社会化程度，合理调整行政权的作用范围与作用方式，改变政府权力结构配置上的高度集权，政府职能结构定位上的高度扭曲，使政府从“全能无限政

① ［美］莱斯特·M. 萨拉蒙．公共服务中的伙伴——现代福利国家中政府与非营利组织的关系．北京：商务印书馆，2008：39.

府”向“有限有效政府”转变。①“尽管国家被看做是一个特殊的组织，但它只是一个附带性、依附性的组织，也就是说，它是一个为统治力量——这一力量是建构在生产方式基础上的阶级关系——合理化服务的超级组织，因此，国家的自主性必定是有限的。”②

有限政府并非指政府的规模、职能和权力越小越好，也不是指软弱无力的政府，而是有能有效的政府，是政府权力、职能和规模保持在合理有效的范围内，防止政府职能泛化和异化，合理划分政府、市场、社会各自承担的职能和责任，将三者的结构、机制和功能保持在动态协调、互补的体制框架内，将资源配置和社会自治的功能交由市场、企业、社会中介组织和自治组织来承担，不仅有助于降低行政成本，提高行政效能，而且有助于发挥社会的功能，满足公民多样化的利益需求。有限政府是法治政府，政府的权力、职能、规模和行为都要受到法律的规范和调控，并公开接受社会监督与制约。

有限政府是政府全面干预社会、经济事务而导致政府机构急剧膨胀、行政效率低下和财政不堪重负等消极后果影响下而激发的政府变革的新目标。随着经济、通信、信息、思想、文化的快速发展，全球化的发展趋势改变了政府运行的环境，全球竞争对政府的行政效率和能力都提出了更高的挑战，给政府带来巨大压力时的应对方案基本有两种：“一种方法是设法进一步加强政府这个中心，不断增加越来越多的政治家、官僚、专家和计算机，以竭力争取跑在迅速增加的复杂性的前面；还有一种办法是通过群策群力，让‘下面’或是允许‘外围’作出更多的决定，来减轻政府作出决定的负担，而不是把作出决定的权力集中在已经紧张和乱了套的政府中心。传统的领袖们本能地会选择第一种办法，但是这种本能做法只会更多地导致失败。集中控制和合并机构只能产生更多的浪费而

---

① 石佑启．论公共行政与行政法学范式转换．北京：北京大学出版社，2003：129-130.

② ［美］罗伯特·W．杰克曼．不需暴力的权力——民族国家的政治能力．欧阳景根，译．天津：天津人民出版社，2005：78-79.

不是减少浪费。”① 适应历史发展趋势的解决方法应该是第二种，通过选择改革，调整政府权力和职能，建立有限政府，实行分权与放权，精简机构与人员，建立反应灵敏、运行高效的新机制，才能减少政治的动荡。

但有限政府不是消极无为的“最小政府就是最好政府”的代名词，有效政府是有限政府的规模大小的前提条件，即一个规模适度、效率最优的政府才是有限政府的特质。有效政府要求从管制行政到服务行政的转变，建立以服务为本位，富有回应性的政府。以社会公众的需求作为政府行为的导向，增强政府服务社会的能力，把政府从低效率和高成本中解放出来。因为从根本上说，只有反映公众意愿、对公众负责并为社会公众提供优质、高效服务的政府才是有效的政府。这要求政府对作为服务对象的公众的利益、需要和选择具有灵敏的回应性，并能根据情况的变化而适时地调整，努力满足人们多样化的个性需求和价值期望。

当前，公共行政管理从理念到改革都经历着一场变革大潮，公共行政的多元化、社会公共行政的兴起和发展、多样化的行政方式的运用等正在促使行政法学研究范围和行政法调整范围更加具有包容性。随着社会多元化和国家民主化进程的推进，权力的多元化使得国家权力不再是治理社会的唯一权力，国家行政和社会公行政的有机结合，构成了维护和发展公共利益的多元力量结构。

**（三）公民社会与政府的互动合作**

如前所述，应对公共危机是政府责无旁贷的公共事务，但是这并不意味着，危机的日常管理甚至紧急应对就仅仅变成了政府独此一家的事情，政府不应该独揽整个权力领域，也无能力单打独斗地应对无限可能的、多种多样的公共危机，更不能完全彻底地负起管理所有公共危机的社会责任。在复杂性和不确定性程度越来越高的情况下，政府越来越需要与社会进行合作，整合各种资源，形成多

---

① ［美］戴维·奥斯本，特德·盖布勒．改革政府——企业家精神如何改革着公营部门．上海市政协编译组，东方编译所，译．上海：上海译文出版社，1996：234.

元参与的危机管理体系。政府部门与众多公民社会的公共行政主体（非政府部门、私营部门、第三部门或公民个人）彼此合作，在相互依存的环境中分享公共权力，公共管理公共事务的过程。①

将公民社会作为一种与国家、市场相平行的治理机制，被作为一种解决问题的“第三条道路”，这受益于20世纪90年代以来的公共管理理论与治理理论的革命，同时，也是各国针对现实的挑战所作出的选择。第二次世界大战后，西方国家开始以政府的力量大规模地建立社会福利计划，福利国家得以建立。而福利国家不仅仅指向社会福利，还意味着政府干预的强化、政府力量对传统社会组织的替代以及政府力量对于社会的过度介入。政府背负福利国家而不堪重负，各国都开始寻找福利国家的危机出口，寻找能够解决公共问题和公共危机的突围之路。公民社会中的非政府组织由于自身组织规模较小、具有相对的灵活性、与公民的联系性、资源的调动性、社会资本贡献性以及值得信赖性成为替代性制度安排的选择之一。“参与式”的发展模式逐渐成为公共危机治理的共识，在治理模式上更强调将社会的草根组织力量和参与作为危机治理的解决之道。②

公民社会理论对国家与社会关系展开了概括抽象化的描述，可以将二者的关系归纳为两种范式：传统范式和治理范式。传统范式之下的政府与公民社会是一种冲突的对手关系，而治理范式下的政府与公民社会是一种多样化的合作关系。③ 变革政府治理模式，仅仅变革治理的机构和治理的方式是不够的，更重要的是，必须重建政府与社会及社会个体的关系。④ 在危机防治行政领域，公共危机

① 陈振明．公共管理学——一种不同于传统行政学的研究途径．北京：中国人民大学出版社，2003：87.

② 王东芳．非政府组织与政府的合作机制：公共危机的应对之道．北京：中国社会出版社，2009：23.

③ 褚松燕．中外非政府组织管理体制比较．北京：国家行政学院出版社，2008.

④ 董炯．国家、公民与宪政法——一个国家—社会的角度（第2版）．北京：北京大学出版社，2003：193.

的治理理论下，同样需要寻求政府与公民社会的合作互动之道，尤其从社会危机防治行政面对的广阔不确定的危机潜伏的工作对象而言，危机防治行政工作是政府危机管理的核心，面对具体而微、与公民社会紧密相连的社会关系和社会问题时，非政府组织、社会企事业组织、公民团体、基层组织等将是接触和发现社会潜在危机的最源头的社会主体，在危机治理的预防阶段处于最优势的地位。

在社会危机防治行政中，就呈现出二元主体的互动合作结构，一是政府组织，二是社会组织。二者之间政府居于主导地位，并承担对社会危机防治的协调、组织、联动的指挥等核心工作。目前来讲，政府虽已不是公共行政的唯一主体，但它仍是公共行政的核心主体。在公民社会中，非政府组织的出现及其作用的发挥，打破了政府垄断公共职能的局面和政府是解决全部社会问题唯一答案的神话，社会组织是社会危机防治行政主体的重要一极，并具有独立主体的地位。20 世纪 70 年代末以来，政府由直接管理变为间接管理，尽可能多地把社会公共事务交由社会管理，实现公共管理的社会化，这是现代国家公共管理职能变化的新特点。公民社会和国家关系的理想格局应该是强国家和强公民社会和谐共存，双方中任何一方力量过弱或者都很弱小，都会产生严重的问题，只有双方各自相对于对方的自主性得到了充分的保障，双方各自的功能才能得到最好的发挥。当然，这种关系不以功能一致作为“强政府强社会”的标志，而是公民社会和国家在功能上是相互补充的，二者之间可以建立起良好的合作关系。因为“市场失灵”、“政府失灵”、“志愿失灵”使得国家、市场和公民社会之间必须建立起合作互补的关系，相互支持，高度合作。①

在公共危机管理的模式上形成网络化的治理模式，危机预防和解纷为主的社会危机防治行政作为公共危机管理的最基础和最前置的阶段工作来说，是将这种网络化途径在日常公共行政中加强适应和实践的环节。危机防治行政网络化的特征表现为：一是行政主体

① 王东芳．非政府组织与政府的合作机制：公共危机的应对之道．北京：中国社会出版社，2009：12.

的多元化。如前所述，社会危机防治行政的主体包括政府、企业、事业单位、社会组织、国际组织等多元主体。概括而言是政府机构、市场组织、公民社会三者以不同的机制，既在各自的领域内发挥作用，又在社会危机防治领域中通力合作。社会危机防治行政主体多元化是社会危机防治行政网络化的前提。二是行政途径和方式的网络化。网络化的社会危机防治行政模式上是政府与其他社会组织联结而成的相互依存的网络系统。在这个系统中，政府是以权威为基础运行的科层管理方式，市场组织是以价格为基础地交换运行方式，公民社会是以协商、沟通、信任为基础的交往行动方式。不同的途径既独立运作，又相互依存，互为补充，共同分享社会危机防治行政的权力、责任，形成网络化的治理模式。三是多元协调的社会危机防治行政网络化过程。由于网络化危机防治行政参与者多方面的差异，促使社会危机防治活动过程事实上是多元化主体参与者之间相互作用和相互调适的过程。针对不同性质的不同问题，参与主体的协调方式和过程也会有所不同。① 如在社会冲突的解纷机制上，政府危机防治行政主体主要通过行政调解制度，社会危机防治主体在具备行政主体资格时可采用行政调解制度，而大多数的社会组织主要通过人民调解制度。②

当然，尽管我们总是试图划清政府与公民社会及其非政府公共组织的活动界限，并进行制度化建设，但无论我们怎样尽心竭力，都难以找到一个最终确定性的答案。这种界限与政府的管理能力，公民社会的成熟程度与自治能力密切相关，并受到经济与社会的发展及其他各种客观外界因素的影响和制约。国家向社会分权、行政职能的社会化是一个渐进的过程，应当顺应潮流，科学放权，是政府与社会之间维持适度平衡，使政府、社会与不断变化的客观环境

---

① 聂磊．危机管理中的社会组织研究．北京：知识产权出版社，2010：34.

② 行政调解和人民调解具体制度上的内容和区别，见第六章第四节维稳行政下的权利救济机制。

之间保持动态平衡。①

## 第二节　社会危机防治行政中的政府主体

维护社会秩序和安全，几乎是政治组织和政治活动的普遍目标，从根本上讲，政府成立的目的就是建立稳定的秩序。因此，能否妥善地治理危机长期以来一直是判断政府执政能力和各职能部门有效能力的主要标准，在政府危机管理中首要强调政府在整个危机防治中的主导作用。我国在相当长的时间里，政府都被认定为防治公共危机的唯一主体，认为只有政府才能减缓危机、应对危机和解决危机。随着公共行政从"统治"走向"治理"，治理理论在公共行政改革进程中不断实践发展，社会多中心共担和参与的危机治理模式，使政府逐渐走出信奉政府是解决一切社会问题的神话，一种权力分散、责任共担、信任合作、互补优势的危机治理形态逐渐成为各国政府的共识。在政府危机管理的预防阶段社会危机防治行政领域，政府虽然不是危机防治行的唯一主体，但政府的主导地位是不容置疑的，这是由政府的固有本质所决定的。

### 一、政府在社会危机防治行政中处于优势地位

无论是在强调以国家主义为中心的统治模式，还是在强调多元主体的治理模式中，都不可否认国家在维护社会秩序，化解危机，实施管理活动中重要和不可替代的作用。治理理论的兴起并不是要排斥政府，进入无政府的状态，而是要通过权力关系的重新调整来实现一种新型的治理关系。对于公共危机管理而言，政府的作用更不可低估，政府凭借其自身所具有的优势在公共危机管理中发挥着积极而不可或缺的作用。

政府在公共危机的预防与准备、监测与预警、处置与救援、恢复与重建各环节的管理主要依托两种资源：权力资源与组织资源。

① 石佑启．论公共行政与行政法学范式转换．北京：北京大学出版社，2003：156-157.

这是政府区别于市场与公民社会两种治理机制所独有的优势所在。政府的权力资源主要是指政府享有公共权力并合法垄断暴力。公共权力赋予国家权威性、强制性与规范性，公共权力特性使政府具有相对于市场、公民社会更强的规范能力、影响能力、控制能力、整合能力和动员能力。在面对社会系统的基本价值和行为准则等秩序结构都受到严重威胁甚至破坏的公共危机时，政府所具有的公共权力以及政府对公共权力的有效行使都是恢复并维护社会秩序不可缺少的关键因素，政府公共权力的功能优势在公共危机管理的过程中得以尽情展现。政府的组织资源在于科层制的组织架构和统治方式。科层制组织结构的典型特征是合理合法权威基础上的层级节制、命令与服从的权力关系以及专业化分工基础上的职能分工。

在社会危机预防阶段，政府①的组织资源优势同样发挥着重要的作用。在社会危机防治行政组织结构中，执政党的中央委员会所具有的领导、协调、决策、指挥功能使其成为危机防治工作全局部署的核心层，国务院及地方各级政府落实社会危机防治的具体行政工作，构建行政体制下的社会危机防治组织体系。对危机预防、克服和化解的决策和实施过程负责任。这是从危机发生演变的生命期及其所造成的后果而言，对政府应对危机的能力提出的责任要求。

## 二、社会危机防治行政的主导主体——政府

### （一）社会危机防治行政的制度化需求

尽管政府作为现代社会最强大的组织机构，政府危机治理的能力也是在不断总结经验教训的过程中逐渐提升和完善的，对危机治理发挥作用的是对危机防治的制度安排和政策制定具有一定的科学性和有效性。制度和法律的功能主要在于为社会提供了个人获益行为的可预测的机会，因此制度的可预测性为危机治理的制度设计提供了依据和指导。

① “政府”一词在此使用广义，广义政府包括立法机关、行政机关、司法机关、军事机关等公共权力机关，在我国现阶段，甚至包括我国执政党中央委员会。

发达国家危机管理的实践和经验表明，危机管理一定是针对本国国情的现实而为的。如日本的危机管理侧重于自然灾害的防治，美国则侧重于反恐怖袭击和维护其世界大国地位。在全球化背景下，中国经济的增长和现代化进程的加速，社会的复杂化都增加了政府危机管理的复杂性，社会危机防治行政就是针对中国当前国情的危机情境而进行的危机治理的前置阶段。一般而言，政府危机管理都被看做是“一个内在的、集权性的管理情境”。① 集权式的危机管理体制有助于迅速调动全社会的人力、物力和财力来应对危机。而分权式体制则是政治民主化的基本要求和现代政府改革的基本价值趋向，席卷全球的新公共管理运动就是坚持分权的价值选择，主张打造“小政府，大社会”的政府管理模式。分权体制缩小了官僚机构规模和集中化程度，增强了地方政府机构的自主性、能动性、灵活性和回应性。政府危机管理中预防阶段的维稳行政需要构建系统的组织体制并建立组织间的横向和纵向的合作，在政府应急管理阶段又能迅速形成一个具有“集权式”特征的管理体制和决策体制。

社会危机防治行政是政府危机管理的前置预防阶段和后期长期的监测治理阶段，是具有低显著性的政治特征，因为“只有当突发事件发生后，才会引起高层的注意，才会进入公共议程，政府官员和公众很快会忘记它所带来的教训，因而会不断重复同样的错误”②。这从一个侧面说明，在很多时候有效预防和减缓的危机管理的措施除非真正发生了突发事件，否则很难受到重视和得到执行。由此，就形成了被动回应式的管理模式，并是建立在经验基础上的通过官僚体系程序化运作来实现的，这对于具有极强潜在和不确定性的危机防治来说难以适应。由于现代危机的多变性、复杂性、不确定性和不可预测性的特征，不同类型乃至同一类型的公共

① Rosenthal Uriel 7Charles Michael, *Coping with the crisis, the management of disaster, riots and terrorism*. Spring Field : Charles C. Thomas, 1989.

② Waugh William L. (2000) . *Living with Hazards, Dealing with disaaters: an Introduction to Emergency Management*, New York: M. E. Sharpe, Inc.

危机在不同时间、环境下，其发生、发展和演变都存在着很大的差异，我们无法保证从既有的经验中得出的理论和方法，能有效地管理未来复杂的危机。复杂性和不确定性要求政府危机管理的理论和方法必须保持高度的灵活性，做到反应灵敏、上下联动、合作互动，这就要求一个更具灵活性和前瞻性的管理体制来加以回应。①

在危机频繁和价值观更迭的现代社会，要维持繁忙有序的社会交往，维护社会发展的基本秩序，就需要重构制度。制度是人类活动中的一种超越组织之上的模式，个人和组织通过制度生产并再生产他们的物质生活。政府根据现实需要提出一套关于危机治理状态下组织的方案，依照多重的制度逻辑构建危机治理的社会。政府通过危机管理来应对当前转型期的风险社会。从对社会危机的各种表述中，从政府对民生和社会秩序的强烈关注中，新的意识形态和观念范畴被创造出来。当社会转型作为一种非常含混不清的概念使用时，与转型过程相伴的利益分歧，制度变迁、价值重建、治理理念等日益清晰。②

制度的功能设计总是依据一定的价值体系和行为模式展开的，但是制度的现实作用却往往未必与设计时的预期相一致，制度本身存在思想和现实两种层面。从危机治理的角度来看，危机治理的制度安排是一个防范危机的制度过程，同时，也是一个危机控制和化解的政策预设的过程。危机治理的制度安排应当具有较大的制度弹性，能够确保弹性的制度预设对不确定危机的防范功能发挥和实现。而且我们熟知，政治的制度设计总是需要各社会组织和公民参与到制度结构之中。制度的参与者的观念认同和行动配合，不仅维护制度运行的权威性，而且从制度运行中获得利益维护和保障，从而使制度结构获得了动态平衡。而且在危机防治行政中从维稳和维权角度的利益平衡制度设计来看包括两类：一是授益性制度规则，

① 聂磊．危机管理中的社会组织研究．北京：知识产权出版社，2010：30-31.

② 蔡志强．社会危机治理：价值变迁与治理成长．上海：上海人民出版社，2006：164-165.

直接维护制度参与者的权益；二是补偿性制度规则，以在结构中未获满足甚至利益受损的制度参与者为制度补偿对象。

### （二）社会危机防治行政的政府组织体制

社会危机防治行政组织体制上，按照与社会危机防治工作紧密联系程度的不同，可以划分为以下几种类型：

1. 承担危机预防行政的政府应急机构

应急行政体制下，并非是仅仅针对突发事件的爆发之后的应对和救助的。危机管理的理念和重心主要还是防患于未然，即预防为主，预防与应对相结合原则是危机管理的核心原则。因此，预防即使在应急管理机关的日常行政中也应当是重要的工作重心。只是应急管理中预防更侧重危机发生前的准备和预警，即危机较临界的时间点上，但这个时间点再往前移，就与社会危机防治行政的重心工作相结合了。政府应急管理体制下的应急委员会、应急办公室等同样承担着社会危机防治行政职责，是在危机预防领域的政府行政主体。政府应急管理体系中的阶段性工作一般包括预警期、发生期和缓解期，预警期的前期预防和监测、缓解工作就处于社会危机防治行政工作范围内。

根据危机管理的特点和我国行政管理体制的结构模式，应急管理主体的设置也以虚实相结合的模式构建，在类型上可以分为综合协调性的应急行政主体和专业性和技术性的应急行政机关。综合协调性的应急行政机关，按照行政体制的自上而下的模式，分为国务院、省（直辖市、自治区）、市、县四个层次，在每一层级建立虚的主体——应急管理委员会，由本级政府最高正副负责人出任委员会的最高领导，其他尤其分管政法口子的职能部门负责人组成成员小组。与之对应层级的“实”的主体是应急办公室，负责日常值守，信息收集、汇总、发布、协调、决策、指挥等。专业性技术性的应急行政机关，主要是中央政府和地方政府的各个职能部门，如公安部（厅、局）、交通部（厅、局）、民政部（厅、局）、卫生部（厅、局）等，它们根据国家现有法律、法规以及各部门规章和应急预案的规定，在各自的权限范围内防治专业性的技术性强的单一性的公共危机事件。尽管是专业性的单一性公共危机事件的防治，不可避免的也需要其他部门的协助，如公安部门协助卫生部门的隔离治疗，它们各自根据法律和法规的规定行使相应的职权和职责，构成部门间协助型的三角形结构。

国家建立统一领导、综合协调、分类管理、分级负责、属地管理为主的应急管理体制。应急机关的预防工作主要体现在应急预案的相关内容上，应急预案是根有关法律、法规的规定，针对突发事件的性质、特点和可能造成的社会危害，具体规定突发事件应急管理工作的组织指挥体系与职责和突发事件的预防与预警机制、处置程序、应急保障措施以及事后恢复与重建措施等内容。① 政府应急行政中的危机防治职能主要表现为宣传预防和减轻危害的常识，对公共设施的督察、维护工作的检查，对危险源、危险区域进行调查、登记、风险评估，组织进行检查、监控，并责令有关单位采取安全防范措施等。

2. 行政信访机关

在政府内部从中央到地方履行专门接待社会问题、化解社会矛盾的职能部门，是国务院的信访局和省市县级政府的信访局。当前在政府行政领域与社会危机防治行政最密切联系的是我国的信访机关，信访机构的主要职能定位，正是社会危机防治行政的职责范围所在，其性质决定了信访机构作为社会危机预防行政的主体。我国的国家信访政府机构——国家信访局，是在 2000 年，由中共中央办公厅信访局和国务院办公厅信访局合二为一，并正式更名为国家信访局。由此，社会矛盾的接待、社会问题的移交、化解和答复工作被设置为政府行政工作的主要内容之一，即信访工作是从党政和行政的日常行政机构的工作中专门分化出来被正式地纳入到国家行政体系之中。信访工作也逐渐走向程序化和制度化运行的道路，我国的《信访条例》于 1995 年颁布，经过了十年的实施，2005 年修订。目前，我国的信访机构分布在各级国家行政机关，根据新《信访条例》的规定，县级以上人民政府应当设立信访工作机构；县级以上人民政府工作部门及乡、镇人民政府应当按照有利工作、

① 中华人民共和国突发事件应对法（第 18 条）.

方便信访人的原则，确定负责信访工作的机构。其实，1995 年的《信访条例》规定，政府及其所属部门都有职责接受和处理信访。新《信访条例》规定，县级以上人民政府设立信访机构，将信访机构的设置收归每一级政府，权力集中且利于交办案件的监督。

不少地方将信访当做负面评价，采取强压措施，与信访的初衷和宗旨背道而驰。政府曾忽视百姓诉求，认为政府决策就是老百姓诉求。新形势下群众工作与建国早期的群众工作相比发生了很大的变化，早期群众对执政党更多的是感情认同，现在随着民主法治人权的观念深入人心，民众有了更多的权利诉求，在多元主体和多元利益诉求之下，社会在动态矛盾冲突的交锋下探索前行，社会管理创新的思路和焦点就落到公民利益诉求的途径和权利保障上。

当前，在社会管理创新理念的推动下，地方出现了信访机构整合的新形式，即党委群众工作部与同级信访局合署。2011 年 6 月，海南率先在全国成立省委群众工作部。机构的设置宗旨在于将信访机制改革提至省级，在现代福利国家的服务行政理念下，将信访思路由“稳控群众”转为“服务群众”，信访机构地位继续加强。省群众工作部与省信访局合署办公①，提高了信访局行政级别，扩大了信访局权力，意在加大调解群众问题的力度，减少社会矛盾。②这种将党委领导机构与政府的行政部门合署的做法，在中国是探索国家机构职能统一、效能精简、规范运转的机构管理形式。如中国共产党纪律检查委员会与中华人民共和国监察部就是合署办公。监察部长一般兼任中纪委的副书记。领导任职上一般是双跨的。国内

---

① 合署办公，中国党政机构一种编织组织形式。两个或两个以上具有不同编制、职责的党政机构由于工作对象、工作性质相近或其他原因而在同一个地点办公，两个机构的人员、资源可在上级统一指挥调度下视工作需要而灵活运用。它是探索职能有机统一、精简效能、规范运转的机构管理模式。但“合署”不是合并，各个机构分别配备行政领导（可兼职），分别刻制印章和挂牌子。

② 海南成立国内首个省委群众工作部．信访与维稳办合署：http：//news.cnwest.com/content/2011-07/14/content_4877884.htm，西部网，2011-07-14.

率先提出用“群众工作统揽信访工作”的是河南义马市，该市于2006年成立党委群工部，与政府信访局合署办公，实现职权的整合和统一。将信访部门由“中转站”变成“结办站”。抽调社保、公安、城建等与群众利益紧密相关部门人员，到群工部集中办公，现场答复群众诉求。2011年11月，中央政法委书记周永康在会议上提出，“用群众工作统揽信访工作”作为今年信访工作体制创新的一个重点。2012年4月底之前，31个省市自治区都完成了部署，大多数决定在市、县两级挑取试点地区。唯有海南决定在省级推行，决定成立省委群众工作部，与省信访局合署办公。同时，决定在海口、三亚等10个县市试点。

3. 其他政府职能机关

由于政府是国家的具体大政方针、法律、政策的执行机构，对于中央维稳工作指导下的社会危机防治工作来说，政府是责无旁贷的具体执行部门，行政的范围涉及广阔，覆盖了社会可能引发矛盾的方方面面，社会危机防治更是依赖于政府的日常行政，况且经历了一系列的社会危机事件处理和考验后，政府更加清楚地认识到日常危机防治的重要性。因此，在日常专业性的事务行政中，逐渐贯彻和渗透着社会危机防治的指导思想和工作方法。从危机预防的普遍性和基础性视角出发，一切政府行政部门都承担着预防和消解社会问题的职责，都具有维护社会稳定的职能和宗旨。

因为逐渐积聚起来的社会矛盾和社会冲突常常会通过群体性行动①或社会治安案件表达出来，主要职责在于维护社会秩序、保障社会安全的国家机关容易进入到公众的视野，成为社会危机防治行政的重要主体，如公安机关、国家安全机关等。但是除了这类享有行政强制权的行政机关之外，承担和负有社会危机防治职能的行政机关，还包括大量的与社会民生和社会基础性问题管理的各类行政机关，如民政、交通、卫生、文教等领域。政府各个领域职能部门在涉及本部门社会问题和社会矛盾协调和化解的过程中所进行的行

① 金太军，沈承诚．从群体性事件到群体性行动．国家行政学院学报，2012（1）．

政活动，从理论上来说，都属于社会危机防治行政范畴中的内容。

需要指出的是，肯定政府在公共危机管理中的积极作用并不等于政府就必须承担全部的危机管理职责，政府承担全部职责的模式有两种：一种是将政府作为承担危机管理职责的唯一主体，完全凭借政府的力量来应对公共危机，其他的社会主体完全排除在体制之外或是被完全内化为体制内部单位而参与公共危机的管理。这是一种典型的“全能政府”形态，随着政府职能转变以及全球行政改革的实践，有限政府已经成为广为认可的共识。另一种是将政府置于优势地位和主导地位，其他社会主体仅仅发挥着配角和侍从的角色，其他社会主体的参与范围与程度完全依赖于政府所划定的范围以及政府所发出的命令与要求。从表面上看，这种公共危机管理结构中，政府并不是单一主体，但也不是多元主体的治理结构，其本质上与第一种情况并无差别，后一种情况非常符合我国转型期的实际情况，在渐进改革的进程中，从全能政府到有限政府的转变需要经历长期的过渡，在过渡阶段往往会出现形式转变与实质转变的差距。政府仍然处于控制与主宰地位，全面负责公共危机管理，公共危机管理的权力关系、组织结构以及管理方式都是相同的。这两种情况都是极端扩大了政府的积极作用，而没有意识到政府在公共危机管理中存在的局限与缺陷。①

## 三、社会危机防治行政方式的设置标准

与公共行政管理模式比较而言，公共治理模式的一个显著特征就是治理行为方式的多样化，尤其是非强制化。政府的危机治理是建立在公共治理理念下的应用领域，其中的社会危机防治行政同样是受公共治理理念的指导。公共治理理念要求公法在创设治理行为方式时，应当视具体情境建构各类强弱程度不等的公法关系，依照由强到弱的排列，形成一个由建议类、契约类、审批类、命令类、处罚类公共构成的行为方式谱系。公共行政从管理模式转变为治理

① 王东芳．非政府组织与政府的合作机制：公共危机的应对之道．北京：中国社会出版社，2009：28-30.

模式，从居高临下的威权管理转变为社会治理角色的服务行政，彻底改变国家单纯使用强制方式实现公域之治的思维方式，公共治理方式朝着多样化、双向度、非强制化方向发展。

为了保证能够选择最适当的行为方式实现危机治理目标，公法在设定社会危机防治行政方式时，应当接受如下的设置标准：

一是在政府管理与社会自治之间应当优先考虑后者，只有在社会组织不愿意或不能实现特定治理目标时才能动用国家管理。这一指导要求社会危机防治行政的基础性工作应当是由社会主体来完成的。社会主体是整个社会稳定的底盘，它内在的自组织能力将是应对各种公共事件的根基。

二是在单方管理与双方合作行动之间应当优先考虑后者，只有在双方合作行动无法有效实现治理目标时才能动用单方管理。当前，在行政行为新的理念指导下，行政行为的概念界定范畴扩大为“行政主体的行政行为与相对方的行政行为之和”。① 这在危机防治行政中应当体现为突出手段的民主、协商、合作，尊重多元主体的多元利益诉求。行政主体与相对人在平等基础上，共同完成社会隐患的预防和纠纷的化解等活动。“权力未必只能是由政府行使，权力运作方式未必只能是强制性的，在遵循法治理念与保证统筹监督的基础上，实现公共权力行使主体的多元化和行使方式的多样化。”② 新公共服务理论的研究成果就说明了政府与公民之间的互动关系中，合作、参与、协商成为行政活动的优先选择的方式，公共危机治理理念下危机防治行政的亲民性和服务性与新公共服务理论下的行为模式相契合。当然，社会危机防治行政中同样存在一定范畴的单方行政行为，如维稳信息收集、汇总、发布，组织、指导、督促、检查社区平安建设，社会纠纷处理后的观测、回访，法制宣传教育等。

三是在强制性行政与非强制性行政之间应当优先考虑后者，只

① 田文利．非强制性行政行为及其法治化路径研究．北京：知识产权出版社，2008：12.

② 罗豪才，等．软法与公共治理．北京：北京大学出版社，2007：36.

有当非强制性行政不足以维护公共秩序时才能动用强制性行政。强制性和非强制性行政因素对法律实现起到综合效应。在强制力之外，法律公正性的感召力，人们的心理惯性、社会压力、道德义务及法律信仰等非强制性因素，同强制或强制力一道，对法律实现产生综合性效应。① “确保遵从规则的因素如信任、公正、可靠性和归属感，远较强制力更能为重要，在任何一个社会，法律本身都促成对其自身神圣性的信念。”② 非强制性行政行为的概念和范畴当前在行政法学界还处于探讨阶段，并没有达成共识，最新的专题性研究界定为，“行政主体和行政相对人在其各自的法定职权和权利范围内，为实现各自的目的，依据法律规范或法律原则、精神或政策，采用计划、指导、调解、合同、资助等非强制性的方式和手段，自愿地为或不为某种行为的行政行为”。③ 非强制性行政行为按照存在的阶段不同可分为原行政行为和行政救济行为，前者包括行政指导、行政合同、行政资助、行政服务、行政规划等，后者包括行政异议、行政调解、行政信访、行政复议、行政仲裁等。在危机防治行政中优先采用非强制性行政行为的优越在于，尽力规避传统强制性行政行为的高风险、高成本和高负面性效果的影响，同时，又能符合新公共服务发展潮流下公民主体意识、参与意识、权利意识不断增强的现在社会，平等、合作、认同、责任感的公民精神的需求与实践。

四是在不同强度的强制性管理之间应当优先考虑强度较弱的管理方式，只有当后者不能实现某种公域之治目标时才能运用较强的强制性管理。④ 这在社会危机防治行政中的指导意义在于，不仅在危机治理的整个过程中清晰的划分预防行政和应急行政之间的区别，而且为社会危机防治行政中的行为选择设定了温和的原则性要

① 张文显．当代西方法哲学．长春：吉林大学出版社，1987：140.

② 【美】伯尔曼．法律与宗教．梁治平，译．北京：三联书店，1991：43.

③ 田文利．非强制性行政行为及其法治化路径研究．北京：知识产权出版社，2008：72.

④ 罗豪才，等．软法与公共治理．北京：北京大学出版社，2007：33.

求，社会危机防治行政中即使在公共事件的预警临界阶段的时候，在行为上仍然应当选择权力强度较弱的行政行为，如在一些因利益问题而导致的社会性公共事件酝酿和临界时期，采取领导与群众直接对话，通过主要领导出面认真听取群众的意见，现场解答群众的问题和疑虑，阐明政府的态度和诚意，对群众提出的合理利益诉求，能解决的安排及时解决，暂时不能解决的要说明情况。尽力做到使矛盾得到有效的控制和处理，确保社会大局的稳定。在这种情况下，避免一遇到群众性聚集，就动用警力或其他强制性的行政手段，不仅强化了社会紧张情绪，而且解决效果上的可接受性会因强制性手段的生硬性而大打折扣。因此，准确、果断的行政决策以及多考虑强度较弱的行政方式，是社会危机防治行政中的行为准则。

公法规范的要求，一方面，意味着尽管公共治理更强调开放公共过程，更重视公众参与，更注重协商、沟通、互动，更推崇认同、共识甚至合一，但并不意味着不再需要单方强制性公共管理，必要的强制对于公域之治而言仍是不可或缺的；另一方面，意味着尽管强制管理经常是立竿见影的，但它只应被保留在较小的、必要的范围内，公法必须顺应公共行政方式多样化与非强制性的发展趋势。① 政府危机管理下社会危机防治行政的制度化要求公法“不仅要回应公共机构维护公共秩序的需要，而且更要全方位回应各类群体的利益诉求”。②

对于私权主体而言，权利即自由，可享有也可自由处分，如放弃。但对权力来说，却具有不可放弃性和不可“自由”裁量性，这说明公权力的授予的同时，就产生了相应的职责，而职责的授予不需要明示，在公法中职责是可根据权力的范围和限度推定出来并且具有约束力。社会危机防治行政的职责也是存在于与其职权相对应的义务之中。对于公权力主体违法或不当行政行为，应当具有可

① 罗豪才，等. 软法与公共治理. 北京：北京大学出版社，2007：31-32.

② 蔡允栋. 官僚组织回应的概念建构评析——新治理的观点. 中国行政评论，2001（2）：89.

诉性，即可根据行政行为的性质诉诸信访、行政复议、行政诉讼来实现监督公权力和救济私权利。在这三者中，受诉的范围呈现出逐级缩小性。信访范围最大，几乎没有受案范围的限制，行政复议受案范围通过概括界定和列举方式有一定缩小，行政诉讼更是以受案范围的严格限定性在救济领域中以门窄著称。从公法理论上讲，对公权力主体行使权力的职责规定和法律责任设定，其本质也是对公民权利的间接肯定和维护。以社会危机防治行政中的法律为例，《突发事件应对法》第 63、64 条中详细列举了行政机关危机预防阶段不作为或违法作为的情况下所应当承担的法律责任，如“未按规定采取预防措施，导致发生突发事件，或者未采取必要的防范措施，导致发生次生、衍生事件；迟报、谎报、瞒报、漏报有关突发事件的信息，或者通报、报送、公布虚假信息，造成后果的；未按规定及时发布突发事件警报、采取预警期的措施，导致损害发生”。当然这种责任是以行政处分的形式出现的，是一种典型的因职权而对应产生的行政法律责任。社会危机防治行政中责任的承担一般是要具有损害后果出现，即出现一定的现实危害性，同时应当满足主体的主观过错要件。

为保障和维护权利，需要公法为公权力主体设定作为义务，对应于权利的义务分为两类：一类是自我实现的权利，对于此类权利只要政府不侵犯，即只要政府履行不作为的义务，公民权利就能够得到实现，如政府不乱处罚，乱罚款等，公民的权利就有保障；另一类是靠政府履行积极作为的义务才能实现的权利，如政府的救助、许可等。社会危机防治行政中的这些义务也是靠公法来设定，公法在为政府设定义务的同时，配置相应的法律责任，以促使政府积极履行义务，保障公民权利的实现。

随着社会发展，公民的需求日趋多样化，权利的内容也会日益丰富，即个人享有法律权利的范围、内容的广泛丰富程度与社会发展进步程度是成正比的，权利总是随着社会的不断发展而逐步扩大和增多。社会文明程度愈高，人们对权利的渴望愈强烈，法律也会相应赋予人们更多的权利。赋予人们尽可能多的权利和承认人们更多的行为自由是社会发展的趋势。根据宪政国家法治理论，国家公权力与公民权利是手段与目的的关系，国家公权力存在的目的就是保卫与增进公民的各种自由与权利。“现代国家由于国民生活对宪政机关的依赖与日俱增，给付行政已成为国家作用之重要机能，但在具体事件上，人民欲请求国家为一定作为或不作为，则非有公法上的权利不可。”① 基于给付行政下越来越多样的政府机能，相应的权利也在源源不断的产生，如政府补贴、行政救助、职业培训、福利享有等。公民权利日益丰富，对权利的保障不断向学者和立法者提出加强公法对权利的维护和保障，社会危机防治行政的核心也在于救济公民权利、促进和保障公民的权利。

## 四、社会危机防治行政中的强制性行政行为及其规制

“强制不是说理，绝对谈不到说服。它所产生的是痛苦的感觉和厌恶的情绪。它所造成的是粗暴地使人们的思想脱离我们希望他们深刻认识的真理。”② 现代公共行政要求从压制型行政模式向回应型行政模式迈进。压制型行政模式侧重强制行为，以国家和社会的公共利益为唯一权威目标。回应型行政模式认可相对人的行政主体性，以民主、协商实现社会合作为基本目标，侧重非强制性行政行为。回应型行政模式肯定和承认人性、多样性和由此而来的冲突政治场合下，维持一种道德共同体。③ 其基本特征是通过非强制性行政行为，统合多元利益，培养社会自治，汲取社会智识资源，催生行政民主。④ “从政治哲学的角度考察，行政权力的基础总体上是从强制到同意的变化趋势，这是政治统治中不断减少暴力因而不断文明化的表现。”⑤ 社会危机防治行政由于立足于了解社情民怨，

---

① 王和雄．论行政不作为之权利保护．台湾：三民书局，1994：19.

② ［英］威廉·葛德文．政治正义论（第2、3卷）．何慕李，译．北京：商务印书馆，1980：531.

③ 【美】诺内特，塞尔兹尼克．转变中的法律与社会．张志铭，译．北京：中国政法大学出版社，1994：101.

④ 崔卓兰，蔡立东．从压制型行政模式到回应型行政模式．法学研究，2004（4）.

⑤ 姜明安．行政执法研究．北京：北京大学出版社，2004：120.

排查社会危机隐患，调解社会纠纷，化解社会矛盾等，在方式上多采用行政指导、信息咨询、行政救助、行政调解等非强制性行政行为，这意味着公共危机治理更强调开放公共过程，更重视公众参与，更注重协商、沟通、互动，更推崇认同、共识，甚至合一。法律、政策的贯彻执行，只有得到了社会自愿自觉的接受和配合才能真正实现促进社会稳定与发展的作用。因此，在现代社会，非强制性行政行为在现在执法领域中逐渐增加，并逐渐成为占主要地位的行政行为。但这并不意味着公共行政或社会危机防治行政不再需要强制性行政手段，必要的强制对于公域之治，对于危机治理行政而言仍是不可或缺的。现代服务行政对非强制性行政行为的偏爱和肯定，旨在帮助我们诊断行政强制的缺点和弊端，它并不必然表明，非强制性行政行为无条件地优越于强制性行政行为，在某些情况下，我们不得不承认，强制是一种有价值和必需的行政方式，同时，也表明它是别无可行方法下的选择。尽管行政强制经常是立竿见影的，但它只应被保留在较小的、必要的范围内，公法必须顺应公共行政方式多样化与非强制性的发展趋势。①“公共行政离不开强制性行政行为，强制性行政行为是公共行政活动得以顺利进行的重要保障，正如强制性是法律的外在保障一样。”② 传统行政行为中具有威权性的强制性行政行为如行政强制、行政命令、行政处罚、行政征收等，其中一些在社会危机防治行政中仍然是行政主体可以适当采取的行为，但从社会危机防治行政自身追求的公共价值目标来看，传统强制性行政行为的适用却不是充分和完全的，而是在种类上和程度上都有一定的限度。而这个限度就是“利益衡量”的结果，即在维护公共利益的需要和保障公民权利的需要二者之间寻求平衡。

**（一）社会危机防治行政下的强制性行政行为概说**

社会危机防治行政的强制性行政行为主要集中体现在行政职权

① 罗豪才，等．软法与公共治理．北京：北京大学出版社，2007：31-32.

② 马生安．行政行为研究．济南：山东人民出版社，2008：205.

中通过法律的授权本身具有强制性行政职权的职能机构，如公安、国安、国防、交通、海关等部门。这些部门享有的强制性行政职权都通过相应的组织法和单行法授权产生，并非只要是履行社会危机防治行政职能的机构都天然的享有强制性行政职权。除法律的特别授权外，行政机关一般而言不具有强制性行政权。对公民人身权、财产权的克减，从法治行政的要求来看，强制性行政权的享有应当遵循依法行政原则即法律保留原则和法律优先原则，强制性行政权的行使应遵循均衡原则和行政正当程序原则。在政府危机管理中，具有应急职责的行政主体在突发公共事件爆发或紧急状态宣告之后，所采取的强制性行政行为是应急行政的范畴，当行政机关在日常行政下面对危机隐患和社会矛盾时，不善于区分危机防治行政和应急行政，而习惯性滑向使用紧急状态下具有强制性质的应急行政手段，由此导致社会对危机防治行政的往往充满警惕和不信任。因此，划分危机防治行政和突发事件应急行政是理论上和实践中都必要的。而这种区分最突出表现就在于社会危机防治行政中政府的职权范围，尤其是强制性行政行为的范围与限度，这是规则社会可预期性要求下必要理清的内容。

社会危机防治行政来说，由于是出于超前的风险意识而进行的预防工作，并不存在公共危机的现实性，因此，不会赋予行政主体行政紧急强制的权力。但超前的预防并非都不允许适用强制性的行政行为，只是这种强制性行政行为不是行政紧急权力中的内容，而是常规行政中的强制性行政行为。不过从强制性行政行为须接受严格法律授权的角度看，这种行政行为的行使仍然是经法律上授权享有强制性行政行为的行政机关才享有的权力，即职能上本身享有行政强制权，它是日常行政中的内容，如消防机构行使的安全检查、限期整顿等，公安机关行使的强制隔离、强制扣留等，卫生防疫机关行使的强制检疫、强制销毁等。

强制性行政行为是指行政主体基于行政职权作出的强制相对人必须接受、服从的行政行为。① 强制性行政行为包括行政命令、行

① 马生安．行政行为研究．济南：山东人民出版社，2008：196.

政强制、行政征收、行政处罚等，在公共危机治理活动中，政府主体主要采用行政强制的手段。行政强制是在实践中广泛存在的重要强制性行政行为。“行政强制是指行政主体为实现一定的行政目的，依法采取强制措施对相对人的人身或财产予以强行处置的行为。”① 强制性行政行为与行政强制既有联系又有区别，行政强制是强制性行政行为的一种类型，二者之间是部分和整体的关系。

我国《行政诉讼法》第11条将行政强制措施纳入到了行政诉讼的范围之中，但是行政法理论对各种强制性手段缺乏理论的总结、归纳和抽象概括。行政强制措施作为一个不确定法律概念，其含义和范围存在较大的模糊性。行政强制措施仍是一个概括性、包容性的概念，其中可以含有不同形态的具体行政行为。场合的不同，目标追求的差异，都使行政强制措施呈现不同的形态，与相对人权益的关系，法律对其规范和要求的侧重点，救济渠道和途径也都存在差异。

**（二）现代公共行政下行政强制的必要性**

“强制不是说理，绝对谈不到说服。它所产生的是痛苦的感觉和厌恶的情绪。它所造成的是粗暴地使人们的思想脱离我们希望他们深刻认识的真理。”② 现代公共行政要求从压制型行政模式向回应型行政模式迈进。压制型行政模式侧重强制行为，以国家和社会的公共利益为唯一权威目标。回应型行政模式认可相对人的行政主体性，以民主、协商实现社会合作为基本目标，侧重非强制性行政行为。回应型行政模式肯定和承认人性、多样性和由此而来的冲突政治场合下，维持一种道德共同体。③ 其基本特征是通过非强制性行政行为，统合多元利益，培养社会自治，汲取社会智识资源，催

① 周佑勇．行政法原论．北京：中国方正出版社，2006：317.

② ［英］威廉·葛德文．政治正义论（第2、3卷）．何慕李，译．北京：商务印书馆，1980：531.

③ 【美】诺内特，塞尔兹尼克．转变中的法律与社会．张志铭，译．北京：中国政法大学出版社，1994：101.

生行政民主。① “从政治哲学的角度考察，行政权力的基础总体上是从强制到同意的变化趋势，这是政治统治中不断减少暴力因而不断文明化的表现。”② 公共危机防治行政由于立足于了解社情民怨，排查社会危机隐患，调解社会纠纷，化解社会矛盾等，在方式上多采用行政指导、信息咨询、行政救助、行政调解等非强制性行政行为，这意味着公共危机治理更强调开放公共过程，更重视公众参与，更注重协商、沟通、互动，更推崇认同、共识，甚至合一。法律、政策的贯彻执行，只有得到了社会自愿自觉的接受和配合才能真正实现促进社会稳定与发展的作用。因此，在现代社会，非强制性行政行为在现在执法领域中逐渐增加，并逐渐成为占主要地位的行政行为。但这并不意味着公共行政不再需要强制性行政手段，必要的强制对于公域之治，对于公共危机治理行政而言仍是不可或缺的。现代服务行政对非强制性行政行为的偏爱和肯定，旨在帮助我们诊断行政强制的缺点和弊端，它并不必然表明，非强制性行政行为无条件地优越于强制性行政行为，在某些情况下，我们不得不承认，强制是一种有价值和必需的行政方式，同时，也表明它是别无可行方法下的选择。“公共行政离不开强制性行政行为，强制性行政行为是公共行政活动得以顺利进行的重要保障，正如强制性是法律的外在保障一样。”③ “无论社会如何强调尊重基本人权，无论法治观念如何普及和深入，都有发动这种强制性权力的必要。应该说，越是尊重基本人权、法制健全和完善的社会，越是有必要发动这种强制权力，以保护大多数国民的人权不受侵害，保障社会秩序和人民生活有条不紊。这是已被历史证明了的、无可辩驳的事实。”④ 尽管行政强制是社会治理中不可或缺的，且经常是立竿见影的，但它只应被保留在较小的、必要的范围内，公法必须顺应公

① 崔卓兰，蔡立东．从压制型行政模式到回应型行政模式．法学研究，2004（4）．

② 姜明安．行政执法研究．北京：北京大学出版社，2004：120.

③ 马生安．行政行为研究．济南：山东人民出版社，2008：205.

④ 杨建顺．日本行政法通论．北京：中国法制出版社，1998：479.

共行政方式多样化与非强制性的发展趋势。① 传统行政行为中具有威权性的强制性行政行为如行政强制、行政命令、行政处罚、行政征收等，其中一些在公共危机防治行政中仍然是行政主体必须适当采取的行为，但从公共危机防治行政自身追求的公共价值目标来看，传统强制性行政行为的适用却不是充分和完全的，而是在种类上和程度上都有一定的限度。而这个限度就是“利益衡量”的结果，即在维护公共利益的需要和保障公民权利的需要二者之间寻求平衡。

**（三）厘清公共危机防治行政中的行政强制与应急状态下的行政紧急强制的必要性**

强制性行政行为是指行政主体基于行政职权作出的强制相对人必须接受、服从的行政行为。② 在公共危机治理活动中，政府主体常常采用行政强制的手段。行政强制是在实践中广泛存在的重要强制性行政行为。公共危机防治行政的行政强制主要集中体现在行政职权中通过法律的授权本身具有行政强制行政职权的职能机构，如公安、国安、国防、交通、海关等部门。这些部门享有的行政强制权都通过相应的组织法和单行法授权产生，并非只要是履行公共危机防治行政职能的机构都天然的享有行政强制权。除法律的特别授权外，行政机关一般而言不具有行政强制权。对公民人身权、财产权的克减，从法治行政的要求来看，强制性行政权的享有应当遵循依法行政原则即法律保留原则和法律优先原则，强制性行政权的行使应遵循行政均衡原则和行政正当程序原则。

在政府危机管理中，具有应急职责的行政主体在突发公共事件爆发或紧急状态宣告之后，所采取的行政强制属于应急行政下的行政紧急强制。当行政机关在日常行政中面对潜在公共危机和社会矛盾时，不善于区分危机防治行政和应急行政，而习惯性滑向使用紧急状态下具有行政强制性质的应急行政手段，不断威胁和损害公民

① 罗豪才，等．软法与公共治理．北京：北京大学出版社，2007：31-32.

② 马生安．行政行为研究．济南：山东人民出版社，2008：196.

的基本权利，备受公众诟病，同时，也导致社会对危机防治行政充满恐惧和心理排斥。因此，理论中厘清公共危机防治行政下的行政强制和紧急状态下的行政紧急强制，不仅对于规制和控制常态行政中危机防治行政的权力具有积极意义，而且有利于公众辨别和监督紧急状态下的行政紧急强制，使具有高侵益性的行政强制权得到有效的规制。

**（四）公共危机防治行政中行政强制与应急行政中行政紧急强制的区别**

就公共危机防治行政来说，由于是出于超前的风险意识而进行的预防工作，并不存在公共危机的现实性，因此，不会赋予行政主体行政紧急强制的权力。但超前的预防并非都不允许适用行政强制，只是这种行政强制行为不是应急行政下行政紧急权力的内容，而是常规行政中的行政强制行为。不过从行政强制须接受严格法律授权的角度看，这种行政行为的行使仍然是经法律授权享有行政强制权的行政机关才享有的权力，即职能上本身享有行政强制权，它是日常行政中的应有的权力内容，如消防机构行使的安全检查、限期整顿等，公安机关行使的强制隔离、强制扣留等，卫生防疫机关行使的强制检疫、强制销毁等。

公共危机防治行政下的行政强制与行政紧急强制有联系又有本质的区别。公共危机防治行政下的行政强制虽然是政府危机管理活动下的行政行为，但是却是常态下的行政强制，应当适用平常时期的法律规范。若遇到突发个案的紧急事态，则行政即时强制也会出现，表现形态上也是事先不作出行政决定，而直接采取强制力量作用于相对人的身体或财产。采取措施的具体方式上与行政紧急强制并无二致，但在性质上公共危机防治行政下紧急事态的即时强制应当属于常态行政下的行政即时强制。

行政紧急强制是指在有权主体依法宣布进入紧急状态后，特定行政主体针对紧急状态，为了实现行政目的，无须为相对人事先设定义务，而直接对其人身、财产和自由进行强制性限制的一种即时强制。① 这种行政紧急强制适用于紧急状态下的应急行政，进入这个阶段后，规范常态行政的法律规范适用即告中止，行政权力在特别法的授权下，具有极大扩张的可能性。因为行政紧急强制权行政行使具有一定的集中性、独裁性和超宪性，行政强制范围和强度都随即增大，对公民权利的限制和损害扩大，对公民基本人权的形成重大威胁。因此，只有在法定条件下，符合法定的程序国家才能宣布进入紧急状态，行政紧急权才正式启动。

行政即时强制是指为应对紧急事态和维护正常管理秩序，不顾及施加该手段的对象是否情愿，也不要求行政主体事先作出行政处理决定，更不以相对人明确负有相应义务为必要条件，而由行政主体基于其单方面意志，直接地、突然地、不加告诫地对特定相对人实施强行限制，并在必要时，以破坏性力量排除其抵抗，使行政相对人的意志受到强行抑制，与该强行限制手段相左的行为选择自由丧失。②

行政紧急强制属于即时强制的一种，即时强制既可适用于正常状态，也可以适用于紧急状态，在常态行政下，称为一般即时强制，在紧急状态下，当前学术界称为行政紧急强制。二者的主要区别在于：第一，二者适用的前提状态不同。行政紧急强制适用的前提条件是紧急状态，紧急状态是法律状态，构成宪法上规定的紧急状态情形，需要法律明文规定。紧急状态是“一种特别的，迫在眉睫的危机或危险局势，影响全体公民，并对整个社会的正常生活构成威胁”。一般即时强制适用的前提是常态行政中的紧急情形，其在涉及的范围和严重性上，都远远小于紧急状态。一般即时强制都是为了应付紧急事态或排除紧急危害而实施的。虽然一般即时强制不是“常规”状态下的权力，与常规状态下行政权力相比有其

① 王天星．行政紧急强制制度研究．北京：知识产权出版社，2007：4.

② 傅士成．行政强制研究．北京：法律出版社，2001：208-209.

特殊性，但它也不属于紧急状态法意义上的紧急权①，总体上仍属于一般行政权力。第二，行政紧急强制的实施主体一般是较高层行政机关，如国务院、省市级政府等，而一般即时强制实施主体是一般行政机关及其职能部门。如公安、海关、卫生检疫等职能部门。第三，行政紧急强制的权力与一般行政强制相比强度更大一些。在紧急状态下，行政机关的权力相比常态行政下享有更大的权力。如限制公民的基本权利，禁止游行、集会，或对特定区域管制，禁止或限制较大范围内的人们自由行动。而在紧急情形下，一般即使强制只能对公民人身自由、财产权利进行有限度的限制，如强制管束醉酒人直至酒醒、制止正在发生的违法行为等。

**（五）明晰行政强制的内涵与外延**

当前，已有的研究将行政强制整体分为行政强制措施与行政强制执行的两大类。这种划分是以是否存在一个先行行政决定或相对人是否存在先行可履行的法定义务为标准的。前者是特定行政主体，处于维持社会管理秩序的需要，预防或制止危害社会事件的发生，针对行政相对人的人身、行为、财产或其他权益所作出的限权性的强制行为；后者是指因行政相对人逾期不履行行政处理决定，而对其采取强制手段，迫使其履行该义务的具体行政行为。②③④

行政强制是行政强制措施和行政强制执行的合称，系指国家行政机关为了维护和实施行政管理秩序，预防与制止社会危害事件与违法行为的发生与存在，依照法律、法规规定，针对特定公民、法人或其他组织的人身、行为及财产进行约束与处置，或在当事人拒不履行业已生效的具体行政行为的条件下，国家行政机关或人民法院依法对负有履行义务的当事人采用有关强制手段，迫使其履行义务，或者达到与履行义务相同状态的强制性行为。⑤ 行政强制执行

---

① 莫纪宏，等．紧急状态法学．北京：中国人民公安大学出版社，1992：211-218.

② 方世荣．行政法与行政诉讼法．北京：中国政法大学出版社，1999.

③ 胡建淼．行政法学．北京：法律出版社，1998.

④ 叶必丰．行政法学．武汉：武汉大学出版社，1996.

⑤ 胡建淼．行政强制法研究．北京：法律出版社，2003：55-56.

是在相对人拒不履行具体行政行为确定的义务时，依法采用一定的手段或措施，强制其履行义务或达到与履行义务同一状态的一种行为或制度。它是行政权力实现的保障制度。这种划分对《行政强制法》的立法具有理论指导意义，我国2011年新出台的《行政强制法》，就是在这种理论指导下构建出台的，其第2条规定，本法所称行政强制，包括行政强制措施和行政强制执行。

这种选择不仅因其有一定理论上的支撑，而且更重要的是为了保持我国现有行政法规范体系的内在统一和相互配合。我国《行政诉讼法》第11条第2项，将行政强制措施列为可诉的具体行政行为，而不是作为具体行政行为的一种方法对待，而且，这种具体行政行为又与《行政诉讼法》第66条规定的行政强制执行相区别，两种行为在《行政诉讼法》中，泾渭分明。为了与《行政诉讼法》的内容相协调，《行政强制法》立法上将行政强制划分为行政强制措施和行政强制执行，无疑顾全了行政法内在体系的协调。

当前，学界对行政强制措施在分类上存在一定认识上的偏差，有学者将行政强制措施划分为一般行政强制措施和紧急强制措施，并认为“行政强制法应为一般强制措施设计一般的程序要求，如事先作出决定、告诫、证件手续等，但紧急强制措施由于基于情况的万分火急为条件，故可不受上述程序要求的约束”。① 并将行政强制概念的逻辑结构表现为如下：

<table>
<tr><td rowspan="4">行政强制</td><td rowspan="2">行政强制措施</td><td>一般行政强制措施</td></tr>
<tr><td>紧急行政强制措施</td></tr>
<tr><td rowspan="2">行政强制执行</td><td>行政机关实施强制执行</td></tr>
<tr><td>行政机关申请法院强制执行</td></tr>
</table>

这种认识将行政即时强制与行政紧急强制相等同，客观上也是

① 胡建淼．行政强制法研究．北京：法律出版社，2003：58.

造成行政紧急权力在常态下无限扩大，威胁到社会主体的财产权和人身权等宪法基本权利的主要原因。《行政强制法》所调整的是常态行政下的行政强制，对于紧急状态下的行政紧急强制，则属于《紧急状态法》、《戒严法》、《突发事件应对法》等法律来规范，虽然从实践中行政紧急强制与行政强制的实施手段或采用的措施不无二致，但是从立法规范上来说，《行政强制法》是排除行政紧急强制这类行政强制的。《行政强制法》第3条规定，发生或者即将发生自然灾害、事故灾难、公共卫生事件或者社会安全事件等突发事件，行政机关采取应急措施或者临时措施，依照有关法律、行政法规的规定执行。这在立法上就明确了《行政强制法》不适用于紧急状态的应急行政。

行政紧急强制在性质上虽然也属于一种即时强制，但行政紧急强制的概念是与紧急状态相联系的，紧急状态是指危及一个国家正常的宪法秩序，对人民的生命和财产安全构成严重威胁的正在发生的或迫在眉睫的危险事态。① 行政紧急强制实施的前提是出现了法律上的紧急状态，即行政紧急强制是指在有权主体依法宣布进入紧急状态后，特定行政主体针对紧急状态，为了实现行政目的，无须为相对人事先设定义务，而直接对其人身、财产和自由进行强制性限制的一种即时强制。② 对行政紧急强制的理解，有学者认为"也可以称之为应急机制下的行政强制"。③

从以上分析，笔者认为行政强制概念从适用的不同状态角度应当划分为常态行政强制和行政紧急强制，而常态行政下行政强制的逻辑结构应该为下表所示：

---

① 莫纪宏．完善紧急状态立法，保障公民的宪法和法律权利．中国司法，2004（6）．

② 王天星．行政紧急强制制度研究．北京：知识产权出版社，2007：4.

③ 马怀德．应急反应的法学思考——"非典"法律问题研究．北京：中国政法大学出版社，2004：242.

| | | |
|---|---|---|
| 行政强制 | 行政强制措施 | 一般行政强制措施 |
| | | 行政即时强制措施 |
| | 行政强制执行 | 行政机关实施强制执行 |
| | | 行政机关申请法院强制执行 |

这种行政强制概念和外延的逻辑主要针对民主宪政下和平时期的行政强制而做出，采取这种概念逻辑，就是将国家紧急状态和常态下的紧急事态区分开来，国家紧急状态下的行政强制，虽然外在的表现形态上仍大量表现为行政机关的强制措施，但在实质上已经不是常态民主法治下的行政权，而是紧急状态下的宪政集权专制的表现，对权力的规范和正当性的评价已不再是常态下的法律和相关原则，而是宪法规定下的紧急状态下的法律规定，如《宪法》、《戒严法》、《突发事件应对法》中有关对各种国家机关紧急权力授权的规定。

将行政紧急强制排除在常态行政的强制之外，既符合宪政理论下的紧急状态理论，又对于行政紧急强制在外在形式上相似的行政即时强制做到了应有的常态行政下的规制，保全了常态与非常态下的宪政民主体制，给民众了一个把握和衡量国家和政府权力正当的标准。公共危机防治行政下的行政强制，必然是属于《行政强制法》规范下的权力，即一般性行政强制措施、行政即时强制措施和行政强制执行。这几类强制行为在新出台的《行政强制法》中，从权力设定、正当程序和法律责任的逻辑环节中都得到了法制化的规制。

**（六）《行政强制法》对公共危机防治行政下行政强制的法律规制**

英国思想家罗素在他的名著《权力论》中曾指出，“爱好权力，犹如好色，是一种强烈的动机，对于大多数人的行为所发生的影响往往超过他们自己的想象”。①因此，依法治国重在治权，当

① 郭道晖．论依法治官．新华文摘，1998（10）．

然，在制约国家权力的过程中，必须注意制约的限度，否则，国家权力的积极作用也有可能被扼杀。由于具体行政强制的实施，常常会触及社会主体的人身权、财产权等宪法上的基本权利，并关系到行政管理秩序的形成和维持，因此对其进行规制，须体现合法性和合理性，才符合社会对正义的需求。

1.《行政强制法》对不同行政强制措施的规范

公共危机防治行政中的行政强制，最核心需要判别和规制的应当是行政即时强制。行政紧急强制与危机防治行政中的行政即时强制在运行方式上有相似或相同之处，即都是紧急情况下为实现行政目的直接作出基础决定并立即强制执行。不同之处在于行政紧急强制是法律规定的紧急状态下的行为，适用非常态下的《紧急状态法》、《戒严法》、《突发事件应对法》等。而危机防治行政中的行政即时强制是紧急事态下的行为，适用常态下的《行政强制法》和其他常态下的单行法。新出台的《行政强制法》基本上划分了三种行政强制措施的法律适用，并将紧急状态下应急行政的行政紧急强制排除在外。

《行政强制法》第三章行政强制措施的实施程序的第一节一般规定适用于一般性行政强制措施。一般性的行政强制措施应当符合正当法律程序，如事前报告与批准、表明身份、通知当事人到场、告知理由、依据、权利、听取申辩等程序。一般性的行政强制措施，既不是为了行政强制执行而设，也不是为了应对紧急事态而设，其应用的时间和条件，分别是在行政机关作出最终行政处理决定之前，和行政机关在日常行政管理过程中情况尚不清楚，或情况虽已清楚，但为了保障后续具体行政行为的作出和有效实现，仍需要对相对人的权利进行暂时性限制的场合。采取一般性行政强制措施的目的，是为了查明情况或保障后续具体行政行为的有效作出。其功能主要是限制、控制、制止和防范。由于一般性行政强制措施应用范围较广，使用频率较高，不受时间紧迫的束缚，行为上有充足的条件履行正当程序对行政强制的运行要求。《行政强制法》意欲规范的行政强制措施也主要针对这一类。①

行政即时强制措施，是行政主体在紧急事态的情况下，为排除紧急妨碍、消除紧急危险、来不及先行作出具体行政行为，而直接对相对人的人身、财产或行为采取的断然行动。由于行政即时强制是在紧急事态下实施的，其过程相对短暂，其程序也比较简单。《行政强制法》第19条规定，情况紧急，需要当场实施行政强制措施的，行政执法人员应当在24小时内向行政机关负责人报告，并补办批准手续。行政机关负责人认为不应当采取行政强制措施的，应当立即解除。因此，对行政即时强制规定在紧急事态出现时，行政强制应当在作出后规定的时间内履行事后报告和补办手续的程序。

行政紧急强制措施由于是为应对各类突发事件，它是在宣布为紧急状态后，以形势紧迫性为要件，故不必要受上述程序的约束。这就是区分一般强制措施与行政即时强制和行政紧急强制措施的意义。《行政强制法》第3条规定，发生或者即将发生自然灾害、事故灾难、公共卫生事件或者社会安全事件等突发事件，行政机关采取应急措施或者临时措施，依照有关法律、行政法规的规定执行。这条规定就是将处于紧急状态下的行政紧急强制排除在《行政强制法》的规范之外。

《行政强制法》中虽然对一般行政强制措施、行政即时强制和行政紧急强制做到了基本的区别对待，但是该法主要是以一般行政强制措施和行政强制执行作为规范的核心，程序规范则突出了这两种行为的法律规制。行政紧急强制由于是紧急状态下的行政活动，不属于常态下《行政强制法》的规制范围，由特别法另行规定。从尊重和保护人权的角度讲，行政即时强制是不受欢迎的行政作用。鉴于行政即时强制的断然性，较高的裁量性和对基本人权的严重威胁性，有必要对行政即时强制的发动条件进行理论限制和审查，要求行政即时强制的实施必须符合一定的条件。

行政即时强制是为了实现特定的秩序或必要的状态，为了预

① 傅士成．行政强制研究．北京：法律出版社，2001：267.

防、制止或控制危害社会情况的发生，或者为了后续具体行政行为的顺利实施，而对相对人实施的断然行动。行政即时强制的即时性、断然性和强行性，是应对紧急事态、消除紧急危险，排除或防止当前紧急危害的所必需的，它对于公共危机防治行政来说具有极其重要的意义。因此，行政即时强制成为危机防治行政中备受青睐的行为之一。行政即时强制的高裁量性，虽有利于及时有效地处理紧急事态和消除紧急危险，但却对人权保障构成严重威胁，也成为侵害性行政行为中危害最大的行为之一。

我国新出台的《行政强制法》对行政即时强制的规范只有一条即第19条，情况紧急，需要当场实施行政强制措施的，行政执法人员应当在24小时内向行政机关负责人报告，并补办批准手续。行政机关负责人认为不应当采取行政强制措施的，应当立即解除。可以说，从立法规范上对这种常态下非“常规”的行政强制行为，进行了程序性的规定，体现出民主法治的明显进步。但从现有的立法内容来看，“与行政即时强制自身的特点和使命相适应，有关行政即时强制的条件大多只能是原则性的，特别是事实条件。但必须明确，无论行政即时强制的条件有多大的伸缩性，也无论行政机关在实施行政即时强制时对条件的把握有多么大的裁量性，行政即时强制都必须有条件，是不容置疑的”。①

2. 社会危机防治行政下行政即时强制的成立要件探讨及立法的完善

行政即时强制的成立条件，是对这种高侵益性、高裁量性的行政权力必要规范。但当前立法没有明确的规定，成为对行政即时强制规制的一大缺失，从其内涵和特殊性上着手和分析，笔者认为行政即时强制至少应当包括以下两个方面：

第一，事实条件。所谓事实条件，是指可以或不得不采用行政即时强制的事实状态。行政即时强制的事实状态是事态紧急，立法上对事实条件直接阐述并不多见，只宜作出原则性、概括性的规定，“事态紧急，不采取断然措施不足以消除紧急危险和紧急危

① 傅士成．行政强制研究．北京：法律出版社，2001：226.

害”，这样的原则性事实条件的概括，不仅有效说明问题，而且为实施行政即时强制留下必要的权衡和裁量空间。紧急事态是在大范围属于正常状态下的个别非正常并且是紧急的事态，与紧急状态相比，它仍属于正常状态。紧急事态无论在范围和严重性上都远远轻于紧急状态。

第二，法律条件。所谓法律条件是在事实条件具备的情况下，法律对实施行政即时强制的主体、职权、程序和限度等的强制性要求，包括法律的实体条件和程序条件。实体条件上要求“行政机关获得行政即时强制的授权，仍应为行政机关依其法定职权作成行政处分。行政机关并不因之而获得原所未有之权限”。① 行政即时强制由法律规定的拥有行政即时强制权的行政机关作出。《行政强制法》作为基本法律在职权的授予上，没有特殊的授权，如需要特别授权应以各单行法专门规定。在程序条件上，行政即时强制的特殊性在于无须依一般程序，但是并非是没有程序。《行政强制法》首次采取事后追认的方式，对行政即时强制进行程序上的规范，即通过有效时间内的补充报批程序实现对行政即时强制的监督和控制，否认没有遵循正当程序的行政即时强制的合法性。

在法律条件中，还必须满足必要性条件。“须为必要之处置”即行政机关采取行政即时强制为最后的选择。“行政机关采取之即时强制方法外，若别有其他手段，可以达成相同之目的时，则原来之即时强制方法即非必要。”② 该条件是行政法禁止过度原则下必要性原则的要求，也称不可替代性原则或最温和方式原则。这个原则对行政即时强制适用的正当性具有衡量的价值。行政即时强制的实施既要在限制个人利益的手段与实现公共利益的目的之间进行权衡，又要在限制私人利益的手段之间进行权衡，目的是能选择一种既为实现公共利益所绝对必要，也对相对人限制或损害最小的手

① 陈敏．行政法总论．北京：神州图书出版有限公司，2004（11）：857-858.

② 陈敏：行政法总论．北京：神州图书出版有限公司，2004（11）：860.

段。很明显，行政即时强制的必要性，作为有权行政机关对“紧急事态”的预判，具有很大的裁量余地。一方面是由紧急事态本身的严重性所决定，另一方面也受紧急事态可能造成不可挽回的损害影响。从防止和限制权力滥用的角度考虑，行政即时强制侵害权益的危险性较大，但出于对秩序的追求和更大权益的保护，行政即时强制作为一种防范性、排障性手段和措施仍然是不可缺少的。作为行政即时强制法律条件的“必要性”条件，其价值应该是作为理性化实施的提示性和警戒性要求。

此外，还需要强调的是，行政即时强制实施后，行政主体应检视实施行政即时强制的过程、力度和对相对人的损害程度，对于违法或不当的行政即时强制造成的损害，应主动及时给予赔偿或补偿。检视程序也应作为行政即时强制立法中强制性程序加以规定，完善对常态下行政即时强制的监督和控制，补足现有《行政强制法》规范的不足。

**（七）社会危机防治行政下的行政强制措施的分类及具体形态**

第一章我们界定，社会危机防治行政是政府危机管理下与应急行政相衔接和相并列的行政阶段。在应急行政下行政紧急强制属于法律上宣布为紧急状态下的国家权力行使类型。而社会危机防治行政则属于紧急事态下即常态下的公共行政的内容。

1. 社会危机防治行政中的行政强制措施应当包括常态下一般性行政强制和行政即时强制。

在类型上，一般性行政强制措施一般包括行政强制检查措施、行政强制预防措施、行政强制制止措施和行政强制保全措施。对于一般行政强制措施应采用统一立法模式，即在行政强制中对一般行政强制措施作出统一规定，因为一般行政强制措施适用于平时的一般情形，目的或者是为了查明情况，或者是为了预防或制止危害行为和结果，或者是为了保障行政的顺利进行。我国新出台的《行政强制法》第三章第一节，对一般性的行政强制措施的正当程序作了统一的规范化的设计和规定。它与行政即时强制措施不同，在采用这类强制措施之前，不存在作为即时强制事实条件的“紧急事态”，它是在“不紧急”或正常情况下根据需要而采用的行政强制措施。

一般性行政强制措施从行政行为的对象上来划分，可分为对人身的行政强制措施、对物的行政强制措施、其他强制措施。具体形式和手段主要有强制检查、查封扣押冻结财产、强制留置与盘问、强制传唤与讯问、强制约束、强行带离现场、强制戒毒、强制隔离、强制治疗、收容教育、强制遣送、行政管制、限期整顿、取缔等。行政机关针对特定相对人所采用的强制性手段，在行政法意义上来讲行政强制措施是一种具体行政行为。这些行政强制措施从组织法的规定来看，分属于不同职能的行政机关，由特定的职能部门在常规行政中视具体情况并遵循相应的法律原则和法律程序行使①。职能部门在非"紧急状态"下所行使的行政强制不属于应急行政，应属于常规行政下的维稳行政，可以说对于职能部门来说，日常行政的有序、规范和高效的行使自身就是减少社会矛盾、及时化解社会纠纷、消除社会自身运行中积聚的社会不满情绪、预防社会危机生成和演化的最基础政府工作环节。因此，社会危机防治行政首先在于政府公正廉洁执法。职能部门的基础工作无可挑剔，既解决了社会问题，也避免了自身的官僚腐败，民怨积聚也就无处谈起。政府各个职能部门，尤其拥有行政强制权的职能部门在常规行政中的危机防治行政，慎用强制，规范使用强制，就为社会危机防治行政的基础性工作奠定了良好的基础。"法律存在的真正的基本的必备条件是，社会授权的当权者合法地使用物质强制。法律有牙齿，必要时会咬人，虽则并不时时使用。"② 我们会看到，在强制力之外，法律和执法公正性的感召力，人们的心理惯性、社会压力、道德义务及法律信仰等非强制性因素，同强制力一道，对

① 一般行政强制应遵循的法律原则和法律程序，是未来行将制定的《行政强制法》中的重要内容，《行政强制法（草案）》公布以来，人大也经过了若干次的人大会议审议，至今还未最终出台，但对行政强制的规范已箭在弦上，期待更成熟的法律生成。

② ［美］霍贝尔．原始人的法．严存生，译．贵阳：贵州人民出版社，1992：23.

法律的实现产生综合性效应①。确保遵从规则的因素如信任、公正、可靠性和归属感，远较强制力更能为重要。任何仅仅依靠强制力维系的法律制度必然是不成功的，甚至是失败的。

行政即时强制是为应对紧急事态，或为排除个别紧急危害而设置和实施。行政即时强制措施与一般性的行政强制措施行政权力相比有其特殊性，同时，也不属于紧急状态法意义上的紧急权②。行政即时强制总体属性上仍属于一般行政权力，实施即时强制的行为属于具体行政行为。③

行政即时强制行为对特定相对人权益产生直接的、强制性的影响。就目前公认的及时强制的形式有强制戒毒、强制隔离、强制治疗、盘问、检查、留置、强制遣送、强制扣留和人身管束及对财产的查封、扣押、冻结和限制使用等。从动态角度看，行政即时强制是一个过程，从静态角度看，行政即时强制属于一种行政强制措施，我国《行政诉讼法》第 11 条所规定受案范围的行政强制措施包括这类行政即时强制。

常规行政中的强制性行政行为，对公民权利潜在危害最大的就是行政强制措施。行政强制措施的基础是行政强制措施权，《立法法》第 8 条规定，对公民政治权利的剥夺、限制人身自由的强制措施和处罚，只能由全国人大及其常委会制定法律。这一规定表明，涉及限制人身自由的行政强制措施，只能由法律设定，但涉及限制财产权的行政强制措施并不一定要由法律设定。另外，最高人民法院的司法解释表明：行政规章不能设定行政强制措施。④

中国现行法律中涉及的行政强制措施，无论是限制人身自由权，还是限制财产权，均由相应的有行政强制权的行政主体实施。据统计，法律规定的行政强制措施，涉及的执法主体有县级以上人

---

① ［美］伯尔曼．法律与宗教．梁治平，译．北京：三联书店，1991：43-44.

② 莫纪宏，许高，等．紧急状态法学．北京：中国人民公安大学出版社，1992：211-218.

③ 傅士成．行政强制研究．北京：法律出版社，2001：213.

④ 胡建森．行政强制法研究．北京：法律出版社，2003：189.

民政府和公安、安全、海关、环保、林业、审计、卫生、动植物检疫机关和戒严机关等；行政法规规定的行政强制措施，涉及的执法主体主要有工商、技术监督、城建、土地、规划、教育、民政、边防、港务监督、渔政、水产管理以及商品流通部门。①

行政即时强制行为与一般强制行为是理论上需要划分的一对范畴，但从手段上很难区分，因为许多即时强制的手段同时也可成为一般强制的手段，反之亦然。强制预防与强制制止，是从手段的目的性而言的，它们之间也有交叉性，如许多制止行为，既是为了消除业已发生的危害社会事件的存在，同时，也是为了消除尔后更重大的危害性的发生。行政即时强制包括立即疏散、强制人身约束、立即拘留、强行带离、强行驱散、责令立即停止或纠正、使用武器或警械等。

2. 社会危机防治行政下行政强制措施的类型

行政强制措施是在行政强制行为中采取的具体行政行为，一般行政强制和行政即时强制采取的行政强制措施的方式是一致的。行政强制措施的方法形式多样，根据强制的对象，可以分为涉及人及人身自由的行政强制方法，涉及物品的行政强制方法与涉及房屋进入的行政强制方法。② 对物的行政强制措施是行政主体对财物进行处置的强制方法的类别概括。它本质上是对财物所有权的四项权能，占有、使用、收益和处分的各种限制。对财物的强制措施有强制检查、强制检疫、强制保全、行政管制、限期整改、取缔等。

（1）行政强制检查是指行政主体为了实现行政目的，依据其职权，对一定范围内的行政相对人本身、相对人的行为与相对人有关的财物等进行强制检查、了解等收集信息的活动。③ 行政强制检查的特点有具体性、单方性、依职权性、非处分性、强制性和可救济性。根据强制检查的对象不同，可分为对人的检查、对物的检查和对场所的检查。这种分类的意义在于防治行政强制检查权对人权

① 李援．中国行政强制法律制度的构想．行政与法制，2001（3）．

② 胡建淼．行政强制法研究．北京：法律出版社，2003：291.

③ 金伟峰．中国行政强制法律制度．北京：法律出版社，2003：21.

的非法侵害，根据检查对象的不同，法律对强制检查权的行使设置了不同的程序要求。我国行政强制检查主要包括公安行政强制检查（包括治安、交通、消防、戒毒、狱政等）、工商行政强制检查、海关行政强制检查、环境保护行政强制检查、审计行政强制检查、水利水电行政强制检查、卫生防疫行政强制检查、边防行政强制检查、证券监督行政强制检查、国防计量行政强制检查、国家安全行政强制检查等。

（2）行政强制管制是指依法具有行政强制管制权的行政主体对法律法规所规定的管制对象，限制其权利，命令其进行一定的行为与不作为的一种限制强制措施。行政强制管制制度是一系列具体管制制度的总称，包括交通管制制度、现场管制制度、防火管制制度、特种物品管制制度和其他管制制度。① 行政强制管制制度适用领域广泛，在我国目前尚未有统一的行政强制管制法规，各种管制制度散见于各法律法规规章等规范性文件之中，其中，属于法律位阶的是《防震减灾法》、《戒严法》、《消防法》、《防洪法》、《人民警察法》、《枪支管理法》等。

## 五、社会危机防治行政中的非强制性行政行为

随着传统规制行政转入现代服务行政、给付行政，行政手段开始兼具权力与弱权力、非权力、非强制性等多重属性。由于社会危机防治行政在于公共危机的预防和社会矛盾的疏导和化解，行政中主要采用非强制性行政行为，即使是拥有行政强制权的行政机关，在行政行为手段的选用上也应当顺应公共治理下非强制性行政行为优先适用的行政活动准则。因此，非强制性行政行为的采用将是政府职能转变中的一个突出的表现。非强制性行政行为虽然不具有权力性行政行为那样明显和直接的强制性，但它同样可能影响行政相对人的权益。如果没有法定程序的规范和制约，则也可能侵犯相对人的合法权益。社会危机防治行政中的行

① 金伟峰．中国行政强制法律制度．北京：法律出版社，2003：220-221.

政给付如行政救助的行政决定和实施等虽不具有强制性，但却直接涉及相对人社会权利的实现，行政程序法对其程序加以调整、规范，其重要意义更是显而易见。① 为此，许多国家和地区开始将非强制性行政行为也纳入到行政程序法的调整范围，并按行政程序法所规定的路径进行救济。

行政行为这一行政法上的概念，从产生以来在各国的行政法实践中均扮演了重要的角色，由于各国的宪政体制及其历史发展的不同，各个主权国家的立法制度、行政制度、司法制度的不同结构，导致行政行为概念存在很大的分歧，因此，对行政行为概念的理解必须结合特定的国情背景和具体制度来考量。

我国当前的通说的行政行为是指行政主体行使行政权力，以行政管理为目的，产生公法上效果的行为。② 这个概念在现代行政和给付行政下，存在一定的局限，对行政行为的效果限定在公法上且对直接和间接的法律效果把握不定，将行政机关的私法行为和事实行为排除在行政行为之外，都难以与现实发展相适应。当前对行政行为的研究，主张从动态和宽容的视角上来拓展这一概念成为普遍接受的一个趋势。学者认为，“从动态的角度来看，行政行为是一个在动态的时间序列当中不断演进的互动机制”。③ 双方的意思表示从一致到不一致，再到最后意思强制，呈现出来从弱到强的趋势，行政主体与相对人的意志强弱对比关系决定着行政行为是强制性或非强制性。非强制性行政行为是指行政主体和行政相对人在其各自的法定职权和权利范围内，为实现各自的目的，依据法律规范或法律原则、精神或政策，采用计划、指导、调解、合同、资助等非强制性的方式和手段，自愿的为或不为某种行为的行政行为。在

① 姜明安．制定行政程序法应正确处理的几对关系．政法论坛，2004（9）：20-21.

② 胡建森．行政法学．北京：法律出版社，1998：263.

③ 田文利．非强制性行政行为及其法治化路径研究．北京：知识产权出版社，2008：67.

这类行为方式中，行政相对人的意思表示起最后的决断作用。① 以非强制性行政行为所处的阶段性，可以将其分为第一阶段的非强制性行政行为和第二阶段的非强制性行政行为，第一阶段的行政行为包括行政指导、信息公开、行政资助、行政奖励、行政服务、行政救助、行政合同等；第二阶段的非强制性行政行为包括行政监督与行政诉权两类，如行政异议、行政信访、行政调解、苦情处理、行政复议等。

从现实的行政活动来看，存在着不同形态的非强制性行政行为，有必要对这些行为进行类型化归纳，将纷繁复杂的非强制性行政行为简化为几个明确的概念表达，以便使人们借助这种表达工具，对整个行政行为的过程进行更加科学的安排，特别在未来《行政程序法》中，若能将这几种类型化的非强制性行政行为纳入其中，则将对我国行政程序法治起到一定的推动作用。当前，我国学界对非强制性行政行为中的某些类型的行政行为如行政指导、行政合同已经基本达成共识，对其已纳入到未来的《行政程序法》的框架中，但是对行政救助、行政资助、行政调解等非强制性行政行为却缺乏关注。由于后者社会危机防治稳行政中处于更加频繁和重要的地位，又具有目的多元性、内容裁量性、手段多样性、依据广泛性、权力现代性、利益驱动性的特点，学界担负着促进此类非强制性行政行为法治化的使命，最终推进法治行政的整体宏观目标的实现。

我国自改革开放以来，基本上形成了行政法的体系雏形，从总体格局来看，以行政行为作为立法主线的倾向明显，呈现出行政行为法的“单行立法与普通法”并行的明暗两条线的格局。② 单行法如《行政处罚法》、《行政许可法》、《行政强制法》、《政府采购法》、《信访条例》、《行政复议法》等，可视为是行政行为法

① 田文利．非强制性行政行为及其法治化路径研究．北京：知识产权出版社，2008：72.

② 田文利．非强制性行政行为及其法治化路径研究．北京：知识产权出版社，2008：119.

的明线，从这些单行法中可看出，强制性行政行为的法律比较齐全，而非强制性行政行为的法律规范不太完整。非强制性行政行为主要体现在部门法等普通法中，如《海关法》、《教育法》、《道路交通安全法》等，是一条暗线，非强制性行政行为呈现出多样化、专业化的特征。与社会危机防治行政相关的各类行为由于以非强制性行政行为为主，在制定法的表现上都呈现出一定的分散和琐碎。

从行政机关的社会危机防治职责来看，民情信息收集，化解矛盾纠纷，疏通社情民意，畅通公民利益表达，是行政管理性质的职能概括和表达，转化为行政法的行政行为概念来衡量，各种职能可以类型化为具体的行政行为方式，包括行政指导，信息收集与发布，行政异议受理、行政调解、行政决定、行政救助等。在强制性行政行为与非强制性行政行为中的行为选择上弱权力行政行为优先的原则基础上，非强制性行政行为都将成为强制性行政行为的前置行为，在常态行政下，只有当非强制性行政行为优先选择且穷尽之后，具有强制性权力的行政主体才获得了强制性权力实施的正当性。因此，行政机关在社会危机防治行政中始终应当贯彻着非强制性行政方式。

## 第三节　社会危机防治行政的社会主体——社会组织

现代社会日常生活实践提出并规定了政府公共权力社会责任担当及其限度范围问题。现代社会是一个交往日益全球化、科学技术高度现代化的社会，现代社会也是一个高风险的社会，现代社会中的个体总是通过日益分化了的具体群体成为社会有机体中一个分子。在这种具有高度风险性的现代社会，每个人，乃至每一个阶层、集团都无法独立地面对这种日益繁杂、高度风险性的社会日常生活。① 在对各类公共危机事件的研究中，越来越使我们坚信社会

① 高兆明．行政正义论．北京：社会科学出版社，2007：6.

组织与社会网络是对公共危机预防反应的最基本社会单位，社会资本在公共危机的防治中越来越显示出重要的价值。

## 一、社会组织成为社会危机防治行政中一方主体的必要性

### （一）国家行政的自身局限性要求社会也成为社会危机防治行政的责任主体

面对当前行政法发展的现实，首先在观念上需要转变传统国家行政观念，对于社会广阔领域的危机防治行政来说，尽管政权机构中在职能划分和承担上有专门的公共安全维护和管理机关如我国的公安机关、国家安全机关等，但这种职能的角度都是建立在国家行政的层面上。对于当前社会转型期面临的各种复杂多样和潜在风险的社会矛盾来讲，显然这种国家行政的观念是难以回应当前的现实需求的。因此，危机治理下社会危机防治行政要从传统的国家行政中走出来，行政法自身也应当从原有沦为国家行政管理的工具层面，转化为为更广阔的社会公共行政提供理论支持、适用和规制指导，即由国家行政向公共行政转变。这种观念的转变强调社会与公民的自主性，培养多元的社会主体，倡导多元主体参与，提高公共管理和公共服务的社会化程度，合理调整行政权的作用范围和作用方式，设法改变政府权力结构上的高度集权，政府结构定位上的高度扭曲，使“全能政府”向“有限政府”转变。① 面对当前风险重重的社会危机状态，政府调动起来尽可能的国家机构似乎要全面干预社会，但西方福利国家的行政扩张和我国计划经济下的经验向我们昭示，全能政府下的政府机构急剧膨胀、行政效率低下和财政不堪重负等消极后果，都要求在社会危机防治行政应当向社会分权放权，通过群策群力，让社会这样的“外围”享有一定分担责任的主体资格，来减轻政府的负担，而不是把权力集中到政府中心。

在社会危机防治行政中，尽管政府是危机防治的行政主导主

① 石佑启．论公共行政与行政法范式转换．北京：北京大学出版社，2005：130.

体，但是由于社会危机防治范围的广阔性，使得以政府财政支撑的国家组织必然有其致命的局限性，因此基础性预防工作必然是由社会来担当的，社会主体就成为社会危机防治行政的基础性主体，是政府行政主体决策的执行和实施主体。公共危机治理的广阔性和源头性，促使社会危机防治行政的具体工作都将落实在基层和星罗棋布的广阔社会。社会层面的危机防治行政同样是重要的一极，并且是比之基层政府部门更基础的层面，社会才是整个国家的根基，是国家组织存在的目的。社会在危机防治行政中的重要性决定了它将成为危机防治行政二元主体中的不可或缺的主体。

**（二）多元社会的发展趋势使社会组织拥有了行政管理的职权**

"多元社会"是宪政的一个前提条件，也是人类不可避免的趋势。调和"多元利益"乃社会安定、繁荣的基本要义。不过，调和"多元社会"的多元利益和冲突，需要政府具备"政治宽容"才是可能的。政治宽容是社会多元体制得以存续的具有决定性意义的因素。而政治宽容在逻辑上是宪法宽容的结果。宪法的宽容与其说是制度上的，不如说是文化上的，同一项制度，在专制文化环境中可能成为压制人民自由的暴力工具，而在一个宽容文化环境中则可能成为保障人民自由的锐利武器。① 社会的多元化，甚至也是社会之所以成其为社会的一个基本标志。在一个社会、一个国家片面追求"划一"，势必窒息社会和国家的生机与活力。

在治理理论下，社会危机防治行政成为治理中的重要内容，治理理论让我们知道，治理虽然需要权威，但政府并不是唯一的权力中心，其他社区组织、社团组织和私营组织都可能是权力中心，治理是政治国家与公民社会的合作，是政府与非政府组织的合作，是公共机构与私人机构的合作，是强制与自愿的结合。

危机防治行政在主体上体现出对社会主体的依赖性，行政主体类型的多元化是随着我国公共行政改革的不断深入，在当前公共危机治理领域不断全面铺开的背景下，国家向社会分权的步伐逐渐扩大，行政公权力、履行公共职能的非政府公共组织也大量产生。由

① 江国华．宪法哲学导论（第2版）．北京：商务出版社，2008：466.

于防治社会危机、维护社会稳定是公共行政的基本职能，因此，社会危机防治行政就具有行政公权力的属性，正如前文所述，社会危机防治行政具有广阔性和源头性的特征，使得防治行政的行政公权力必然是一种极度向社会分权的一类管理领域。这就在原有的行政机关类型的基础上又极大地扩张了行政权力的主体范围。从各国行政法的发展历史来看，行政主体类型的多样性是处于不断发展之中，最突出的表现就是随着行政分权的推进，行政手段的多样化和公法的私法化，出现的“私法组织形式的行政主体”，这促使大陆法系国家传统的行政主体观念发生变化，不再以是否具有公法人身份作为界定行政主体的标准，而是要结合组织形式、活动规则、权力与行为的性质等，来综合判断某一组织是否是行政主体。①

**（三）非强制性行为在行政领域中的兴起为社会危机防治行政社会主体的功能实现提供了必要方式**

为适应经济与社会发展的需要，现代行政的方式日趋多样化，传统的以权力行政为中心，以单方面和强制性为基本特征构建的行政行为理论体系，当前已无法适应现代公共行政变革的现实需要，大量的非强制性行为在行政中的出现，使得行政法理论上需要给出合理的回应。事实上，在现实的行政中，大量存在着裁量基准、行政指导、行政调查、行政协调等各种行为和制度，“行政并不是行政行为和行政强制执行，而是使用各种各样的手段来实现其目的。行政除从前范围内的公法上的方法之外，也使用所谓私法上的手段进行活动”。②

由于社会危机防治行政的目标并非是通过强制性的手段来达成社会高度刚性静态的社会稳定，而是承认社会存在矛盾，并勇于面对，力求化解矛盾，解决冲突，让社会能够无害化的释放社会负面能量，寻求社会推进发展中的动态平衡和动态稳定。所以从社会主

① 石佑启．论公共行政与行政法学范式转换（第2版）．北京：北京大学出版社，2005：144.

② ［日］盐也宏：行政法．杨建顺，译．北京：法律出版社，1999：37.

体层面的防治危机而言，其目的是为了提供更优良的服务，有效的实现公共利益。因此，基于民主、公开、平等、自愿基础上的非强制性行为方式，必然成为社会主体危机防治行政的行为方式。而不应将国家行政职能机关的强制性和单方性的行政行为作为固守和必然的模式，引入到社会主体行政的行为方式中。错综复杂的社会关系无法也并不必然需要运用强制性的行政手段来实现行政目标，在社会主体层面由于其主体性质的民间性和非权力机关性，在手段上不享有，也不宜有国家强制性的公权力，非强制性行为就成为社会主体在维稳行政中的必然行为模式选择。非强制性行为体现了现代行政的民主精神，体现了对行政相对人的尊重，是站在与相对人对等地位实施行政活动。“行政权的强制作用并不总是万能的，它会由于相对方有形或无形的抵制而大大降低其功效。”① 非权力性行为重视诚实信用、平衡原则和契约理念的支配，以协商、沟通、说服、诱导和提供良好服务的方式进行工作，容易与相对人之间形成合作互动的关系，容易得到成员的支持和配合，自治目标的实现较为顺利，行为成本低廉。

其实不仅对危机防治行政的社会主体而言应当以非强制性行为作为其工作模式，而且对政府主体来说，同样应当增强和倡导非强制性行为在社会危机防治行政中的作用发挥。随着经济和社会的发展，强制性行政行为的适用空间会逐步缩小，而非强制性行政行为的广泛运用将成为社会发展的主流。危机防治行政的固有本质并非是单纯的指向维护统治阶级政权的稳固，其同样具有公共行政所具有的公益性和服务性的属性，或者说正是公共行政的属性才使得危机防治行政成为社会化的公共行政活动。其服务性、公益性的功能的发挥必然要借助越来越兴盛的各种非强制性的行为方式，如行政调解、行政资助、行政疏导、协调、指导、化解、信息服务、信息收集、分析和处理等行为方式。“当然强制性和非强制性行为各自

① 罗豪才．现代行政法的平衡理论．北京：北京大学出版社，1997：22.

包括哪些类型，尚处在探讨之中，没有最后定型。”①

**（四）社会组织成为社会危机防治行政一方主体有利于培育和谐和宽容的公共精神**

社会的和谐与动态稳定，依靠由个体组成的社会网络和社会组织运用社会性的资源，达成良性互动的循环状态。在社会的群体层面上，公众所处于的生活组织以及公众基于公共精神和社会责任的内在激励自愿、自发组织的社会组织或公民组织、人际信任以及合作利他的社会规范可以使社会成员积极投入到社会良好关系和社会稳定的建设中来，社会组织和成员的齐心协力所形成的合力，是对公共危机治理的更新和有益的补充。只要公共危机治理得当，社会危机防治行政的价值获得社会的普遍认同，就会起到激发和提升社会组织的内在动力和社会资本的作用，同时，公共危机治理过程自身就是一个使用和调动社会资本的过程，并且社会资本不会因为使用过度而枯竭反而会因为不使用而枯竭。公共危机治理的众多研究表明，人们在公共危机防治尤其是公共危机面临的公共利益被侵害的事实面前，可能会建立起新的信任、合作和公共精神，使社会整体的凝聚力得到升华。而且以各类社会组织所具有的志愿精神和浓厚的伦理色彩的社会自组织，其自身所开展和倡导的各种道德实践，本身就是在为社会和谐提供信任、合作、规范、网络等社会资本。社会组织是社会资本建立、积累的重要载体，在这方面起到了重要的作用。在社会组织内部，基于民主、平等的参与者在集体问题、重大问题或矛盾问题上的解决过程中，掌握了沟通和交流的技巧，懂得了妥协和宽容，培养了互信和互动，学会了遵守约定和规范，进而孕育公民社会的公精神。同时，公共精神又使一个强大的、活跃的和有众多社会组织存在的社会健康发展成为可能，并使社会良性循环，螺旋上升。②

---

① 石佑启．论公共行政与行政法学范式转换．北京：北京大学出版社，2005：180.

② 聂磊．危机管理中的社会组织研究．北京：知识产权出版社，2010：2-3.

## 二、社会危机防治行政中社会组织多元化的类型

在现代，随着经济的发展和社会的变迁，国家与社会的一体化格局逐渐被打破，国家与社会的二元划分逐渐清晰，同时多元化的社会格局逐渐形成，政府已难以及时地、全面地满足公民日益增长的经济与文化生活需要和多样性的权利要求，政府负担过重，迫使它不得不将一部分权力转移给非政府组织行使，这就是社会主体多元化和权力多元化的现象。"伴随着社会多元化和国家民主化进程的推进，权力不断从国家返还给社会，国家权力已不是治理社会的唯一权力，与之并行或作为其补充互动力量，还有非政府组织的社会权力，权力不只是集中于政府，而是部分地分配于相关的社会组织。"①

社会主体在一些社会问题比较突出、尖锐的领域，社会公共组织的活动较为活跃和集中。它们往往发挥着政府度难以充分发挥的作用。社会危机防治行政下，社会主体就具有如此优势，随着改革开放以来，一个相对独立的公民社会的逐渐成长，是公民社会对社会公共事务的参与管理和与政府的合作管理前提。国家行政、社会公共行政的有机结合和公民的广泛参与，构成了维护和发展公共利益的多元力量结构。在维稳行政的领域，目前我国的非政府公共组织主要有公共企业单位、公共事业单位、社会团体、社区组织等类型。

### （一）各类企业单位

自然灾害、安全生产、环境污染等安全事件的防治，基本的职能机构和责任主体在于各类生产型的企业单位。对于突发事件类型中的自然灾害事件、事故灾难事件、公共卫生事件、社会安全事件的四类公共事件中，企业单位在日常生产中的安全责任和预防工作将是减少事故性突发事件发生的基础性的环节。在第一章中我们介绍了，公共危机可划分为原生型公共危机和派生型公共危机。公共危机常常会在一定范围内出现"并发综合征"，或会出现矛盾的次

① 郭道晖．权力的多元化与社会化．法学研究，2001（1）：15.

生和转化。当我们面临着纷繁复杂一系列突发公共危机时，必须抓住主要矛盾，首先处理好原生型危机，同时，在治理原生型危机时，又要防止和治理好派生型公共危机。

从危机防治行政的角度来看待自然性和事故性的公共危机时，这些都可以归于非冲突性的危机和结构良好的危机，即危机并非历史久远长期积累的问题，而且涉及核心的价值和根本原则程度较轻；危机是在现实问题中发生的，所寻求的目标是现实的，可以达到的，不涉及政治和社会制度的核心价值和根本原则。涉及的问题呈现出比较强的单一性，且利害关系群体相对较少，破坏社会的范围有限。在日常生产中大量存在的都是结构良好型的危机，对于此类危机的解决大多属于企业安全生产和事故灾害救助体系的管理范畴，相应安全事故的发生往往也多是价值目标上和判断上的一致性而非冲突性的危机，自身的预防和应对主要涉及预防事故灾害的技术和生产规章制度等客观管理层面，但同样此类危机的预防和处理不当容易引发次生危机，而形成冲突性的危机，成为维稳行政的预防源头。

**（二）各类公共事业单位**

事业单位（Institutional Organization），一般是指以增进社会福利，满足社会文化、教育、科学、卫生等方面需要提供各种社会服务为直接目的社会组织。事业单位不以盈利为直接目的，其工作成果与价值不直接表现或主要不表现为可以估量的物质形态或货币形态。事业单位是相对于企业单位而言的。我国国务院《事业单位登记管理暂行条例》（国务院第252、411号令）规定的事业单位，是指国家为了社会公益目的，由国家机关举办或者其他组织利用国有资产举办的，从事教育、科技、文化、卫生等活动的社会服务组织。事业单位是以政府职能、公益服务为主要宗旨的一些公益性单位、非公益性职能部门等。它参与社会事务管理，履行管理和服务职能，宗旨是为社会服务，主要从事教育、科技、文化、卫生等活动。事业单位一般是国家设置的带有一定的公益性质的机构，但不属于政府机构，大体可以分为“参公（即参照公务员）”、“全额拨款”、“财政补贴”、“自收自支”四类性质。①

事业单位是以政府职能、公益服务为主要宗旨的一些公益性单位、非公益性职能部门等。它参与社会事务管理，履行管理和服务职能，宗旨是为社会服务，主要从事教育、科技、文化、卫生等活动。其上级部门多为政府行政主管部门或者政府职能部门，其行为依据有关法律，所做出的决定多具有强制力，其人员工资来源多为财政拨款。事业单位的登记在编制部门进行。事业单位与职工签订聘用合同。发生劳动争议后，事业单位进行人事仲裁。我国事业单位大多数是国家出资创办，并受国家行政机关的监督和管理。在我国行政编制中，大多数事业单位的经费与人员工资由国家财政预算的事业费开支。

长期以来，我国的事业单位是按着计划经济的鼓励模式发展起来的，它们直接附属于行政机关，所为行政机关系统的延伸，承担着大量的行政管理职能。由于事业单位与政府部门的天然联系，以及事业单位自身的服务社会的公益性属性，就使其成为社会危机防治行政中的社会主体的重要一类。事业单位在相应的社会领域内，可以发挥与国家机关的有效、灵敏的协调和联动，能够起到良好的管理和协调作用，尤其针对社会积怨性质的潜在矛盾，事业机关在其服务社会的基本功能实现的过程中，其官方属性色彩较淡的角色，可以有利的针对解决问题，化解矛盾。如日常人员聚集的事业单位——学校、医院等，它们的危机防治管理工作的有无和有效与否，对于社会性突发事件的防治是至关重要的。

**（三）非政府公共组织**

非政府公共组织是指非政府、非企业、非营利性的履行公共职能的社会组织，它们如果得到法律、法规及规章的明确授权，在行政法的范畴内可以成为授权性的性质主体，但这里所言的非政府组织不是指法律、法规授权的组织，不是以法律授权的身份出现，而是依照组织的章程、规约等进行自治管理、行使自治权的组织。而

① 百度百科，http://baike.baidu.com/view/65492.htm，2011年2月21日访问。

这种自治权属于一种公共权力，这类组织进行的管理活动不属于国家行政，但属于社会公行政范畴，是行政职能社会化的表现。① 非政府公共组织的社会危机防治的职责与活动就是这类社会公行政的典型表现。

1. 社区组织

城市居民委员会和农村村民委员会是我国典型的社区组织。社区组织承担着联系政府与民众、依法进行社区治理和服务等多种职能，在治安管理、环境卫生、化解矛盾和纠纷、计划生育、社会福利、流动人口管理等几个方面，社区发挥着综合多样而又细致入微的巨大优势。从本质上讲，它承担了从政府集权式管理向政府与社区组织公共治理过渡的职能。比如，农村的村民委员会代表全体村民发挥自治功能，行使自治权力，涉及群众生活的方方面面。其权力的行使主要靠村民的自觉和配合，靠广大村民共同制定的“村规民约”、“村民自治章程”等各种适合民情的制度来实现。村民委员会对村内模范遵守村规民约的农户和个人给予奖励，对违反村规民约的人，根据情节轻重，给予适当的制裁。在社会危机防治管理方面，事实上是综合治安管理、社会纠纷化解和社区各类成员的重点监测等社区职能的统合和突出，在此，社区的委员会履行着危机防治的社会公权力，成为社会危机防治行政的社会主体的一员。

2. 行业组织

行业组织是指由作为行政相对人的公民、法人或其他组织在自愿基础上，基于共同的利益要求所组成的一种民间性、非营利性的社会团体。行业组织是行业成员利益的代言人和维护者，同时，亦是行业成员与政府之间的沟通者和协调者，行业成员通过行业组织，实现了其与政府之间博弈的组织化和理性化，从而有效地克服了行业成员因个人博弈带来的弱势化和非理性的缺点。可以说，行业组织系以代言维权为职责，以沟通协调为手段，来实现社会稳定。因此，在各行业组织的章程中，对行业组织的代言维权职责基

---

① 石佑启．论公共行政与行政法学范式转换（第2版）．北京：北京大学出版社，2005：147.

本上都有明确规定。比如，在《中华全国律师协会章程》第 2 章第 5 条中就规定律师协会履行的第 1 项职责是，“支持律师依法执业，维护律师的合法权益”。再如，在《深圳经济特区出租小汽车管理条例》第 2 章第 8 条就规定深圳市出租车行业协会履行的第 5 项职责是，“向政府有关部门反映协会成员的意见和要求”。

行业组织属于社会团体的范畴，其种类繁多，名称不一，主要包括行业协会和专业协会两种。行业协会是联系政府与企业的非营利性的社团法人，发挥着政府和单个企业都无法承担的行业自律职能。我国的行业协会是改革催生的新事物，是由部门管理走向行业管理的经济管理模式转型的产物。随着市场化改革的深入，政府职能的转变，行业协会的地位与作用日益突出。行业自治组织的职能在于表达同行业企业的意愿，进行民主协调、建立行业自律机制，制定行业技术标准，维护行业内公平竞争，监督会员履行行规、行约，并为其成为提高服务。行业协会是实现政府管理创新的关键环节。专业协会是指从事同一职业的人员与单位组成的社团法人。如律师协会、医师协会、会计师协会、足球协会等。这些协会根据行业协会的章程进行自主管理，甚至享有对其成员予以惩戒的权力。如《中华人民共和国律师法》第 40 条规定，“律师协会按照章程对律师给予奖励或给予处分”。

3. 社团组织

社团可依其性质分为政治性、经济性、科技、军事、外交、文化体育、健康卫生及宗教团体等；依其成员间的联系纽带分为生理、社会、精神物质以及由个体所属组织功能等方面因素结成的四类团体；亦可依其民间性程度分为官办、民办、半官办三类。笔者所言的社团组织在民间性上主要是指民办的社团。各种社会自发成立的慈善性质的基金会是其中的典型代表，如李连杰创办的壹基金。

社团的结成基于两个方面的社会需要：一是基于成员的需要，执行为成员谋取利益的服务职能；二是基于政府的需要，履行服从国家利益的管理职能。其社会功能包括：满足其成员发展的需要，包括知识技能的增长、社会交往、社会承认以及获得新的发展途径等；维护成员权益，包括对个人利益及群体利益的维护；参政议政；政府助手，担负着对各自社会成分的管理职能；经济参与，承担信息的沟通、开展生产活动、参与市场活动等；参与社会公益活动。

社会危机防治行政在政府和社会主体自成体系的各个系统之间，既要保证平时正常的分权运作，又要强化中央统一决策权和领导权，同时，又能够在紧急情况下，调动多元社会力量特别是企业和社会组织的力量，进行主动协同和紧急应对，实现从防治行政到应急行政的顺利衔接和过渡，这个问题的深入研究和有效解决，将构成我国政府危机治理的整个完整体系。政府与社会二元主体的公共危机网络治理结构，力求扁平化和弹性化，以此来替代传统政府组织中机械性和僵化的层级反应结构，多元社会主体在内的公共危机治理系统，能够提高危机管理系统对环境的感知能力和组织反应能力。这种结构打破了单一政府主体时序性、阶段性的决策方式，使得先前在时空上处于序列状态的各个环节在网络格局中更加快捷和有效。

## 三、社会组织的双重资源基础

### （一）以公共权力为基础的社会资源

按照通常理解，权力“是一种通过地位和威望获得的使他人的行为服从其意志的能力”。① 这里的权力并不限于国家或国家机关所专有，非国家机关的社会组织和个人也可以拥有这样的权力。② 在公共危机防治面前，强制性的整合行动是必不可少的，在政府应急行政中，行政紧急权的行使是快捷有效的遏制危机发生、发展或扩大的最直接的公共权力。在社会危机防治行政中，虽然权力形态主要表现为协调、疏导、化解等行为，但同样是对公共权力资源的权威性运用和分配的重要表现形式。将不同社会主体凝结和围绕在政府的公共政策目标上，建立和调适以政府为中心的各个社

① 朱新力．行政法基本原理．杭州：浙江大学出版社，1995：8.

② ［英］罗素．权力论．靳建国，译．上海：东方出版社，1988：164.

会参与主体的权力与责任的整合体系。

对于社会组织来说，相对于行政机关在运用公共权力时，可以具有多重身份，当它们得到法律、法规明确授权的情况下，可以以被授权者的身份出现，成为典型行使公共权力的行政主体，类似行政机关的身份，如《中华人民共和国体育法》第29条规定，“全国性的单项体育协会对本项目的运动员实行注册管理”。这就是一项授权，而使得体育协会享有的影响社会成员权利的行政权力，如足球协会。《中华人民共和国传染病防治法》第7条规定，“各级疾病预防控制机构承担传染病监测、预测、流行病学调查、疫情报告以及其他预防、控制工作，医疗机构承担与医疗救治有关的传染病防治工作和责任区域内的传染病预防工作，城市社区和农村基层医疗机构在疾病预防控制机构的指导下，承担城市社区、农村基层相应的传染病防治工作”。第9条规定，“居民委员会、村民委员会应当组织居民、村民参与社区、农村的传染病预防与控制活动”。这项授权，使得医院、社区、居民委员会和村民委员会等社会组织拥有了传染病防治方面的行政管理职责。第12条规定，“卫生行政部门以及其他有关部门、疾病预防控制机构和医疗机构因违法实施行政管理或者预防、控制措施，侵犯单位和个人合法权益的，有关单位和个人可以依法申请行政复议或者提起诉讼”。这条规定，进一步明确了行使预防和控制的社会组织能够成为行政主体，并可通过行政复议和行政诉讼的渠道，监督权力行使和救济权利。

社会组织还可以接受行政机关的委托行使行政职权，在这种情况下，是以委托人的身份出现，即以行政机关的名义从事活动，自身不具有行政主体的资格，仅行使受委托的职责，而无资格承担由此引发的法律效果，二者之间形成的是“委托和代理”关系。当社会组织依据章程与规约行使自治权时，便是以自治者的身份出现。传统行政法更多地关注社会公共组织被授权者的身份和受委托者的身份，而忽视了其自治者的身份。对这种形式参与社会活动的社会组织来说，其权力的性质上来看，当社会组织以被授权的身份出现时，权力性质还是一种国家权力，而社会公共组织依据章程和规约来行动时，其权力的性质上属于一种社会自治权力。

社会组织的自治活动不属于国家行政，但属于社会公行政，如传统上，我国《村民委员会组织法》对村委会的活动有概括性的规定，如根据该法第2、4条的规定，村民委员会办理本村的公共事务和公益事业，调节民间纠纷，协助维护社会治安，向人民政府反映村民的意见、要求和提出建议。村委会根据村民自治章程和村规民约进行管理活动，如果村委会是法律、法规授权的组织，则村委会因执行村规民约与村民之间发生的纠纷自然可以进入到行政诉讼中来。然而，我国的《行政诉讼法》颁布实施以来，在行政诉讼实践中却没有把村委会这种社会组织作为行政诉讼的被告。因为在理论上人们通常不把群众性自治组织的村委会认为是国家行政机关，除了法律、法规明确授权的情况下，村委会不被视为行政主体。这表明依据群众性自治组织的章程和规约进行管理的社会组织与我国通常意义上的行政主体是有区别的。这个问题的根源在于，行政法理论和适用范围上的定位是仅局限在国家行政的领域，而不是将范围定位于公共行政领域，没有将社会公行政纳入到行政法的研究和调整范围，而行政法应当是“规定公共行政管理活动，调整行政关系的法律规范的总称”。① 而社会组织的行政既包括私行政，又包括社会公行政，公共行政既包括国家行政，又包括社会公行政，因此有学者指出了现代行政法的调整范围的转换，即从单一的国家行政向公共行政转化，社会公行政主体在非授权和非委托的情形下，基于自治章程和规约进行的公共事务的组织和管理时，也被视为行政法上的行政主体，因而主张“不论是作为法律、法规授权的组织，还是作为非政府公共组织，只要其行使公权力进行管理活动，都应受到行政法的规范和调整”。② 但是在认可国家行政机关和社会组织实施公共行政职责时都属于行政主体的同时，在性

① 周佑勇．行政法原论（第2版）．北京：中国方正出版社，2005：2.

② 石佑启．论公共行政和行政法的范式转换．北京：北京大学出版社，2005：153.

质上却有不同，“行政机关称为职权性行政主体，法律、法规授权的组织称为授权性行政主体，非政府公共组织称为自治性行政主体”。①

认可社会组织在行使公共行政职责时，应当纳入到行政法调整中，纳入到行政主体的范畴研究、对待和监督的前提下，公共权力就是社会组织从事社会公行政的资源。对于维稳行政活动范畴来言，尽管社会组织的职能活动并不应当享有国家威权性的权力属性，职权和职责的行使不得克减公民的人身权利和财产权利，所行使的权力主要在于基于自身所处的社会网络中的不同环境和特点，加强安全和协同一致的集体凝聚力的宣传和教育，收集和分析不同环节中的信息，通过有益于矛盾和纠纷解决的方式，选择矛盾解决途径，主要通过人民调解的制度途径，采取化解矛盾最低成本的方式。由于强制性的行政行为需要法律的授权才能产生和行使。

当前，在中央倡导的“综治维稳大平台”的建设推动下，各地各企业事业单位和社会组织大多建立了各自体系内的社会危机防治工作组织机构，如广东惠州市不断创新基层维稳综治工作载体和模式，创造性地在全市推广建设了基层维稳综治工作中心（站）。全市 73 个乡镇（街道、林场）、1237 个村（社区）建立了维稳综治工作中心（站），117 家千人以上企业中有 67 家建立了维稳综治工作站。实践证明，设立基层维稳综治工作中心改善了基层维稳综治工作的条件，整合了社会管理的各种资源，推动了社会危机防治工作重心前移，提高了群防群治水平。有统计数字表明：去年全市维稳综治工作中心（站）共调处各类矛盾纠纷 1938 宗，成功率达到 95%。如博罗县麻陂镇塘尾村维稳综治工作站成立运作后，先后妥善处理各类纠纷 6 宗，调处 6 宗，调处率达 100%。一些乡镇领导深有感触地说：“维稳综治工作中心（站）真正发挥了民情信息收集的作用，成为化解矛盾纠纷的便车道、群众反映社情民意的

① 石佑启．论公共行政和行政法的范式转换．北京：北京大学出版社，2005：153.

直通道、领导及时掌握社会面情况的快车道。”①

**（二）作为社会资本的危机防治行政资源**

社会资本是“一个共同体之内的行为主体在长期交往、合作、互动过程中形成的一系列认同的网络，这些网络传承了共同体普遍的精神、思维意识和组织方式”。② 社会资本这一概念自布尔迪厄正式提出之后，其内涵得到进一步的发展。它为我们理解和塑造公共危机治理结构中多元主体之间的关系结构，互动模式及其整合机制提供了新的视角。

在社会组织危机防治行政中，社会资本的有效性首先是在于塑造信任的社会氛围和社会心理。一般而言，信任是建立在频繁而密切的人际互动基础之上，但晚近的学者认为，现代非人际关系信任已逐步替代人际信任而成为当代社会最主要的信任模式。社会多元化削弱了人际互动或共同经验之类的信任基础，社会制度日益成为主要的信任基础，即制度性信任，而它基本包括五个元素：公开的监督机制、公开的法律约束、公开的鉴定机制、公开的反馈机制以及公开的合作规范。③ 这为社会危机防治行政的二元主体互动合作提出了有益的思考和思路。信任本身是组织之间在合作过程中的多次动态博弈的结果，而这种博弈必须对成员组织行为的充分了解为基础而形成信任性认识。因此，需要从信任建立的角度上构建维稳行政的制度性机制，如需要通过正式或非正式的渠道实现信息的公开化，监督机制的公开化等，以此来提高成员组织之间的相互了解和理解，增进相互依赖，并增强它们对整体结构的信心和公共愿景。社会危机防治行政中社会稳定的共同愿景的合法性不是来自于主体的职权和地位，而是来自于相互间的信任以及对包括政府危机防治行政在内的整个公共危机治理系统的认识

① 新华网，http：//www.xinhuanet.com/chinanews/2008-07/28/content_13950980.htm，2008 年 7 月 28 日创建，2011 年 2 月 12 日访问。

② 周晓丽．灾害性公共危机治理——基于体制、机制和法制的视界．北京：社会科学文献出版社，2008：125.

③ 林闵刚．社会学视野中的组织间网络及其治理结构．社会学研究，2002（2）．

与诠释，由此而形成的这种认同与共识被各个成员和组织自觉内化为致力达成的公共目标。从这个意义上讲，社会危机防治体系构建是以丰富和坚实的社会资本作为强大的基础的，如果社会资本的存量不足乃至缺失，合作共担就会严重受阻。因为很难想象在一个充满怀疑和猜忌的环境中，公民个体之间、各组织之间能够协同合作。只有公民成员、社会组织具有互信、合作、民主的公共精神，具有高度的主体意识、权责意识和参与意识，社会层面的真正稳定的目标才能实现；否则，没有社会主体和公民成员内在的愿景式的参与和合作，政府主导构建的危机治理只能是政府一厢情愿的热火朝天，迎来的可能只是万马齐喑的暂时稳定，这并不是转型期社会的健康状态。

由此可见，在当前社会共建危机防治行政的过程中，必须构建公共权力与社会资本并存、刚柔并济的整合机制。只有从公共权力和社会资本两个方面共同入手，使这两种机制有机整合、相互依赖、互为补充，才能将各自的功能和作用发挥效率。

当然，在社会危机防治行政的国家与社会二元分化基础上的二元互动应当是日益组织化和制度化的过程，这个过程的内驱力不完全是国家或政府，而更多源自社会发展本身，政府虽能够借助自身的权力优势和资源优势对其形成某种限制或影响，但社会组织化的发展是无法阻挡的自发力量，客观上要求政府必须理性地对待社会组织的发育和成长，积极进行正面应对。也就是说，政府应该把社会组织的发展视为公民社会发展的内在必然和公民社会成长的标志，把社会组织看做政府危机治理下的基础力量，在法律和制度上规范社会组织，并努力构建政府和公民社会合作互动共治的良性格局。政府必须善于适应公民社会，驾驭社会组织，增强自身的组织社会、驾驭社会和发展社会的能力。基于不同利益需求自发形成的社会组织，直接受到其内在的利益诉求、制度安排与组织水平的制约，社会组织发育往往参差不齐，它既可以成为人们维护权利的组织资源，也可以成为人们谋求不当利益的组织工具，所以，处于保护社会组织健康发展和维护社会稳定和谐发展的需要，政府必须有效引导和驾驭社会组织的建设和发展。保障和规范社会组织的发展，健全和发挥社会组织的功能①。社会危机防治行政中国家与社会的二元互动和合作，不仅取决于社会组织自身的发展，而且还取决于政治、经济和社会制度的整体安排，社会组织参与危机治理，是一种系统的社会与制度安排。

① 林尚立．民间组织的政治意义：社会建构方式转型与执政逻辑调整．云南行政学院学报，2007（1）．

# 第六章　社会危机防治行政中二元机制互动：维稳与维权

## 第一节　社会危机防治行政中维稳与维权的辩证关系

### 一、社会危机防治行政的现实误区

#### （一）误区的表现

当前以“维稳”理念为指导的社会危机防治行政在实践中出现了一定的弊端和不足，具体表现为：

（1）社会稳定的标准有误。社会稳定从根本上来说是得到全体国民共同拥护的，民众希望国强民安，身处其中不仅有以国为荣的自豪感，而且最根本的是要有安全感，而这种安全感的来源，不只是在于社会治安和社会秩序的稳定，对于“稳定”，民众的想法和心理需求是建立在生存和生活层面上的稳定。百姓希望的稳定，指的是“稳定的生活，稳定的职业前景，稳定的收入，稳定的物价，稳定的晚年保障”①，这与政治行政领域和官方所追求的“稳定”，有很大的差别，因为政府和官员所用以衡量社会稳定的标准是没有突发事件发生，最好无人上访为目标。

（2）危机防治行政的目标有误。伴随着经济的发展、社会的变革，社会危机防治行政进入到了一个新的攻坚阶段，危机防治行

---

① 郎友兴．制度化才是解决维稳难题的上策．人民论坛，2011（27）：26.

政的目标设定为静态社会稳定，危机防治的目标仍是对准如何以强制力遏制突发事件的发生，这种只图一时之“平”的静态危机防治，不能从制度上建构长久动态之“安”。事实上，社会危机防治的目标与应急行政中的目标是不同的，应急行政的目标是以突发事件为核心的紧急行政过程。危机防治行政则是围绕着社会危机展开，社会危机是一种危机的潜在性和非现实性，其并未出现现实的危害性。对潜在的风险，只有通过制度化或柔性的行政方式消除危机积聚和激化的内生能量，才能达到社会矛盾的本质消除，才能实现真正的社会稳定。

（3）社会危机防治行政的策略有误。从政治的角度来看，社会危机防治主要有三策：上、中、下三策。上策是制度层面的危机防治，中策是体制与政策层面的危机防治，下策是警力或暴力层面的危机防治。国家和政府最优的方略应是“取其上策，用其中策，而勿用下策”。在社会危机防治工作中，政府往往易于简单滑入动用警力和高压治理的手段，即并非政府积极追求下策，而是无意识中就坠入了下策的局面，至多辅之以中策，加强组织体制建设和政策出台，但鲜有上策之进展。

中策的社会危机防治行政即体制性、政策性手段防治社会危机其弊端在于：设立机构（包括机构体系的级别）、财政保障和加强社会管理等均属于体制性或政策性的危机防治范畴。但专门组织机构并不说明是在进行制度性的体制建构，组织体系的建构固然是一个不断完善和强化的框架，但是此框架在缺乏相应制度化支持和运作时，本身仅仅属于工作机构而已，并没有落入到制度层面，至多在体制层面上更加加强了防治公共危机的系统，却不是真正意义上的长效制度化的危机防治行政机制。

（4）制度化社会供给的不足。组织体系组织机构的建立，是基于政权建设的角度，为了加强领导，有效地解决社会危机问题，达到维护社会稳定的目标。但是，政府的职能体系中原本有专职维护社会稳定与秩序的职责机构，如公安、国安、海关、交通等。而且每一个政府部门的职能，在事务性的背后，都隐含了维护社会稳定的行政职能。这让我们更深入地思考原有制度本身有哪些缺陷，才导致了各种应有功能的失效，以至于在当前的形势下又不得不设立一个“维稳办”的机构来担当维护社会秩序的责任？哪些制度性的缺陷促成了当前社会冲突暗流涌动？从目前已有的各种案例来看，导致社会矛盾冲突严重的原因，重点集中在政企分离后的经济体制转型，企业改制、工人下岗、土地征收、官员腐败等领域。城市化建设、房屋拆迁、土地征用、劳工权益等往往是造成社会冲突的主要起因，但在现有的权利救济机制内久拖未决而最终酿成“社会冲突”可能是问题的根本所在。没有纠纷和矛盾的社会是不可想象的，制度性的社会供给是社会矛盾和冲突的疏导渠道。政府部门的职能就在于解决问题，提供社会服务，制度性的缺失才是促成社会不稳定的、制造社会对立冲突的内在原因。

**（二）误区的危害**

任何现代文明国家，安全的保障与秩序的维系本来就是现代政府的基本职能之一，政府负担着社会秩序与公共安全的责任，一个正常的社会，政府机构本身天然地起着保护公民利益、维护社会稳定的责任，否则就是政府职能失效。当前政府在党委系统下建立专门的维稳工作领导小组和维稳办，虽然这是对中国当前转型期，特定的危机情境的一个回应和应对，但过度强化这个维稳机构的功能和作用，其结果可能造成如下伤害：

其一，可能会“破坏”现代政府各职能之间的平衡，使其失衡，影响其他功能的发挥和整体功能的显现。

其二，把“维稳”作为当前地方政府的“第一责任”，给地方政府施加强大压力的同时，地方政府在不堪重负的情况下，会异化了“维稳”的目标。不是出于从制度化的角度解决问题，而是为了完成“零指标”的维稳，于是就会出现行政手段上的两种极端形式：要么迷信和滥用行政强制权力，要么花钱买平安式的一味纵容。

其三，致力于加强自上而下的“维稳”组织体制化建设，而忽视根本的“维权”制度化建设，还会影响中国政府重构的进程（重构内容在于制度化、理性化），使中国政府重构脱出制度化建设之轨道。

其四，强化维稳机构的功能和作用，容易强化社会中的“不稳定幻象”，造成社会不安全的焦虑心理。所谓不稳定幻象，其实就是一种认为社会矛盾不断增多、不断凸显，发生社会动荡的可能性很大的主观感觉。① 这种主观“幻象”感受在我们社会中相当普遍地存在着，影响我们对目前社会矛盾和冲突的看法与处理方式。这种“不稳定幻象”是导致社会稳定问题泛化的一个重要因素。应当认识到在性质上，现在绝大多数的社会矛盾冲突是一种利益的矛盾冲突，过度的强化维稳控制的功能，会转化问题性质，要么提升为治安犯罪案件，要么政治化，都不利于利益冲突和矛盾的解决。

从社会危机防治行政制度化建设来看，虽然危机防治二元主体构建工作都在层层铺开，但并没有解决目前“维权”层面的几种主要制度性短缺：利益表达机制、协商机制、社会保障机制和民主参与监督机制。制度化，就是“用一套制度巩固和正当化新的原则、利益和规则”的过程。美国学者亨廷顿曾经指出过，发达国家与不发达国家在政治上最大的区别不在于政府形式，甚至也不在于政治参与的程度，而在于是否达到了足够的制度化水平，建立了有效的社会控制。政府在危机治理中的作用在于提供有效的制度供给，在科学决策的基础上实施有效政策，行政执法利民，畅通信息渠道，维护社会稳定。但很多时候，恰恰是既有制度的不合理或执行偏差导致了社会危机的潜伏。

当然，制度化也是力求解决问题的理性手段，制度化的价值取向，才是支撑着各项制度的内在理性，因此，在强调制度建构时，树立正确认知上的价值取向决定了制度的成败。从本质而言，政府危机管理中，“维稳”的根本是“维权”，维权根本在于实现社会公平和社会正义。没有社会公平和正义就没有根本的社会稳定。说到底“维稳”就是要维持社会公平、张扬社会正义。因此，当我们从制度建构层面思考“维稳”工作时，当以社会正义为准则，

① 孙立平．既得利益群体用维稳绑架社会．当代社科视野，2010（10）：49.

此乃长治久安的根本。

## 二、社会危机防治行政中维稳与维权的辩证关系

公民权利不仅是国家权力的边界，而且国家权力的合法性基础就在于维护公民的正当权利。我们经过第一章社会危机防治的价值分析知道，社会稳定的基础是社会公平和正义，而公平公正的保障在于民主与法治，社会危机防治行政的效果和实现的程度直接取决于国家的制度化和法治化水平。因此，只有法治才能够保证人们持久地拥有自由和权利，才能保证权利受损时有效救济，才能保证自由和权利的拥有不至于危及社会的治理。

社会核心利益的保障和公民权利的救济是政府危机管理的价值基点。我们对于危机或社会不稳定所作的判断，可以确立这样的思维：在特定的价值观背景和文化背景下，人们依据自身的价值判断和利益诉求来看待政府危机管理的举措。而政府在实现危机的规避与化解的过程中，无法回避社会的价值观和群体的利益诉求，即人们关于危机防治的判断和见解，尤其是涉及价值的准则和标准，与人们的认识和情感相结合都会成为人们评价的重要内容。需要从特定价值观背景下不同群体的价值利益诉求的角度，寻求社会危机防治行政的制度变迁，寻找政府与社会在危机防治行政中实现契合的可能。

社会对危机防治模式的价值认同影响着政府制度和行为自身的合法性，制度化权利救济的危机防治行政既是为实现公民权利的途径，也是为民主理性政府实现有效行政的工具。危机防治行政的制度化构建要想能真正的有助于我们预设的服务型政府下公私伙伴关系模式的实现，就应当将各种治理和规划建立在社会认同的普遍价值基础上。

在当前我国“以人为本”的观念导向已经根植在我们内心时，各种制度的选择和政策的制定会更加贴近这个核心价值。但当所有公共危机的现实向我们展现的时候，我们发现社会危机防治行政的过程中，主导的观念却是如何避免影响扩大，确保政府组织的威信和形象，保全官员的政绩不受影响以及经济效益不受重大破坏等，

在这样以政府及其官员的政治利益为核心的危机防治行政中，其目标就发生了异化，即公共行政活动在运行的过程中存在的渐渐偏离公共行政价值的趋势和状态。以既得利益群体为中心，也不是以广大民众为中心，将工具性的价值视为了目的性价值，即前面在分析公共行政价值时，古典公共行政下的单边追求效率，而导致的与行政核心价值——正义的背离，突出表现为重视效率而忽视公平，这似乎也是长期以来我国社会发展过程中“效率优先兼顾公平”价值导向的在社会危机防治行政中的惯性滑行。

当政府单纯依靠强制性权力追求危机治理的效率性，而忽视表征着公民自由和权利的利益和诉求时，在价值上颠倒了本末，虽然获得了一时的管理效率，但却可能积累了民怨，由此在社会危机防治目标定位上出现了误区，社会稳定不是政府维稳工作和社会危机防治行政追求的终极价值目标，它仅是为改革和发展创造条件，而改革和发展也不是终极价值追求，社会和政府的最终目标都应该是人的价值统领下的公民的权利和自由以及由此凝结成的公共福祉。政府从终极来说没有私权性质的利益，公共利益是公民私益的集合，因此“维权”才是“维稳”的目标，但在现实中，这一价值似乎受到了一定的挑战和扭曲甚至在不少地方出现了把“维稳”和“维权”对立起来的征兆。

维稳理念下的社会危机防治行政要寻求治理的有效性，其基础应当在于政府和社会在共同认知上的价值一致。所谓的“维权”应从更广义的角度上来审视，“维权”在传统的观念上，多使用在公民面对自身的个案利益受到侵害时，所采取的救济行为，似乎不是政府应当从事的领域，事实上，这种认知只是因为现有的社会现实误导了人们的观念和政府的思维。政府存在的最终价值是尊重和实现人的价值，而人的价值在现实化的现代生活中，被置换成各种权利和自由，乃至于更直观化的利益。当然，政府维护的是公共利益，属于社会的普遍利益，但是这种普遍利益是抽象的，它的具体化形态就是公民的正当性权益。所以从广义上的“维权”来说，政府的行政功能和价值都最终指向公民权益，政府才是“维权”的最大的责任主体，“维稳”仅是政府和社会促进和保障发展的途径和手段，而“维权”才是促进和构建和谐社会的价值追求。维稳的关键是要看是否站在人民的利益上，切实站在群众利益的角度上促进“维权”，才能赢得维稳的基础，即社会公正的实现。可喜的是，2012年7月18日，中央召开的全国维护社会稳定工作电视电话会议，强调把维护社会稳定与维护人民群众根本利益、维护社会主义法制紧密结合起来，深刻表明维护社会稳定与维护群众权益的内在统一性。政府决策者已经从观念上逐渐认识到了“维稳”与“维权”的本质关系，为进一步推进我国的政府危机管理工作和实践确定了良好的思想基础。

## 三、社会危机防治行政中确立“利益平衡”的目标价值

现代意义上的“权利”一词具有强烈的个人主义、自由主义色彩。古典自然法理论中，权利被视为个人与生俱有的道德品质，具有不可剥夺的性质，其正当要求（自我保护、生存、自由和取得财产等）发端于自然法，并要求获得国家实在法的保护。个人之所以拥有权利，是为了尊重和保障个人的价值，我们可以说，权利概念的出现与个人的觉醒之间有着深刻联系，它促使人类从个人的角度来看待正义问题。

在公民权利体系中，包括生命权、自由权和财产权，其中，财产权居于核心地位，只有财产权得到了保障，才能真正实现公民其他权利和做人的尊严。在近年来，城市房屋拆迁是与公民财产权保护最密切联系的政府活动，由于城市建设步伐的加快，征地拆迁活动频繁，土地和房屋的财产权被侵犯问题成为当前产生矛盾、纠纷，甚至冲突的首要原因。公民“维权”和政府“维稳”主要是围绕着与财产权的保护和捍卫为核心而展开的，同时，由于在矛盾和纠纷的处理中，公权力的干预、滥用又引发其他公民权如对自由权和人身权的侵犯和民众的维权行为。

从价值取向上我们看到，尽管“维权”是“维稳”的根本，维权的核心在于追求社会公平和正义，但政府“维权”并非与公民“维权”追求一致的个人利益目标，而是追求公共利益与私人利益的“利益平衡”，即“维稳”与“维权”的利益平衡的二维

运动。利益平衡是按照一定的标准和方法，对各种存在差别与冲突的利益进行协调使之达到相对均衡的状态，它是社会整合与和谐的关键。利益是人类社会中个人和组织的一切活动的根本原因，是社会领域中最普遍、最敏感，同时，他也是最容易引起人们关注的问题。

在现代社会，由于利益主体的多元化和利益关系的复杂化，各种主体之间利益的对立和冲突难以避免。社会是在多元的利益冲突与协调中前进的。人类之所以能够在这种充满冲突的利益关系中发展和进步，关键在于这种冲突的利益之间有协调的余地和可能，并且形成了利益平衡的理念及建立了利益平衡的规则。德国法学家耶林曾指出，“利益是法律规则得以产生的基础看，利益以及对利益的衡量是法学研究的出发点”。① 法学家赫克在其一篇题为《利益法学》中指出，“法的每个命令都决定着一种利益的冲突，法起源于对立利益斗争，法的最高任务是平衡利益”。② 我国学者也认为，“法律的目的是平衡个人利益与社会利益，实现利己主义和利他主义的结合，从而建立起个人与社会的伙伴关系”。③ 法作为利益调节机制，确立利益衡量的价值取向，不仅将致力于协调各种利益冲突，促使各种利益主体实现利益的最大化，有利于社会稳定有序、和谐发展，而且为立法提供统一的基调，为执法和司法活动明确方向，确定执法行为的归依，为良好的执法提供操作的标准。

“维稳”的出发点是维护公共利益，而“维权”的出发点是维护私人利益。由于私人利益和公共利益处于个体和群体的不同领域，因此认识中和实践中倾向于割裂二者来看待，甚至会出现将二者对立起立的现象。事实上，个人利益与公共利益在本质上是一致

---

① 吕世伦．现代西方法学流派．北京：中国大百科全书出版社，2000：302.

② Robert P. Merges, Peter S. Menell, Marx A. Lemley, Tomas M, Torde, *Intellectual Property in the New Technology Age*, Aspen Law and Business, Copyright, 1997, p. 2.

③ 张文显．二十世纪西方法哲学思潮．北京：法律出版社，1996：129.

的。但在实际生活中，公共利益与具体的私人利益之间又常常产生冲突。公民在实现自己的个人利益时可能与公共利益相违背；国家在实现公共利益时也可能以减损或限制公民利益为手段。公共利益体现了人们对社会公共福利的追求，公共利益的存在要求公民权利在追求个人利益时应当受到一定的限制。公共利益之所以能够对作为基本权利的界限，主要根据社会契约论的理论，即个人组成社会之时，必然要让渡或放弃自己的一部分权利。公共利益就成为了个人利益实现的制约。

尽管公共利益是限制公民基本权利的理由，但这不是绝对的，而应被控制在一定的“度”内，即干预应当有一定限度，即对损益性行政行为要求遵循必要性原则和比例原则。同时，公共利益和个人利益又有内在的一致性。陈新民教授就认为，“对基本权利的保障，是国家公共利益所必须，保障人们基本权利皆可认为合乎公益的需求”。① “公益概念并非绝对排斥由基本权利所赋予人民的私益，亦即由以往两者系出于对立的立场变成今日并立立场，保障人民基本权利之国家措施亦可合乎公益要求。”② 那种通过否定个人利益去维护“公共利益”的做法，往往是政府滥用权力的借口和谋求自身利益的手段。由此可见，我们不但要强调国家与个人之间的缓冲地带，还必须为每个人的个人自治留下空间，漠视个人利益的社会可以断言是不民主、不文明的社会。③ 所以法律不能只考虑公共利益而无视个人利益，更不能为了追求虚假的公共利益而恣意侵害公民权利。

在我国传统理论和制度中，存在一种公共利益至上的倾向，“公共利益高于私人利益”，这种观念在公法领域曾长期占统治地位，导致在个人利益与公共利益发生冲突的场合，往往要牺牲个人

---

① 陈新民．宪法基本权利之理论基础．台湾：元照出版公司，1999：155.

② 陈新民．德国公法学基础理论（下册）．济南：山东人民出版社，2001：349.

③ 颜云秋，石新中．论法律中的公共利益．中国人民公安大学学报，2004（4）．

利益看，过于强调公共利益优先而忽视了私人利益。其实，“社会或国家并不是什么深不可测的神秘之物，它们无非就是出于特定社会关系的个人，忽略了个体，就不可能有意义地谈论国家与社会，国家不是天经地义的，它的存在是为个人服务的，而不是反过来的。自由主义要求，个人权利被作为公共权力的起点和终点”。①“个人利益服从国家利益只能说是体现一种道德上积极的观念，从法律的公平和正义的角度看，却未必可行。公共利益至上方法论的运用会损害个人追求利益的积极性，影响公共利益实现过程中的民主性，从而导致社会利益的总量下降。”② 在“权利本位”的公法理念下，维稳行政不仅需要将公共利益与私人利益的进行权衡考量，而且从维稳的根基是维护社会公平正义的角度来看，在利益衡量的过程中，公民的生存利益和社会民生而生成的强大的社会正义底盘，将是维稳行政的重心所在。

## 四、社会危机防治行政的制度化设计

当前，社会危机防治行政的核心矛盾在于，将“维稳”和“维权”对立起来，公民上访就认为是社会不稳定的因素，如果民众越级上访，则更在地方官员的政绩上打了黑记。所以从干部的考核机制上，就使得地方官员把“维稳”和上访等“维权”对立起来，更没有认识到，维稳的核心在于“维权”，建立旨在促进“维权”实现的“维稳”工作的制度化才是维稳行政的良方。在“维稳”和“维权”的辩证关系上，让我们清晰的认识到，制度化才是解决维稳难题的上策，要使解决维稳难题获得实质性的进展就只能放到制度化的层面上。制度化层面的建设才是上策，但体制和政策层面的中策维稳是应对特定时期现实问题的必要和实效之策，维稳制度化层面建设的过程中用其中策是保障社会转型平缓过渡的必要措施。但警力或暴力层面的维稳却是对维稳的误解和对权力的滥

---

① 张千帆．宪法学导论．北京：法律出版社，2004：480.

② ［英］哈耶克．自由秩序原理．邓正来，译．北京：三联书店，1997：46.

用。制度化维稳应当对“维稳”与“维权”的表里关系作出怎样正确的回应呢？

笔者的建议是：

第一从社会危机防治行政制度化层面上，实体层面构建系统的利益协调机制即合理的利益分配机制、完善的利益保障和利益补偿机制、灵敏的利益矛盾预警机制、畅通的利益表达机制、有效的矛盾疏导机制、民主的参与与协商调解机制、民主监督机制等。在社会危机防治行政程序制度层面上，应当尊重和遵守正当行政程序，对社会危机防治行政主体的各种类型化的强制性与非强制性行政行为逐步纳入到未来《行政程序法》的规制范围之中，在实体合法性和程序合法性的基础上，运用社会危机防治行政的指导原则，如权利优先原则、社会有序参与原则等权衡公共利益和私人利益，达成良好的社会合作形态。

第二从组织层面上，不仅从中央到地方的层级层面上建立“维稳领域工作小组”及其维稳办公室，组织层面上保证了维稳工作的中央领导，统一决策、信息畅通、上传下达，而且更重要的是在于要将“维稳”理念下的社会危机防治行政视为推动官民关系重塑和地方各级政府威信的一个契机，促进地方和基层官民之间良性互动信任机制的建构，最终推动基层政权建设，打造诚信权威的地方各级政府。在社会层面上，指导社会组织行使社会危机防治行政的公共职能，建立各类民间社会危机防治行政机构，推进公民社会的有力成长。

第三在行政执法的层面上，转变思维认知，将社会矛盾和问题尽可能地解决在行政层面。服务行政理念下的为民、便民和利民，是比之政治手段更易被民众认可和接受的公共服务行为。社会的利益矛盾冲突在很大层面上都与政府日常社会管理行为有点千丝万缕的联系。政府在其职责内履行社会管理职能的义务本身是权衡公共利益和私人利益的张力关系。在行使职能的同时要善于预判矛盾，为潜在的危机隐患排除致害因素。因此，常态行政执法活动本身就是社会危机的有效预防行政，是维稳工作的源头，因为很多时候，恰恰是既有制度的不合理或执行偏差导致了社会危机的产生。社会问题都尽可能的化解在行政执法的层面，如果越来越多的问题上升到政治层面，那将是一个非常危险的信号。①

第四在权利救济层面上，制度化社会危机防治行政包括两个方面的权利救济，其一是“维稳”自身的本质就是以“维权”为目的，维稳理念下的社会危机防治行政机制本身包含着权利维护，甚至是在行政体制内实现权利救济，即社会危机防治行政行政自身就是一种权利救济的手段。其二是对于社会危机防治行政中的不当、违法或侵权的行为，造成相对人权利损害的行为给予的制度化救济。由于第一种意义上的救济与维稳理念下的社会危机防治行政的价值要求相吻合，内涵于防治行政的过程之中，但第二种的权利救济同样可以在社会危机防治行政的运作过程中实现，即对于权利救济的救济。从救济实质和机制来说二者并没有本质的区别，都可以具体问题具体对待的运用不同的救济途径，实现权利救济。对此，笔者认为社会危机防治行政的权利救济应当完善如下机制：行政体制内的权利救济机制、民间权利救济机制、行政与司法衔接机制，司法救济机制。

## 第二节　社会危机防治行政中利益协调机制的制度化构建

善治是治理方式的最优化实现，也是政治国家与公民社会关系的最佳状态，善治的本质上是因治理可能失败而向政府提出的新诉求，要求政府充当元治理的角色，政府要在制度上提供各种机制，促进有关各方在不同地点和行政领域之间建立功能联系和物质上的相互依存关系，同时，在战略上促进各种自治组织建立共同的远景，从而鼓励新的制度建设和安排，以便补充实现治理模式的不足。②

---

① 人民论坛之华科维稳文章.

② 杨占营. 治理理论、新公共管理与中国治道变革. 探索，2003 (3)：38.

## 一、社会危机防治行政中构建利益协调机制的必要性

利益的调整影响着群体的心态和社会的安定。公共危机的根源表明，对利益的分配在很大程度上左右着社会公共危机的生成和蔓延。当政府对社会的利益关系进行改革时，政府就开始面对结构性调整引发的社会危机情境。人们对自身财产的关注在形成社会结构调整的压力同时，社会成员也将感受到这种压力可能引发的危机，并很容易根据各自的理解采取行动。这种具有高风险的危机应对过程，本身使得社会危机的治理过程成为涉及广大社会成员的系统工程。我国传统的政治思想中，统治的形式和实质都在于百姓对政令的接受和对权力的服从，公民对政治权利的诉求很容易被视为对统治的施压和侵犯，容易被视为危机而加以压制。这种政治环境的形成，导致了我国臣民文化在很长时间内难以消除，并使得政府与社会之间的交流缺乏足够的弹性空间，容易造成政府与社会的紧张博弈。

在当前危机治理具有社会强制内在张力的情形下，应将维稳管理置于一个政府与社会、社会不同群体之间博弈性质的利益协调过程，这个过程实际成为社会和谐发展的现实基础。政府的作用虽然需要支付社会危机和冲突的治理成本，但更重要的是为转型期的风险社会提供有效的社会协调机制和功能，这种协调现实上应当关注利益调整和权力让渡。政府应该将自身不该管、管不好、亲自管的效率低下的那部分权力向公民社会，向居民、村民社区转移，向社会组织转移，以实现公共管理的责任公担，并尽量降低在全能政府下政府行为过多由政府行为不当而导致危机发生的几率。①

政府在面临社会发展中的各种冲突时，冲突的过程就是社会制度结构的再改造过程，政府的作用就在于主动适应社会变迁，引导社会理解各种冲突以及可能引发的治理危机，并分析那些和调控影响并决定组织和个人行为的制度环境。这应是政府实施危机治理中

① 蔡志强．社会危机治理价值变迁与治理成长．上海：上海人民出版社，2006：206.

的重要一环，在制度化安排逐渐成熟的基础上，实际上就是社会民主化基础上危机治理的最节约的办法，它将使政府危机治理和维稳行政都回归到社会基础上。①

人们对危机的感知往往与自身利益的损益相联系。人的最原始的感情就是对自己生存的感情；最原始的关怀就是对自我保存的关怀。② 社会本身的有序性发展要求避免持续的利益纷争，并杜绝利益纷争升级为更大的暴力冲突甚至战争状态，因此基于国家安全和社会秩序的需要，制度安排被引入利益协调的过程中，这是规避社会危机的最基础性的工作。③

利益矛盾对个人来说是最根本的安全问题，心理稳定是社会稳定的基础因子。所以利益矛盾的疏导解决不力，基于一定复杂的国际国内因素，有些利益矛盾就会趋于激化，甚至导致严重的社会冲突和对抗。当前，我国群体性突发事件时有发生，很大一部分就是因为利益矛盾处理不当而导致的。因此，从维稳治理或行政在宏观制度中应当构建起的社会利益协调机制。“机制”这个术语在社会科学中有两种意义：一是指从事某种活动的某一机构或单元的系统和构架；二是指事务在系统发生变化的相互联系、相互作用和发挥功能的体系和方式。④ 在本书中所指的是第二种意义。社会利益协调机制是由若干个相互衔接、相互作用的具体机制共同构成，主要包括合理的利益分配机制、完善的利益保障和利益补偿机制、通畅的利益表达机制、灵敏的利益矛盾预警机制、有效的矛盾疏导机制

---

① 蔡志强．社会危机治理价值变迁与治理成长．上海：上海人民出版社，2006：166.

② ［法］卢梭．论人类不平等的起源和基础．李常山，译．北京：商务印书馆，1962：112.

③ 蔡志强．社会危机治理价值变迁与治理成长．上海：上海人民出版社，2006：109.

④ 陆学艺，景天魁．转型中国的中国社会．哈尔滨：黑龙江人民出版社，1994：74.

和民主协商的调解机制。①

## 二、社会危机防治行政中构建利益协调机制的具体内容

### （一）合理的利益分配机制

社会阶层、群体之间收入差距过大，反映在基尼系数上就是我国从 2000 年就超过了 0.4 的国际警戒线，而且每年都有所上升。在日益拉大的收入差距中，有相当多是由分配不公造成的，收入差距过大和严重分配不公，已严重影响到了我国的政治和社会的稳定和谐。协调利益关系上，政府要加大二次分配的调节力度，运用行政、税收、金融等干预手段，调节收入分配，控制利益分化。具体表现为：其一，保护合法收入，包括合法的劳动收入和非劳动收入；其二，监管整顿不合理收入，尽力消除因行业性质等因素造成的社会成员收入差距过大和分配不公问题；其三，坚决取缔非法收入，运用法律手段规制经济违法、行贿受贿、权钱交易等非法牟利行为；其四，调节过高收入，通过完善制度和利用现代化信息手段，健全对个人收入的检测，尤其是高收入人群，并可在适当的时候开征遗产税；其五，调整财政分配比例，增强中央财政的转移支付。增加对落后地区、民生产业的转移支付力度，加强对基础医疗、卫生保健、义务教育、社会福利等社会事业的财政投入力度，以缩小贫富差距，并逐步形成以中等收入阶层为大多数的“两头小，中间大”的社会成员构成格局。地方政府不应触及社会保障问题，就表现出财政上困难和僧多粥少的无奈景象，而应将社会保障与经济发展并行推进。

### （二）完善的利益保障和利益补偿机制

再合理的利益分配机制都不可避免不断扩大的社会贫富差距，因此建立完善的社会保障体系，是政府依法对国民收入进行的再分配，对社会成员的生活保障，对改革中利益受损群体实行的利益补偿，以体现社会公平原则，保证共享社会发展成果的一项基础性的

① 郭彦森．变革时代的利益矛盾与社会和谐．北京：知识产权出版社，2008：263.

制度建设，协调好各方面利益关系，妥善解决各种利益矛盾的基础制度。党的十六大提出了，建立和完善城镇职工基本养老保险制度和基本医疗保险支墩，健全失业保险制度和城市居民最低生活保障制度。各地根据实际情况合理确定社会保障的标准和水平。发展城乡社会救济和社会福利事业。推进社会保障制度建设，发挥政府的主导作用，加大财政对社会保障的投入，充分发挥社会、市场等各方面的功能，形成多元化、多层次、多渠道的社会保障体系。

利益补偿机制，包括政府的财政转移支付、社会救济等制度和政策，改善在市场竞争中处于力求加大扶贫帮困的力度，对利益受损的弱势群体进行相应利益补偿，使他们在其他社会群体先富的同时，也相应不断提高自身的物质水平，以保证社会各阶层共享社会发展和改革的成果。如果有了“稳定的收入”，如果有了“稳定的物价”，如果有了“稳定的生活”，如果有了“稳定的职业前景”，如果有了“稳定的晚年保障”，如果实现了这些“如果”，那么，这个社会一定是稳定而有序的。

**（三）通畅的利益表达机制**

在不断增多的群体性突发事件频发的现阶段，产生的一个重要原因是利益表达渠道不畅通。必须看到，面对多元化的利益主体和凸显的利益矛盾的现实下，利益表达问题，尤其是弱势群体的利益表达问题，是一个不可回避的问题。当部分群体正常的利益表达渠道招致阻断，人们合法的利益受到侵害甚至被剥夺，就极易造成群体性的社会不满。其结果是，一方面，公众依旧信任政府，他们通过采用有利于降低利益支付成本的手段求助于更高一级的政府，信访也将因为百姓群体性行为的频发而制度化，地方下级政府的权威因此削弱；另一方面，当公众不再信任任何一级政府的时候，对抗和暴力冲突就很难避免，危机由此产生并迅速蔓延。① 建立通畅的利益表达机制，是政府更好地发挥利益整合功能，协调利益关系，化解利益矛盾，构建和谐社会的重要环节。

利益表达机制的缺失是许多社会不稳定事件的主导因素。而目

① 蔡志强．危机治理和社会和谐．长沙：长沙出版社，2007：22.

前所谓的“维稳”，多半是以压制和牺牲弱势群体的利益表达为前提而短暂实现的。提及政府的利益表达，政府不应有如临大敌的压力，更不应该将老百姓的利益诉求与社会稳定对立起来。而且应该善于倾听、收集、分析不同的利益表达。

建立和完善利益表达机制，除了充分发挥人大、政协的权力机制体系中欧冠的利益表达和综合功能，完善党委和政府的信访制度外，还要结合民主制度建设，开辟新的民意反映通道，更多地让民众发出他们的声音和诉求，具体的制度表现在：

其一，在与民众利益密切相关的重大事项决策上，政府要建立和规范社会公示制度，听证制度、论证制度、扩大民众的参与，敞开心扉，广泛听取民意，体察民情，广集民智，并结合完善专家咨询制度，进一步提高政府的民主化、科学化决策的水平。

其二，面对社会各阶层的利益诉求，日益复杂的社会利益矛盾时，政府要通过不断完善行政首长接待日，政府电子信箱等民主对话和协商制度建设，通畅利益表达通道，加强政府与社会各阶层之间，尤其是与普通民众、弱势群体之间的对话和沟通，切实了解、关心和解决民众的实际问题，并引导他们以积极、理性、合理、合法的形式表达利益诉求，解决现实问题，在政策制定上更充分地反映了他们的利益要求。

其三，在扩大基层民主方面，要真正实行政务公开、村务公开、厂务公开等公开办公制度，切实保障民众的知情权、监督权、参与权、建议权等民主权利。公权力无限制、公权力的无限大是造成原本可以正常解决而没有解决的“维稳”问题的一个根子。拓展公民的政治参与和监督机制、有效地落实公民的民主权利是消除因公权力而滋生出来的社会矛盾、社会冲突之正确方向。因此，政府要接纳民众的参与、勇于接受社会的监督。由于社会的流动、单位制度的消退和城乡社区的重构诸因素，致使中国社会在转型过程中缺乏有效的民主协商机制，以致社会群体、社会阶层之间的利益和公共利益无法得以有效的协商。政府不应当排斥民众的讨价还价，不应有提到协商就有被敲诈的抵触心理。

其四，政府还应积极探索如何建设社情民意的调查机制，成立政府专门的民调机构，并发挥和引导电视、报纸、网络等几种媒体在反映社情民意方面的积极作用，不断完善社会舆情汇集和分析机制，倾听民众疾苦，了解社情民意，关注社会心理，使政府的政策决策有坚实的参考基础。通过这种制度化的利益表达机制的不断完善，不仅可以是社会各方面的利益、诉求、意愿、意见和建议等得以表达，甚至一些不满情绪或冲突心理都得以释放，防止造成聚集效应，而且有助于政府和社会的管理层面及时了解社会各方面的利益要求，了解社会矛盾的症结所在，这样才能有效地化解各种利益矛盾，妥善协调各个阶层、群体之间的利益关系，保持社会稳定与和谐。

**（四）灵敏的利益矛盾预警机制**

灵敏的利益矛盾预警机制。尽管当前的社会矛盾大多数是属于人民内部矛盾，和社会结构发展矛盾，没有敌对性质。但当自发的、零散的、轻微的利益矛盾不能得到及时有效解决时，很可能转化成自觉的、有组织的、严重的群体性的事件，甚至会引发更大规模的社会对抗或政治风波。当前，影响社会稳定的一个重要因素就是社会矛盾预警机制不完善，特别是某些领导干部身上存在严重的官僚作风，对民众的疾苦不闻不问，为了政绩在信息传递过程中往往是报喜不报忧，筛掉大量有关民众疾苦和社会矛盾方面的真实信息，由于问题得不到及时处理而不断积聚，矛盾不断升级，最后导致群体性突发事件和较大范围的社会对抗的发生。由于缺少预警机制，在群体性突发事件发生后，又不能从容应对，果断处理，从而加重了政治影响和社会损失的严重程度，这就要求我们建构全新的社会利益矛盾预警机制，便于及时了解社会中的矛盾、摩擦、冲突和风险，让政府决策层能够真正地掌握社会中不稳定的相关信息，及时发现社会不稳定因素的前兆，在各种矛盾和冲突爆发之前提出预警，给政府各相关部门提供解决突发问题的方案和对策。

社会利益矛盾预警机制的构建，关键是有一套科学的社会矛盾预警指标体系和社会心态研究指数。其中，社会矛盾预警指标体系是由社会中比较敏感的“热点”、“难点”及改革的“关节点”等问题的量化指标构成，每个指标都可以显示社会运行中某一方面的状态是否正常，是否出现了可能发生危险的信号，以便管理层采取措施并进行预防。在社会矛盾预警指标体系中，有几个指标特别敏感。对维护社会稳定的关系特别密切，是构成社会矛盾预警体系中的核心指标。这主要包括失业率、物价上涨指数、贫富差距指数（基尼系数），农民负担程度、官员腐败程度、干群关系紧张程度，贫困人口所占比重指数等。除了核心指数之外，还有改革和社会发展中，国企改制、土地征用、房屋拆迁等敏感性问题，都是属于社会矛盾预警指标体系中的客观指标。还有主观指标，如社会心态指标，主要包括民众对公共安全、社会风气、家庭和个人生活的满意度，对政府改革政策的理解和支持程度，对某项改革横测的心理承受度，对不同阶层的认同程度，对官员腐败不满程度等几个主观感受方面的指标。

构建社会利益矛盾预警机制，除了制定科学的预警指标体系外，还应该在省级政府成立专门机构，适时地对社会改革发展中的"热点"、"难点"问题进行监控，及时收集和定期反映各项指标，为中央领导决策层提供较为科学的估量社会运行现状及其发展趋势的各项指标，对可能发生的社会矛盾冲突做好化解和防范工作，确保社会稳定的整体态势。

**（五）有效的矛盾疏导和化解机制**

如果维稳旨在筑坝，而不在于疏导，黄河之水将天上来，这是最危险的警告。当前我国群体性突发事件多有发生，其中很多一部分是因为利益矛盾处理不当而导致的，因此需要从性质上和特征上认识这类行为事件。"群体性事件"并不是一个严格意义的学术概念，它最初是作为一个"政治术语"出现在官方的文件中，并没有给出一个明确的定义，而且还常常与"突发性事件"、"群体性突发事件"、"群体性治安事件"等混用。中共中央办公厅于2004年制定的《关于积极预防和妥善处置群体性事件的工作意见》中将群体性事件界定为"由人民内部矛盾引发、群众认为自身权益受到侵害，通过非法聚集、围堵等方式，向有关机关或单位表达意愿、提出要求等事件及其酝酿、形成过程中的串联、聚集等活动"。① 这个定义，淡化了所谓的"社会危害性"，却强调了引发

① 朱力．中国社会风险解析——群体性事件的社会冲突性质．学海，2009（1）．

群体性事件的诱因以及事件的“非法性”，针对此有学者提出了更为中性的学术性、概括性界定，“群体性事件指有一定人数参加的、通过没有法定依据的行为对社会秩序产生一定影响的事件”。①从中性的界定来认识此类问题，有益于有关利益矛盾问题的疏导、化解和处置。重视利益矛盾的化解工作，发挥基层党政组织和社会组织的协调利益关系的作用，提高基层行政人员处理利益矛盾的能力，落实工作责任制，建立矛盾信息汇集、分析和排查制度，对基层存在的问题要早预防、早发现、早解决，把各种矛盾问题解决在基层，解决在萌芽状态。

危机防治中应树立正确的解纷观念：因为长期以来，我们没有非常科学地区分不同类型的社会矛盾，均将其视为社会稳定问题，并看作是对社会稳定与社会有序的现实威胁，这种认识直接导致形成了一种关于社会纠纷与冲突的危机式思维定势，并以维护社会稳定作为应对社会纠纷与冲突的基本指导思想。虽然这种指导思想在当前提高了纠纷解决的实效，收到了一定的治理效果，但正如有学者指出的，与“维稳”和“怕出事”的积极意义相伴随的可能是对民粹主义的行政迁就，实为对于建立真正政治的当下努力的抵消。②③ 同时，我们对在纠纷应对中的负面影响也不可不警觉。这种观念也可能助长了一种国家中心主义与权力推进的纠纷应对观念。这种观念直接诱发了解纷机构种种实用主义与功利主义的动

---

① 于建嵘．抗争性政治：中国政治社会学基本问题．北京：人民出版社，2010：44.

② 许章润．中国步入训政初期，http：//www. chinaelections. org. 民粹主义作为一种社会思潮，基本含义是它的极端平民化倾向，即极端强调平民群众的价值和理想，把平民化和大众化作为所有政治运动和政治制度合法性的最终来源，以此来评判社会历史的发展。它反对精英主义，忽视或者极端否定政治精英在社会历史发展中的重要作用。从这个角度来说，人们“可以把民粹主义定义为一种意识形态，根据这种意识形态，合法性即在人民的意志之中，因此它体现了激进的民主理想”。这种民粹主义对应于直接民主，其特征是民主的极端主义。

③ 俞可平．现代进程中的民粹主义，http：//www. sina. com. cn，2007年1月11日访问。

机，而使得当事人的对抗心理、失衡的社会关系并未因纠纷的解决而得到完全恢复。

当然，在当前的群体性突发事件中，往往是参与者的合理诉求与他们的不法手段交织在一起，多数人的合理诉求与少数人的无理取闹交织在一起，群众的自发行为与一些别有用心的人企图利用交织在一起。在事件处理过程中，既要解决实际问题，维护民众的权利和利益，又要对群众进行思想教育和法制教育，与依法惩处违法犯罪行为结合起来，不可无原则地迁就不合理不正当的要求，引导群众应以合法途径和方式来解决问题。

在社会危机防治行政的各种机制运行过程中，行政主体应当坚持社会危机防治行政的法律原则，尤其是基本原则中的行政法治原则、权利保障原则，具体原则中的行政均衡原则、行政正当原则，专有原则中的权利优先原则和社会参与原则。社会危机防治行政的相关法律规范，大量以软法的形式出现，总体缺乏严格、具体制定法形态的法律体系。因此，社会危机防治行政法律规制的路径依赖，就更突出相应法律原则对危机防治行政的指导和规制。在社会危机防治行政的法律原则指导下，政府制度化的机制建设和社会危机防治行政法治进程才能逐渐步入正当性运行的轨道。

## 第三节　社会危机防治行政中的权利救济机制

当我们探究维稳理念下社会危机防治行政中“维稳”与“维权”的关系，是“表象与本质”、“手段和目标”的内在关系之后，就能深刻地认识到“维权”才是社会危机防治行政的根本，“维权”才能最终达成社会和谐稳定的目标。在为社会危机防治行政的体制创新探讨制度化机制构建的同时，更需要将目标投放到围绕“维权”机制完善和构建相匹配的权利救济机制中来。“维权”不是法学概念，它是权利受损害主体对权利的抢救，事实上它是“法律救济”的社会用语表达，与“维稳”相对应的就是公民的“维权”，“有权利必有救济”，救济是与“维稳”相对应的“维权”的核心和保障。政府才是“维权”的最大的责任主体，政府作为维权主体主要通过制度化的行政救济途径来实现。

行政法必须赋予相对人获得救济的权利，并设置相应的救济途径保护相对人的合法权益，这是社会稳定和发展的基础，对于社会危机防治行政不仅同样适用而且更加重要，因为社会危机防治行政的核心在于“维权”，“维权”救济机制的渠道是否多样、便利和有效决定着维稳行政理念和制度的运行效益。公民“维权”的制度化和法律化的运行途径传统上认为对应于当前公法中行政救济法的三大体系，即行政复议、行政诉讼、行政赔偿。① 但这三大体系的救济对象除了行政复议之外，往往局限于对违法行政行为的监督和侵权救济。对行政救济的理解应当是对行政的救济，即对行政活动的产生的负面影响的全面救济，不仅对行政活动过程中违法行政行为救济，而且对失当行政行为和不合理行政行为也应当给予救济；不仅对外部行政行为救济，而且对内部行政行为救济；不仅对行政法律行为救济，而且对行政事实行为救济。当前，针对行政活动的内容不断扩张，行政救济的对象不断扩大，行政救济的途径也不再仅仅局限于传统的行政救济三大领域，针对社会危机防治行政特定领域的“维权”目标和政府自身承担的“维权”责任，行政内救济成为“维权”救济的主要方式，包括行政调解、行政信访、行政申诉、行政补偿等。

我国现有的行政救济途径主要是行政复议、行政诉讼、信访、行政仲裁、行政调解等。行政复议和行政诉讼是我国行政救济制度的主体，是制度化和法制化程度最高的权利救济制度。信访、行政仲裁和行政调解是我国行政救济制度不断发展完善的必要和有益补充。关于行政调解是否是一项独立的行政救济制度，学者中没有达成共识，有学者认为我国的行政救济途径还包括行政调解②。但有的学者却认为行政调解并没有形成一项制度，而只是作为一种方法

① 莫于川．监督行政法制的若干重要范畴研究．现代法学，1999（3）：24.

② 许崇德．新中国行政法学研究综述．北京：法律出版社，1990：385-399.

适用于实施救济的其他途径之中。① 当前，随着风险社会下社会危机防治工作在全国和全社会的展开，中央提出建设“大调解”机制，来顺应社会危机不断高涨的解纷需求，调解机制被放置到解决社会基础性矛盾纠纷的重要地位上。由此，需要我们从理论到实践重新审视调解制度。行政复议和行政诉讼尽管是我国行政救济制度的主体，但由于其受案范围的有限性，程序繁复和周期性，相对于其他行政救济手段不具有便利性的特征，社会危机防治行政中更加重视行政调解、行政信访、行政申诉、行政补偿等权利救济制度。但不可否认行政诉讼和行政复议尤其是行政诉讼仍然是公民权利救济的最权威途径，但在社会危机防治行政的普遍性和基础性的层面下，更加突出行政复议和行政诉讼之外更加前移的权力救济形式。

## 一、行政调解

### （一）行政调解制度概述

从根本上说，解决社会矛盾纠纷有两种方式：一种是他律方式，如诉讼、仲裁等；另一种是自律方式，如和解、调解等。调解又可分为诉内调解和诉外调解。诉外调解有两种：一是行政调解，指法律赋予调解职能的国家行政机关的调解；二是民间调解，乡镇、街道、社会组织人民调解委员会的调解。

调解是指第三方公断人对当事人之间产生的纠纷进行调停、斡旋等活动。作为一种解决纠纷的古老方法，调解被世界各国普遍采用。20 世纪 70 年代后，西方国家以调解型第三者纠纷解决模式为基础的 ADR（Alternative Dispute Resolution）机制应运而生，即所谓非诉纠纷解决方式。ADR 在西方各国的民事争议、劳动争议、消费者争议、医疗争议和交通事故争议等领域得以广泛使用并取得重大成功，并在西方行政法上广泛适用，逐渐成为西方社会解决行政纠纷的有效方式。②

---

① 林莉红．中国行政救济理论与实务．武汉：武汉大学出版社，2000：43.

② 潘乾．试论我国行政调解制度的完善．行政与法，2008（4）．

在我国调解也被广泛运用并作为一种制度文化深深地影响着民众的社会价值观。我国的调解制度由人民调解、行政调解和法院调解三种形式构成。① 但什么是行政调解？我们认为，行政调解是在行政主体的主持下，以国家法律、政策和公序良俗为依据，以自愿为原则，通过柔性的方法，促使当事人友好协商，达成协议，消除纠纷，进而提供社会关系协调化、社会秩序规范化等公共产品的一种行政行为。②

**（二）行政调解的适用范围**

一般认为，行政调解的适用对象主要是民事争议，对行政争议不得采用调解的方式解决。这主要理由在于，民事争议的双方当事人可以自由处分权利，而作为行政争议一方当事人的行政主体对其拥有的行政职权与职责不得自由处分，因此调解就失去了前提和基础。

1. 行政调解适用于行政争议的理由

随着公共行政的发展，行政纠纷逐渐复杂化与多样化，解决纠纷的类型也相应地要丰富多样，行政调解不仅适用于解决民事争议，而且在解决行政争议方面也可发挥其功用。基本的理由在于：

其一，多数的行政争议围绕着行政赔偿和行政补偿而产生。城市化建设中的大量的房屋拆迁补偿、国有土地征用补偿、安置补偿等与民众利益紧密相连，权益受损害的相对人可以处分自己的赔偿请求权利，行政主体可以根据相对人的请求，协商赔偿和补偿的方式和数额，适用调解宜于解决当前普遍面临的城市化发展中呈现出的井喷争议现象。对此可资借鉴的就是《行政诉讼法》明确规定“赔偿诉讼可以适用调解”。

---

① 张正钊．行政法与行政诉讼法．北京：中国人民大学出版社，1999：153.

② 此概念借鉴冯之东的“纠纷解决机制外在制度环境的优化——以行政调解制度为例”（载于《甘肃行政学院学报》2012 年第 1 期）一文中对行政调解的界定，但是作者认为行政调解是行政事实行为，对此我们仍需探讨，行政调解作为行政行为没有问题，但具体是行政法律行为还是行政事实行为，需要具体划分类型来分析。

其二，多数争议往往与行政裁量行为的合理性有关。行政裁量是指在法律授权的情况下，行政机关对同一事实要件的处理根据具体情况进行选择的权力，是对各种事实情节的综合考量，并权衡各种利益关系的基础上进行选择裁量。① 当前行政裁量已成为现代行政的典型特征，“它通过行政活动的所有过程，涉及一切行政领域”。② 行政裁量赋予行政机关判断选择余地，但严格限制在法律授权的范围之内。行政机关通过裁量获得一定自行活动空间，是其在法定范围和幅度内选择的结果。既然行政主体有选择权，则意味着行政主体与相对人之间有讨价还价的余地和协商解决争议的可能，因此，行政裁量行为而产生的争议适合于行政调解的要求。

其三，越来越多的非强制性行政行为引起的争议可与行政调解相适应。逐渐兴起的服务行政和给付行政使得行政指导、行政契约、行政私法行为等非强制性行政行为逐渐成为行政活动中的主流方式，由其产生的争议由于非强制性行政行为本身就有的民主、协商、合作的性质，具有良好的调解适用的基础。

其四，社会公共组织与其成员之间因行使公权力而发生的各种争议。社会组织对其成员采用的多是非强制性行为或柔性行政手段，对他们之间产生的纠纷通过协调方式解决，纠纷的性质与救济的途径具有相适应性，这也符合“行政救济的途径与被救济行为相适应原则要求，对不同性质的行为设置不同的救济途径、手段和方式”。③

因此，对行政调解的界定就是指由行政主体主持的，以国家的法律、法规及政策为依据，以自愿为原则，采用说服、疏导、教育等方法，促进双方当事人平等协商、互谅互让，达成协议，以解决争议的活动。行政调解的概念有广义和狭义之分，广义的行政调解

---

① 周佑勇．行政裁量治理研究——一种功能主义的立场．北京：法律出版社，2008：16.

② ［日］室井力．日本现代行政法．吴微，译．北京：中国政法大学出版社，1995：26.

③ 林莉红．中国行政救济理论与实务．武汉：武汉大学出版社，2000：17.

包括一般行政主体主持的调解，行政复议调解、行政仲裁调解、行政信访调解等，而狭义上的行政调解仅指复议、仲裁、信访纠纷救济机制以外的行政调解，即没有启动行政复议、行政仲裁或行政信访机制，出现一定程度和范围摩擦，由行政主体主持作出的行政行为。

2. 行政调解制度的适用范围

在新时期政府危机管理下的社会危机防治行政，转变政府职能，塑造服务型政府，立足于早排查、早发现、早防范，政府负有责任积极介入到事关民众利益的民事纠纷和其他行政纠纷中，加强矛盾排查调处，力求把各类纠纷矛盾消除在萌芽状态。行政调解作为行政司法的一种调解制度，能够有效、及时化解民事纠纷和其他纠纷等矛盾。行政调解的范围可概括为如下几个方面：

（1）与行政管理有关的民事纠纷。即可以由基层人民政府处理的纠纷，包括婚姻、家庭、赡养、继承、债务、宅基地等。但其中情节复杂、影响较大的民事纠纷应当由人民法院处理。（2）轻微刑事纠纷。即没有构成刑事犯罪的案件，如轻微伤害、侵占、打架斗殴等。（3）劳动争议纠纷。即劳动关系双方当事人因劳动问题引起的纠纷，如因劳动报酬、工作休息时间、劳动保险等问题引起的争议。（4）行政纠纷。包括内部行政纠纷案件、行政合同纠纷案件、行政不作为纠纷案件、因行政补偿、行政赔偿等引起的纠纷案件，行政机关行使自由裁量权产生的有关行政行为合理性的纠纷案件。①（5）影响地区社会稳定的其他民事纠纷。行政调解具有便捷性，由行政主体去调解这些纠纷能够及时迅速地化解矛盾，维护社会稳定。

概括来说行政调解是以解决发生在行政管理过程中的争议为主。争议既包括民事争议、经济纠纷、行政争议，还包括轻微刑事案件。作为构建服务型政府的一项举措，作为一种非诉讼解纷机制，政府对行政调解的重视以及提出构建“大调解”机制，充分

---

① 郭玺．关于制定我国《行政调解法》的构想．甘肃科技纵横，2009(1)：103-104.

表达了政府在当下的中国，面对民众解决纠纷的强烈诉求、严峻的社会治理现状、政府改革治理式的迫切需要，重视柔性化的执政理念。

**(三) 行政调解制度的积极作用**

(1) 有利于当事人息讼，能够实现行政争议的彻底解决，减少诉讼、申诉、缠诉等现象，从根本上有利于节省行政成本和诉讼成本。目前，我国诉讼量增长，判决比例提高的同时，判决的上诉率、再审率居高不下，这些现象的发生，使得社会对司法的权威和公正性产生信任危机，给司法部门带来极大的压力，而行政调解则可以极大地减少这种现象。

(2) 行政调解为纠纷当事人提供了诉讼制度之外行政救济体制之内又一有益的权利救济渠道，增加了当事人对各种解纷方式进行比较和选择的机会，增加了民众权利救济上的“自由”，同时，也可以降低民众乃至社会的解纷费用。

(3) 行政调解有利于解决判决执行难问题。对于判决行政相对人经常不配合执行的情况多发下，行政调解的达成有利于当事人履行义务，减少诉讼环节，避免了执行难的现象，能从根本上减少行政机关申请法院非诉执行案件的数量。

(4) 行政调解有利于达到良好的社会效果，保证社会稳定。行政调解能够达到当事人无反悔、无申诉、无上访的结果，是行政机关行政管理的理想境界，切合维稳行政的内在价值和理念。

(5) 行政调解有利于把行政争议化解在行政程序中。行政调解日益成为一项行政内制度化的救济机制，程序化的运行逐渐成熟完善①。

(6) 当前，影响社会和谐、稳定的主要矛盾、纠纷，如劳资纠纷、征地拆迁纠纷、民办教育纠纷、企业复退转人员待遇问题纠纷等往往具有相关性、复杂性、多样性，单靠人民调解组织很难化解。而行政调解则具有专业性、综合性、高效性、主动性和权威性

---

① 贺荣．行政争议解决机制研究．北京：中国人民大学出版社，2008：175.

等特有优势，体现了“和为贵”的传统观念和现代非强制行政的基本理念，在解决纠纷、化解矛盾、维护稳定中有着其他组织难以替代的作用。

行政调解制度是在风险社会下维稳工作的宏观理念和体系下为社会危机防治行政所开出的制度药方，是一种“制度供给”的形式。“制度供求”关系根源于执政者和公民两个层面。执政者对制度供给的制度需求在于实施社会治理的过程中，执政者对具有“协调社会关系、规范社会秩序”等公共产品的行政调解，有着强烈的迫切需要；公民在纠纷发生后，对功能具有解决纠纷、救济权利、实现利益最大化、成本较低、便捷权威的行政调解也有着强烈期盼。

**（四）行政调解制度的不足**

调解是我国司法实践中的一大特色，在建设和谐社会的形势下更是不断受到重视。行政调解为解决争议的重要途径之一，实践中日趋凸显其价值和意义。但行政调解存在如下四个缺陷：一是行政调解的设定比较随意，缺乏整体性；二是行政调解的范围过于狭窄；三是行政调解缺乏基本程序保证；四是行政调解缺乏法律保障。① 也有学者从现有行政调解的制度机制、运行机制及自身机制三个层次揭示其不足之处：行政调解法律适用不统一；行政调解体系不健全；行政调解缺少程序规定；行政调解协议没有明确法律效力；行政调解缺乏救济机制；行政调解组织机构不合理；行政调解人员参差不齐等。② 总体来看，现有行政调解的主体交叉重叠、不确定、调解程序混乱，可能使行政主体无原则地进行调解或重复调解；行政调解缺乏法律效力，也并非终局性解纷制度，行政机关对进行行政调解的动力和兴趣不足。行政调解种种弊端，既放纵了行政主体滥用职权的行为，又不利于公民、法人和其他组织合法权益

---

① 朱最新．社会转型中的行政调解制度．行政法学研究，2006（2）．

② 潘乾．试论我国行政调解制度的完善．行政与法，2008（4）．

的保护，更不符建立行政调解制度化解纠纷之宗旨。①

**（五）行政调解制度的完善**

在行政调解中，滥用权力、规避法律、以实力较量代替是非判断、牺牲程序公正以及压制诱导等问题都不可能完全避免，但通过司法审查和其他程序进行救济和制约，可以将错误风险降至最低。

第一，当前提倡从多角度、多方面对纠纷进行行政调解，必须遵守合法和自愿的行政调解原则。并非一切纠纷都可适用行政调解。行政调解一般适用于各类纠纷尚未扩大和升级的阶段，如果情绪对立，矛盾转化，则运用行政调解手段已不能有效解决纠纷。

第二，通过基本法律的立法，规范行政调解主体的设定、行政调解范围的适用、行政调解的程序、法律效力和法律责任等。我国当前出台了有关调解的基本法律是《人民调解法》，但是由于调解的主体不同，行政调解并非在调解中可以简单机械的比照适用。行政调解既然是行政内权利救济的一种制度化的供给，是公民可选择的权利救济途径之一，就应当通过基本法律的形式，对行政调解制度的各个环节进行预设和规制，为行政调解达致责任化、系统化、制度化提供基础保障。

第三，加强行政调解主持人选择制度和培训制度，培养出具有正确的价值理念和专业调解技能素养的权威主持人。行政调解功能的实现，重要的一环在于当事人对行政调解主持人的信任程度，对其思想素质和业务素质的认可和接受，这一切都在行政调解过程中调解主持人与当事人之间的动态交往协商过程中确立下来。因此，加强行政调解主持人的制度化技能和法律道德伦理的培训，必然是树立行政调解的权威，实现行政调解可接受性的重要保障。

只崇尚司法放弃其他纠纷解决方式相当不经济，过分地依赖调解而有可能造成司法的弱小和后退，也是不可取的。因而，在面对风起云涌的“大调解”机制时，我们要清醒地渐进，调解制度的理性化，程序的规范化以及工作方式的不断创新都势在必行，建立

---

① 付贤禹，李德刚．完善我国行政调解制度之探究．四川教育学院学报，2011（27）：7-11.

合理的多元化纠纷解决机制、保障当事人自由选择解纷方式的权利救济途径无疑是最优的选择。

## 二、行政信访

### （一）行政信访制度概述

信访是指公民采取书信、电话、走访等形式，就该部门及其工作人员侵犯自己合法权益以及其他违法违纪行为，向各级行政机关、县级以上各级人民政府所属部门反映情况，提出意见、建议和要求，依法由有关行政机关予以处理的活动。信访作为脱胎于东方传统文化，具有中国特色的简便易行的听取群众意见和建议的方式，深为群众所接受，早在战争年代的革命根据地时期就已采用，并收到了良好的效果。由于新中国建立以后一直到改革开放，长期以来没有建立起来关于行政纠纷、行政争议的处理制度，没有其他的行政救济制度对行政权力侵犯公民权利实施救济，因而信访在社会生活中实际起到了行政救济制度的作用。① 随着我国以行政复议和行政诉讼为主体的行政救济制度的建立和日益完善，信访制度在整个行政救济和监督行政制度中的地位和作用已发生一定变化。

信访活动作为人们社会政治活动的一部分，在社会发展进程中的地位和作用是不可忽视的。在本质上是“人民群众参与社会管理，争取自身利益，维护自身权利，推进社会发展的一种政治行为”。② 政府利用信访形式做到加强政府与民众的联系，反映社情民意，提出意见建议，投诉和请求，政府充分运用自己的影响和权力，为人民群众谋利益。信访活动具有嬗变性，始终是以现实性为轴心，始终是社会客观矛盾的反映。《信访条例》规定，信访是指公民、法人或者其他组织采用书信、电子邮件、传真、电话、走访等形式，向各级人民政府、县级以上人民政府工作部门反映情况，

---

① 林莉红．中国行政救济理论与实务．武汉：武汉大学出版社，2000：252.

② 中国行政管理学会信访分会．信访学概论．北京：中国方正出版社，2005：23.

提出建议、意见或者投诉请求，依法由有关行政机关处理的活动。由此，可看出当前新的《信访条例》所规范的“信访”事实上是“行政信访”，学术上对行政信访的界定为指信访人针对被访人的行政行为，采取书信、电话、走访等形式，向受理人反映情况，提出意见，建议和要求，依法应当由受理人处理而由被访人响应的互动行为。① 从实践来看，与行政信访相关的信访事项有时不是单纯的行政机关行为，还涉及党政部门，各级人大及其常委会，各级法院和检察院的活动。

### （二）行政信访的适用范围

信访采用的是一种针对行为主体宽松的立法技术，即只要是对行政机关或其工作人员的行为有意见就可以提起信访事项，它是以广义的行政主体的行为作为救济识别标准的立法技术，省去了定义“行政行为”这一抽象概念的诸多麻烦。这说明信访受案范围具有广泛性，信访受理事项范围广，但信访解决事项的重点在于行政失职行为。原则上，公民对现在机关的一切违法、不当行为，认为侵害自己合法权益的，都可以进行信访。但由于对行政违法行为，另有行政复议、行政诉讼等途径实施救济，因而信访有效解决的事项主要是行政机关及其工作人员的失职行为。

由于民众对专业而精细的救济制度和机制难以做到娴熟和有效的驾驭，因此中国当前的信访制度就在受案范围上起到了方便、引导和教示民众寻求制度内救济的功能。信访机构成为面对社会接受各类社会民怨和投诉问题的社会服务窗口，所以当前在政府、社会、企业等方方面面的社会组织中都设置有信访机构，这极大地适应了当前转型期中国社会的现实需求。而行政信访成为其中的核心，我国的《信访条例》所规范的即是行政信访。

### （三）行政信访对于社会危机防治行政的积极意义

（1）行政信访为公民提供了一种行政复议和行政诉讼之外的权利救济途径。行政复议和行政诉讼途径对权利的救济都受到受案范围狭小的限制，而使得大量的非强制性行政行为因为不能纳入到

---

① 任礼光．行政信访制度研究．苏州大学硕士论文，2003：15.

传统立法中的具体行政行为的罗列范围内，而被排斥在行政复议和行政诉讼救济体制之外，所以，信访制度在客观上为公民提供了一种法律救济途径。

（2）信访渠道畅通，信访具有更加方便、快捷、低成本的特点，拥有与司法途径的比较优势，公民在救济途径选择上更优先选择这种救济。“客观说，信访有以柔克刚的优势，它能以适当的人治缓和法治在一定情形下的过分僵硬和过分刚性”①，但由于信访具有内在制度性的缺陷，所以其“只是一项不完全的行政救济制度”。②

**（四）行政信访的不足**

（1）新《信访条例》把涉法事项从信访事项中剥离出来，但是由于信访具有更加方便、快捷和低成本的特点，人们还是偏好这种救济途径。“涉法信访”仍会越界涌入信访这种司法之外的救济渠道，导致“违规信访”。这种状态不利于我国法治建设的进程，信访制度一定程度上导致法治化的法律救济途径弱化，会削弱行政复议和行政诉讼应有的制度化救济功能在社会中的地位。

（2）对于合理的信访事项，信访人要求司法化处理的制度规范没制定；对于信访权利的保障，官员在信访中失职、不作为，信访人对其是否有提起行政诉讼的权利，没有做到制度规范向法治的延伸。

（3）规定“三级终访”是阻止重复上访的基本依据，但信访权是宪法赋予公民的合法权益，“三级终访”存在“合法性危机”，司法的最终裁判权没有得到尊重。复核中的违法行为的救济渠道在哪儿？没有申诉的机会可能会造成矛盾激化，“过激信访”仍存在发生的可能。

（4）信访人对信访救济途径过高的期望同现实的落差，也会使矛盾积聚、激化，社会稳定将可能受到极大的威胁。而且这种情

---

① 赵凌．新条例能否带来新一轮信访洪峰．南方周末，2005-01-20.

② 林莉红．中国行政救济理论与实务．武汉：武汉大学出版社，2000：258.

况一时难以彻底改变。①

### （五）完善信访制度的几个措施性建议

（1）信访部门需要进行疏导信访案件，将信访案件归类，对于应当通过其他法律救济途径解决的案件。其一，为当事人作出法律性的分析和制度化的引导，若当事人认可，则通过当事人的选择启动相应的行政复议、行政申诉或行政诉讼等程序。其二，若当事人执意信访，或对启动运用其他救济途径有为难情绪和其他利益考虑的，则可以在疏导解释的基础上，为相应涉法的救济途径启动提供法律援助。我国有一定的法律援助机构，同时，社会性的法律援助机构也蓬勃发展起来。② 这些都可以在信访部门的引导和协调下，做到有益的联系和互动。

（2）就典型信访事件展开调查，并向受移送机关提出处理建议。对群体性信访案件、争议大、社会影响广泛和积累多年等重复信访案件，信访机关可以展开调查，并基于调查结果向受移送机关提出处理意见。由于信访机关没有实质性处理信访事项的权力，这些意见仅具有建议性，对受移送机关没有强制力，受移送机关对它的接受程度取决于建议的说服力和调查报告公开后的舆论压力。

（3）公开调查报告和定期公布各受移送机关处理信访的情况。信访机制作用的发挥除了依靠其中立的地位和不偏不倚的态度奠定其权威外，更关键的是要靠公开的力量和威慑力。信访机关可以公开调查报告，定期公布被信访部门、各受移送机关处理信访的情况。

---

① 杜锋．新《信访条例》的创新和缺憾．成都行政学院学报，2006(2)：40-42.

② 由于法律援助以其良好的社会效益受到人民群众的欢迎，并引起全社会的广泛关注，有关机关、团体对其开展本系统的法律援助工作有很高的热情与积极性，具备提供法律援助的条件和手段。在现阶段，在同级法律援助机构的统一指导下，经同级司法行政机关批准，依托本单位、本系统的维权或法制部门设立社会法律援助工作机构。例如，江苏省妇联成立的江苏省妇女权益法律援助中心、南京大学组建的南京大学法学院法律援助中心暨南京大学学生法律援助中心，等等。

当然，信访机制并非是解决现有纠纷丛生问题的万灵药方，中国当前的纠纷和矛盾丛生的局面，需要通过重建新的社会秩序和完善有效的纠纷解决系统机制来治理，信访机制的重构只是这系统工程中的一环。而且一个新生的、主要诉诸监督来实现其使命的机制，需要通过不断积累来确立自己的权威。①

## 三、行政申诉

### （一）行政申诉概述

申诉制度是我国化解矛盾纠纷的一项制度。行政申诉制度与行政信访、行政复议以及行政诉讼都有着密切的联系。实践中，人们对于行政申诉认识比较模糊，特别是许多人把行政申诉等同于行政信访，导致理论和实践出现问题，因此，对社会危机防治行政的“维权”机制的考察，就需要探讨行政申诉制度与意义。

行政申诉制度在各国（地区）的名称不一，如在瑞典叫监察专员制度、在英国叫议会行政监察专员制度、香港称为申诉专员制度等，但其担负的使命都是调查申诉，保证行政行为合乎良好标准，保护行政相对人的权益。1809 年，瑞典任命世界上第一个监察专员来行政申诉制度在世界各国迅速地建立起来，成为保护公民正当权利免受侵犯的一种重要力量，可以保持国家潜在拥有的不可抗拒的权力与公认的公民在保障公正的弱势地位之间的平衡。1954 年，丹麦建立监察专员制度；1962 年，新西兰引入申诉专员制度；1967 年，英国宣布建立议会行政监察专员制度并逐步推广；1973 年，法国建立了类似于监察专员的调解专员制度；1981 年，西班牙建立了人民保护者制度；1989 年，香港建立申诉专员制度……另外，根据《欧共体条约》第 195 条，《欧盟条约》、《马斯特里赫特条约》设置了欧盟监察专员。凡是欧盟公民认为欧盟机构有不良行政行为，在影响自己权益时，均可向监察专员提起对欧盟官员

① 扬伟东．我国信访制度的重构——兼论新信访条例的缺失．国家行政学院学报，2005（6）：32-36.

的懒惰、腐败和无能等申诉。①

行政申诉制度的宪法依据源于我国《宪法》第 41 条的规定，公民对任何国家机关和国家机关工作人员的违法失职行为，有向有关国家机关提出申诉、控告或者检举的权利。对于公民的申诉、控告或者检举，有关国家机关必须查清事实，负责处理。因此，公民、法人或者其他组织认为行政机关或者行政机关人员的具体行政行为违法或失职，还可以向行政监察机关、审计机关、党的纪律检查部门、人民检察院等机关提出控告或检举。申诉制度是指公民在其合法权益受到损害时，向国家机关申诉理由、请求处理或者重新处理的制度。申诉包括两种：诉讼上的申诉和非诉讼上的申诉。其中，非诉讼上的申诉即行政申诉。② 我国现行法律基本上将宪法规定的申诉分为当事人请求再审的申诉和行政申诉。按照受理机关的不同可以分为专门机关受理的申诉和非专门机关受理的申诉案件。专门机关受理的申诉是指行政监察机关受理的申诉案件，非专门机关受理的申诉主要是指由行政监察机关以外的其他有关行政机关受理的申诉案件，如公安机关、海关、工商管理机关等③。我国《行政监察法》第 18 条规定，监察机关受理国家公务员和国家行政机关任命的其他人员不服主管行政机关给予行政处分决定的申诉，以及法律、行政法规规定的其他由监察机关受理的申诉。

实践中，有些人认为行政申诉是行政机关处理信访问题的行为，应归于公民申诉、上访等民主权利的范畴，由《信访条例》调整，不是具体行政行为，这种观点的错误是把一些法律规定中设定的行政申诉制度混同于一般的“申诉”、“信访”制度。事实上行政申诉是我国一些法律规定中具体规定的特别法定申诉制度，其专门性使其区别于一般的信访工作。行政申诉与信访的衔接：由于

---

① 袁兵喜．我国行政申诉制度的构建与完善．河北法学，2010（10）：118-125.

② 辞海编辑委员会．辞海．上海：上海辞书出版社，1989：2007.

③ 贺荣．行政争议解决机制研究．北京：中国人民大学出版社，2008：188-189.

行政申诉与行政信访之间的关系非常密切，实践中容易将行政申诉视为行政信访，因而在实践中应注意把握二者的区别并注意二者适用过程中的衔接。

**（二）行政申诉的适用范围**

行政申诉受案范围相对广泛，从各国实践上来看，行政申诉的定位上使得行政申诉的受案范围比较广泛，受案对象指向行政机关的不良行为，行政人员的懒惰、腐败、无能等。我国行政申诉的受案范围则根据申诉的不同类型有所区别，总体而言其受案范围比行政复议要宽。在我国的行政救济机制中，设计的角度基本都是针对行政机关外部行政行为提供的权利救济方式，行政申诉却是一种既可以对因外部行政行为造成侵害进行的救济也可以对因内部行政行政行为造成的损害进行的救济。行政申诉的范围目前主要包括：(1) 公务员对所在机关的行政处分或者其他人事处理不服（内部行政行为）；(2) 特定职业人员（如教师等）对行政机关或法律规定的其他组织的处理或侵权争议进行审查，(3) 行政机关失职、不作为等行为提出申诉；(4) 已过行政复议和行政诉讼期限的外部具体行政行为。它包括现在不能提起行政复议与行政诉讼的一些行政争议，如《海关办理申诉案件暂行规定》中第 2 条规定，公民、法人或者其他组织不服海关作出的具体行政行为但在法定期限内未申请行政复议或提起行政诉讼，或者是不服海关行政复议决定但在法定期限内未提起行政诉讼的，可以向海关提出申诉；(5) 一些平等主体之间的民事争议也可以提起行政申诉。如国家工商行政管理总局通过的《工商行政管理机关受理消费者申诉暂行办法》规定，消费者为生活消费需要购买、使用商品或者接受服务，与经营者发生消费者权益争议的申诉，适用本办法。

行政申诉的救济对象主要指向行政机关具体行政行为，行政申诉的处理决定也是一个具体行政行为。由于行政申诉是专门职能部门内的行政救济途径，具有一定的专业性和规范性，相对于信访更优先的救济途径，即如果信访的内容属于行政申诉的范围，则首先引导信访人寻求行政申诉救济。如《海关办理申诉案件暂行规定》第 7 条规定，海关有关部门接到的信访、投诉，如涉及海关具体行政行为或者行政复议决定的合法性问题，并符合本规定第八条规定的申诉要求的，应当转送申诉审查部门作为申诉案件办理。海关申诉审查部门收到申诉人的书面申诉材料后，应当在五个工作日内进行审查，作出处理。如果符合申诉要求，则决定受理，不符合的，应书面告知申诉人不予受理的理由，具体行政行为在行政复议、诉讼期限内，或行政复议决定在行政诉讼期限内的，应当及时告知申诉人有权提起行政复议或行政诉讼。

### （三）行政申诉对社会危机防治行政下公民权利救济的意义

从宪法基本权利的保障来说，建立行政申诉制度是对宪法规定公民申诉权的落实与完善。行政申诉制度从权利救济的角度，可以弥补和完善我国行政权力救济方式的不足。目前，我国行政权力救济方式主要有信访、行政复议、行政诉讼。而信访制度建立的初衷是通过信访体察民意，是党的一种群众路线，而近年来，信访制度却慢慢变成了一种非常规的救济手段，其非程序性、不确定性、浓厚的人治色彩与法治思想背道而驰。行政复议法颁布实施十年来，行政复议救济方式在我国发挥了一定的作用，但从实际情况看，发生行政争议时，相对于行政复议而言，社会公众往往倾向于选择行政诉讼或者信访途径，行政复议的优势和作用没能充分发挥，特别是行政复议的受案范围比较窄，其基本排除了对抽象行政行为、内部行政行为的审查。当前，很多行政争议并不能得到切实有效的解决。在此情况下，通过行政申诉的方式，就能弥补此种权利救济之不足。有关征地拆迁纠纷也是当前的一大热点问题。比如，在公民对行政机关制定的征地补偿安置方案持有异议时，公民无论是求诸于行政复议或是行政诉讼，都无一例外地被拒之门外。

### （四）行政申诉的不足

（1）行政申诉制度本身极不完善，法律规定粗疏、缺乏可操作性。迄今为止，我国没有建立统一的行政申诉制度。除了一些法律、法规作出原则性规定外，行政申诉制度大多散见于地方各级行政部门颁布的地方性规章，而各地各级行政部门对行政申诉程序的规定也比较简单。这样极容易使行政申诉制度流于形式。

（2）行政申诉制度的法律定位还缺乏明确的规定。① 行政申诉制度是不是一项专门的行政权力救济制度？它与其他权利救济制度，包括信访、行政复议、行政诉讼等救济方式如何衔接，特别是在存在多种权利救济制度的选择时，应当如何协调等，现行法律、法规都没有作出明确规定。

（3）公民行政申诉权保护具有很大的片面性。一方面，现行法律、法规明确规定公务员、教师可以通过行政申诉程序维护其合法权益；另一方面，却在该立法层面上将普通公民行政申诉权排除在外，以致使行政申诉权几乎成了公务员的专利。在现实生活中教师、学生为维护自身合法权益提起行政复议、行政诉讼的权利也一直受到限制。这种不能以提供司法救济作为最终救济方式的做法，显然是有违基本的法治原则的。

**（五）行政申诉的完善**

（1）修改立法，统一制度。从目前我国立法状况来看，我国还没有专门制定统一的《行政申诉法》。作为行政复议制度的补充，行政申诉还远远不能发挥其应有的作用。公民申诉权作为我国宪法规定的一项基本宪法权利，不能仅仅停留于纸上，必须有相应的、切实可行的救济途径。制定统一的《行政申诉法》是落实宪法的制度和程序保障。在实践中，当前对行政申诉制度的探索多表现为地方行政部门的行为，因此在这一方面很难取得实质性突破。在地方行政争议日益增多的今天，要想真正解决行政争议的诸多矛盾，切实保障相对人的合法权益，必须通过更高层次的立法将行政申诉制度予以规范完善。

（2）创设独立的行政申诉机关和确定适当的受案范围。行政申诉的目标取向是解决行政失当，其核心功能是促进行政公平。要实现行政公正，行政申诉必须有相对独立的组织机构、富有权威的组织权力。② 行政申诉机关应有独立的法律地位和组织机构，这样

① 贺荣．行政争议解决机制研究．北京：中国人民大学出版社，2008：185.

② 卓越．论行政申诉．政治学研究，2000（1）.

才能克服行政复议机关那种体制内制约机制所固有的缺陷。可以借鉴世界各地比较先进的行政申诉专员制度的做法。在我国，行政机关拥有强大的权力，唯一可以和它抗衡的是我国的人民代表大会。人大应该充分发挥其是我国最高权力机关的作用，监督、纠正行政机关违法、不当的行政行为是其应有的职责。因此，可以在各级人大常委会设立单独的行政申诉机关，确保该机关的中立性和权威性。这样在体制上也可避免行政复议制度的某些弊端。

在受案范围方面，行政申诉制度主要受理对违法或不当的行政行为提起的申诉，特别是对不当行政行为提起的申诉。当然，必须协调与区分好行政申诉、行政复议及行政诉讼三者之间受案范围的关系。行政申诉受理范围包括行政复议、行政诉讼受案范围所排除的内部行政行为和抽象行政行为。

（3）贯彻穷尽其他救济途径原则。穷尽其他救济途径原则是指当事人对行政主体作出的行政行为不服时，必须先寻求其他救济途径，包括行政复议、行政诉讼以及劳动人事争议仲裁制度等，然后才能请求行政申诉救济，在没有利用一切可能的救济途径以前，不能请求行政申诉。① 确立该原则首先是避免其他救济途径资源的浪费；其次是当事人选择行政复议是对行政机关的尊重。因为选择行政复议是有利于行政机关的内部监督，也因为行政内救济具有专业性、效率性的特点。而行政诉讼则因为法院以其独立性、专业性，更能保障当事人的权益。所以，当事人只是在穷尽这些救济途径后仍不能维护其合法权益，行政相对人才能提起申诉。当然，由于这三种行政救济方式的受案范围有别，因此，行政申诉也完全是有其生存空间的。

## 四、行政补偿

### （一）行政补偿概述

行政补偿又称行政损失补偿或公法上的损失补偿，行政补偿制

① 蔡兴．行政申诉制度的法律定位及其构建．电子科技大学硕士学位论文，2009：34-40.

度是指行政主体基于公共利益的需要，在管理国家和社会公共事务的过程中合法行使公权力的行为致使公民、法人或其他组织的合法权益遭受特别损害，依公平原则，对遭受此损害的相对人给予合理补偿的制度。它是国家调整公共利益与私人利益的必要制度。作为一项近代民主制度，行政补偿制度是在资产阶级取得革命胜利后，逐渐建立和发展起来。1789 年，法国著名的《人权与公民权利宣言》首次确立了“财产是神圣不可侵犯的权利。除非由于合法认定的公共需要的明显要求，并且在事先公平补偿的条件下，任何人的财产不能被剥夺”。随后，世界上很多国家以宪法或法律的性收益明确规定政府的补偿责任。我国于 2004 年颁布的宪法修正案将“国家为了公共利益的需要，可以依照法律规定对土地实行征用”。修改为，“国家为了公共利益的需要，可以依照法律规定对土地实行征收或者征用并给予补偿”。这是我国行政补偿制度的宪法依据和来源。尽管我国宪法对行政补偿的确立较晚，但在 2004 年宪法修正案之前，我国的相关法律和行政法规都已经有行政补偿的规范性规定。如国务院于 1982 年颁布的《村镇建房用地管理条例》、《国家建设征地土地条例》对征用标准、补偿条件、补偿额度都有具体的规定。① 1986 年，又制定了《土地管理法》对土地征收补偿作了更具体的规定，此后，《土地管理法》、《中外合资经营企业法》、《草原法》、《渔业法》、《森林法》、《矿产资源法》、《野生动物保护法》等都对行政补偿作出了规定。在资源管理领域建立了比较完善的补偿制度。此外，还有《长江三峡工程建设移民条例》、《城市房屋拆迁管理条例》，等等。

### （二）行政补偿的适用范围

行政补偿的范围，各国规定不一，往往与自身社会发展的阶段和经济水平相适应。行政补偿是因国家合法行使公权力行为所致的损害给予的补救，合法行使公权力的行为使得其与国家赔偿的相区别。有学者也将行政机关“不作为”造成的损害填补也纳入到行

① 林莉红．中国行政救济理论与实务．武汉：武汉大学出版社，2000：229.

政补偿的范围，甚至认为，对于一切违法犯罪活动给公民、法人等造成的损害，国家也要给付一定程度的补偿。① 随着民主法治观念的深入人心，公民对自己合法权益的自我保护意识越来越强。而公权力介入社会生活的广度与深度空前发展，补偿的范围当前学者也认为不应仅仅局限于有形财产的损失，还应包括对财产权以外的损害进行补救。②

行政补偿的范围体现着一国对公民权的尊重与保护，也体现着一国法治化的程度，我国行政补偿的范围散见于单行法律、法规中，总体来说包括：（1）土地征用补偿；（2）临时用地的补偿；（3）土地收回补偿；（4）公益征收补偿；（5）公用征调补偿；（6）行政活动调整的补偿；（7）行政行为附随效果的行政补偿；（8）因保护国家或公共财产所致的损害补偿；（9）征用动产补偿;③（10）军事戒严等国家行为致害补偿等。行政补偿的方式除货币给付外，还包括土地替代、拆迁还建、安置人员、解决户口、享受公费医疗、减免法定义务等方式。

**（三）行政补偿对社会危机防治行政下的权利救济意义**

（1）有助于落实宪法关于保护公民财产权的法律规定，在全社会尤其在国家行政机关及其工作人员中牢固确立尊重和维护人民合法权益的思想。我国宪法第 13 条规定，国家为了公共利益的需要，可以依照法律规定对公民的私有财产实行征收或者征用并给予补偿。该规定体现出宪法对公民财产权的尊重和保障原则，但是对于补偿中的具体理论和制度，还需要构建行政补偿理论和制度体系，在社会生活中转化和实现公民权利的保护。作为一种权利保障和利益冲突平衡机制的行政补偿制度，对规范行政权的行使，实现公共利益，保护相对人的财产权，进而实现对基本人权的保障，具

---

① 张可新．国家赔偿法中不容忽视的内容——国家补偿．江西法学，1994（5）．

② 王太高．行政补偿制度研究．北京：北京大学出版社，2006：47.

③ 王太高．行政补偿制度研究．北京：北京大学出版社，2006：178-181.

有重要的意义。

（2）有利于保护相对人的合法权益，协调公私利益矛盾，实现社会公平。行政补偿的原因行为虽属合法，但与国家违法行为给相对人造成的损害在后果上并无二致。当国家为了公共利益需要损害私人利益时，必须平衡协调公私利益，基于公平原则对损害给予补偿。建立行政补偿制度，无意赋予了公民对其依法享有的财产权的一种救济手段，有助于弘扬民主法治精神，推动我国法治进程前进。

**（四）行政补偿制度的不足**

（1）缺乏宪法明确引导，行政补偿的基本法律缺位，行政补偿的法律体系完整性不足。我国行政补偿制度散见于各个单行法律、法规、规章之中，尚未形成完整的制度体系：宪法依据太过笼统且引导性不足。我国宪法第 13 条规定，“公民的合法的私有财产不受侵犯。国家依照法律规定保护公民的私有财产权和继承权。国家为了公共利益的需要，可以依照法律规定对公民的私有财产实行征收或者征用并给予补偿”。该条款规定了行政补偿制度，但太过笼统，对于补偿的标准、时限、正当程序等没有明确的宣告，极易造成单行法的立法混乱，也过行政征收征用的执法提供了较大的自由裁量权。私有财产权既是公民其他权利的基础，是生命、自由等基本人权的物质保障，也是社会稳定、自由、安全的基础性支持。宪法应当将私有财产权作为一种重要的人权，规定在宪法第二章公民的基本权利和义务中，而不是规定在总纲中。①

我国至今还没有一部统一的《行政补偿法》，有关的规定都散见于各个单行法律与法规当中，法律用语不明确、不统一，缺乏统一的程序性规定，补偿标准制定随意且差异性明显。据不完全统计，到 2011 年 2 月底，我国现行有效的法律共有 239 件，行政法规 690 多件，地方性法规近 8600 件，其中，涉及行政补偿至今仍有效的法律规定就有 40 多部、行政法规 150 多部、地方性法规

① 窦衍瑞．行政补偿制度的理念与机制．济南：山东大学出版社，2007：228.

160多部、部门规章140多部。其中，补偿原则、补偿主体、补偿程序等方面差异性明显，规定未成体系，行政相对人的合法权益难以得到保障。即便有单行法依据，却因单行法之间的规定差异太明显，同样难以依据同等的行政补偿的标准与程序给予同样标准、范围的补偿，这些都有损行政补偿制度中公正与平等价值之虞。①

（2）行政补偿制度的立法指导思想落后保守。立法的指导思想反映着国家立法理念的进步程度，指导社会法律制度的内容，并影响着立法后的执法工作。国外有关行政补偿立法从保障私有财产权角度出发，其制度设计主要遵循通过规范和制约行政机关的行为来保障私有财产的最终目的，其中，尤其是规定“正当补偿”制度最为明显。我国长期强调“官本位”和公民权利绝对服从国家利益或国家权力。忽略公民权利的保障，强调政府的管理和控制力度，限制和克减公民的应有权利。这种思想在立法层面上，不可避免导致行政补偿的立法中带有浓厚的权力色彩，忽视权利，偏重行政征收权的实现，征收征用补偿标准过低。② 在对行政补偿的制度设计上，导致补偿程序缺乏科学民主的精神，缺乏社会主体的参与机制，缺乏利益沟通机制。在具体的立法中，为行政机关留有许多扩张权力的空间。在行政补偿立法中，应确立权利本位的精神，贯彻行政法的“控权和平衡”的理念，将保障公民财产权、控制行政征收征用权，平衡公共利益与私人利益作为立法中心。

（3）行政补偿制度立法对公共利益缺乏统一的判断标准。根据对行政补偿要件的分析，“公共利益的需要”是国家限制和剥夺公民财产权的理由，也是防止公民财产权被任意征收、征用的界限，同时，也是行政补偿的要素之一。行政补偿制度正是在私有财产的保障和公共利益的需要二者平衡中建立和发展起来。因此，对于公共利益的认定成为关系到行政补偿有效保护私有财产的关键问

① 王学辉，王秋韵．对行政补偿制度完善路径的思考．人民论坛，2012（2）．

② 窦衍瑞．行政补偿制度的理念与机制．济南：山东大学出版社，2007：223.

题。但是公共利益是一个不确定法律概念，需要对具体情况斟酌衡量和解释。不能由行政机关无原则无限制的裁量，需要立法确定一个总体的判断标准。现实中，以公共利益为借口，以占有集体和公民的财产为手段，以获取部门利益或私人利益的行政补偿屡见不鲜。因此，行政立法要对公共利益的判断标准给予原则指导和操作规范。

（4）在实践层面同样缺乏统一性，执法混乱导致损害公民财产权的现象时常发生。由于我国尚未形成统一完整的行政补偿法律体系，导致我国行政补偿制度在实践层面差异性非常明显，这尤其体现在行政补偿的补偿范围、补偿原则、补偿主体与补偿程序方面。我国行政补偿制度在实践层面也呈现混乱的状态。主要表现为：①行政补偿决定主体混乱。行政补偿决定主体的不明确，导致行政机关争相行使决定权、推诿责任，立法中“有关机关”，“相关机关”等不确定语言的使用，导致许多行政机关以“国家”名义限制或剥夺公民财产，却只给予象征性的补偿或不予补偿。②行政补偿权被滥用，执法粗暴，损害被征收人的财产权甚至人身权。由于行政补偿是对公共利益和私人利益的一种平衡，公共利益又经常处于相当的优势，因此，行政机关在执法中滥用权力现象严重，牺牲少数人的利益来满足所谓的“公共利益”，甚至部分部门或官员的利益也渗透其中，与民争利，严重损害公民的财产权，同时引发大量的社会问题。滥用行政征收征用和行政补偿权的现象，在当前中国快速城市化和工业化的进程中愈演愈烈，社会矛盾不断加剧。

（5）行政补偿立法缺乏对法律责任的规定。行政补偿是行政主体在满足补偿的前提下对社会应尽的义务，法律责任是行政补偿制度的重要组成部分，是国家追究行政主体及其公职人员的责任，最终实现公民权利保障的机制。行政补偿不是行政主体对社会的恩赐，而是行政主体权力与责任的统一，没有具体明确的法律责任，使得权力处于失控状态，行政补偿虽然是授益性行政行为，但是同样会出现侵权或不当行为对公正的伤害。当前，在法律责任上对行政补偿行为的规范很不完善，公民请求行政补偿权经常得不到保障。当前，不仅欠缺行政补偿责任的明确法律规定，而且即使有所涉及的立法，也表现出行政主体权力责任关系的不对等性。有权无责或权力责任不相称，是行政补偿的制度缺陷。在我国的行政补偿制度中，从公共利益认定、补偿标准的确定到补偿方案的实施，均授予了行政主体广泛的权力，但是相应的责任缺失，如何追究相关责任人的责任，没有明确的责任规定。

**（五）行政补偿制度的完善**

（1）完善行政补偿的宪法依据。要实现行政补偿框架下的利益诉求机制的搭建，首先应在《宪法》中明确行政补偿的原则。行政补偿的原则是宪法有关征收（征用）条款中不可或缺的重要内容。目前，对行政相对人因国家合法行为而受到的损害予以合理补偿已经得到了广泛认可，世界上很多国家都在宪法层面对行政补偿的基本原则作出了规定。要在宪法层面完善行政补偿的根本法依据，需立足于我国行政补偿制度运行现状之实际，并借鉴其他国家的有益经验。从目前的立法来看，行政补偿的原则有许多说法，包括“一定补偿”、“适当补偿”、“合理补偿”、“公平补偿”等规定，表现出补偿原则不统一，未体现出行政补偿之制度内核，笔者主张我国宪法应当将“公正补偿”原则确立为行政补偿的基本原则。我们知道，行政补偿制度构建于公共利益与私人权益之间的损益平衡机制之上，私权主体出于公共利益之考量而有受私益损害之虞，这种损害具有公益性质且其效益社会主体共享，补偿应公正地进行，因此应确立“公正补偿”之原则，行政相对人为了公共利益所作出的“特别牺牲”，应当得到公正地对待，不得偏私歧视，在公共利益之天平上，人们的牺牲是同等价值的。

（2）形成我国行政补偿制度基本法与单行法并行之格局。前文已述，我国行政补偿制度未成体系，相关规定散见于各类效力层级之法律、法规、规章及其他规范性文件之中，导致实践中差异较大，伴随而来的则是常见之具有同样公益价值的损害却给予不同标准的补偿。从制度完善的角度来看，应制定一部单独的《行政补偿法》以明确行政补偿制度的基本面向：包括构成要件、具体程序、补偿范围、补偿标准、增设补偿基金等并修改相关法律、法规以实现法制统一。再者，我国历来采用“一元政治动员模式”来处理政府与民众之间的关系，在应急情形下行政权的强大被无限放大，以公共利益为考量常常导致权益的必要损害，但在无单行法依据之领域，行政相对人被合法侵害的权益却难以得到公正补偿。

（3）转换行政补偿的立法指导思想，加强立法对公共利益的认定和解释。如前所述，我国行政补偿立法指导思想落后，过分强调国家强制权力、国家利益以及公民的顺服义务。权力本位的立法思想与现代社会的行政法治理念不相容。从指导思想来说，补偿不是国家给公民的恩惠，不是权力而是国家的法定义务，获得公平的补偿是公民的权利。对公民财产权的尊重是对人权尊重的最基础表现。社会价值观念的进步，法治进程的推进，必然要求变革行政法制的管理理念。在行政补偿立法中，应当确立权利本位的导向，强调服务行政的理念。

目前的行政补偿对于公共利益表述极不统一，公共利益认定方面没有相应规定，实践中理解和运用也千差万别。立法应严谨斟酌国家、社会的公益需要，并尽可能保障公民财产权利为出发点，决定补偿限制公民财产，约束行政机关权力，同时也为司法机关审查行政补偿行为提供符合价值衡量的法律依据，真正实现行政补偿的价值目标。同时，为了避免公民财产权来自各种人为界定的公共利益的损害，防止政府用公共财产来换取部分认定的利益，最终实现对公共利益和公民财产权的公正对待，对不符合公共利益目标的补偿，可以该给征购，让市场机制说话，实现对公共利益界定的有益补充。

（4）建立突发事件善后处理的行政补偿制度。公共突发事件的行政补偿制度是各国行政补偿中的重要内容，紧急状态中警察对民房和民用物资的征用补偿、对私人所有的建筑物的征用补偿等。紧急状态下，行政补偿的相关内容也应当不同于一般状态下的补偿内容。在我国目前的《戒严法》中，对行政补偿作了一些特别的规定。在未来的《紧急状态法》中，也应当规定在战争、自然灾害、社会动乱等紧急状态下，政府对社会私权主体的交通工具、通信工具、场地、建筑物等，如何给予行政补偿。通过对突发事件善后处理的行政补偿制度，为在紧急状态下政府征收征用社会财产提供法律依据，同时，也规范了突发事件善后处理的行政补偿行为，以最大限度地保护公民权利和维护公共利益。

（5）完善行政补偿的配套制度。行政补偿制度的配套制度主要包括行政补偿制度的监督与救济机制。前者的关注点在于防止行政机关拒绝补偿或者拒绝足额补偿，截留、挪用、私分、虚报、冒领补偿金，因此需保证行政补偿程序的公开透明与责任追究机制的实现，这涉及相对较为复杂的制度安排；而后者主要关注完善司法救济途径与行政复议制度。除了司法管辖权与诉讼程序的明确以外，应赋予司法机关对行政补偿的协调和解权力，并赋予其对显失公平的行政补偿协议的司法判决变更权。在行政补偿制度框架内搭建沟通协商之平台，完善行政补偿的救济机制。

## 五、劳动人事仲裁

### （一）劳动人事仲裁概述

劳动争议仲裁制度，从新中国成立以来就开始有之。新中国成立初期，民族资本主义工商业依然存在，劳资纠纷不断，不仅影响生产、经营的正常秩序，而且影响正常经济秩序和社会生活。为了适应经济发展的需要，劳动部出台规定设立了劳动争议处理机构。随后经历了高度计划经济时期的中止时期，公有制经济成分占有绝对比重，企业经营管理行政化，劳动争议极度降低。1957 年，劳动部发布了《关于撤销劳动争议仲裁委员会的通知》。改革开放以来，劳动仲裁制度恢复和发展。1987 年，国务院发布《国营企业劳动争议处理暂行规定》，使中断 30 年的劳动争议仲裁制度得以恢复。① 此后，又相继出台了《企业劳动争议处理条例》、《劳动争议仲裁委员会组织规则》、《劳动争议仲裁委员会办案规则》。随着社会主义市场经济的建立，劳动关系日益复杂，劳资矛盾日趋尖锐，劳动争议频繁发生。为了更好地维护劳动者权益，2007 年，

---

① 郑尚元．劳动争议处理程序法的现代化．北京：中国方正出版社，2004：13.

《劳动合同法》、《就业促进法》、《劳动争议调解仲裁法》相继出台。新的《劳动仲裁法》在制度上弥补了原有劳动仲裁的不足，在劳动争议处理程序中作出重大改革和创新，使该制度不断完善。

有关人事争议仲裁制度，源于我国劳动法本身存在的缺陷以及传统的劳动、人事分治的二元管理模式。我国经济的高速发展，我国人事结构已由国家统管转为社会化的人事管理的新型结构。面对经济转型的需要和新形势下的人事管理模式已经转化为聘用模式后随之而来的，出现了多样化的人事纠纷，公民劳动人事权利的及时救济已成为社会稳定的必要条件。人事部于1997年出台的《人事争议处理暂行规定》力求能有效地解决上述问题，建立新型的人事权利救济体系。建立了我国的人事仲裁制度，但是该制度人事仲裁案件不能进入司法受案范围，剥夺了公民的诉权，诉权是宪法赋予公民的基本人权，有悖于“有权利必有救济”的原则。为此，2003年，最高人民法院颁布了《关于人民法院审理事业单位人事争议案件若干问题的规定》（以下简称法释［2003］13号）以期解决相关人事纠纷，将司法救济手段作为解决人事争议的最后途径，将劳动仲裁制度引入到了人事仲裁案件处理中，使人事争议的解决终于有法可依，结束了人事争议的解决长期无法可依的困窘。①

劳动、人事争议仲裁合二为一则是在2010年1月，人力资源和社会保障部颁布的《劳动人事争议仲裁组织规则》。《组织规则》中明确提出“劳动人事争议仲裁委员会由人民政府依法设立，专门处理劳动、人事争议案件”。至此，标志着原有的劳动争议仲裁委员会和人事争议仲裁委员会合并，处理劳动或人事争议案件。仲裁委员会统一称为“劳动人事争议仲裁委员会”。

**（二）劳动人事争议仲裁的适用范围**

我国《劳动争议调解仲裁法》适用的范围是：中华人民共和国境内的用人单位与劳动者发生的劳动争议。2010年，劳动、人

---

① 赵海涛，赵雅丽．论人事仲裁制度与司法救济的衔接．四川经济管理学院学报，2007（3）：46-50.

事争议仲裁合二为一，即将原有的人事仲裁适用的对象范围并入到了劳动争议仲裁的适用范围之内，需要对劳动者做应有的法理解释和司法解释。劳动者不再指体力劳动者，用来指称脑力劳动者的概念在我国长期以来使用“知识分子”，但事实上这个称谓在当前时代已经不再适合。

1997年的《人事争议处理暂行规定》的受案范围：（1）国家行政机关、人民团体、事业单位与其工作人员之间因录用、调动、履行聘任合同发生的争议；（2）事业单位与工作人员之间因辞职、辞退以及履行聘任合同或聘用合同发生的争议；（3）企业单位与管理人员和专业技术人员之间因履行聘任合同或聘用合同发生的争议；（4）依照法律、法规、规章规定可以仲裁的人才流动争议和其他人事争议。

劳动人事仲裁的受案范围，是对劳动者进行扩大解释，将原有人事争议仲裁调整的内容纳入劳动争议仲裁的调整范围之内。聘任制的公务员属于劳动人事仲裁调整的对象，但排除通过考试而担任公务员职务的人员，其所发生的公务员权利纠纷可以通过行政申诉由国家机关有关部门解决。

**（三）劳动人事争议仲裁对权利救济的意义**

（1）有利于进一步整合劳动争议仲裁和人事争议仲裁资源。根据政府机构改革的要求，分别由原人事部和原劳动和社会保障部管理的人事争议仲裁和劳动争议仲裁从体制和制度上需要进行整合，通过制定《组织规则》规范整合后的仲裁委员会及其办事机构的运作与管理，最大限度地节约仲裁资源，方便当事人。遵循《劳动争议调解仲裁法》仲裁委员会组成三方原则的基础上，整合了劳动争议仲裁委员会和人事争议仲裁委员会，扩大了代表组成范围，使其更具有广泛性，从而加强了仲裁委员会的建设，加强了仲裁委员会对仲裁办案的领导力量。整合后的劳动人事争议仲裁机构将具备更充实的资源和办案力量，及时有效地应对激增的争议案件，维护劳动关系的和谐具有积极意义。①

（2）将劳动关系与人事关系视为同质关系，有利于对劳动者的权利同等保护。劳动关系的本质，是劳动者与用人单位包括企业、事业、国家机关、社会团体、个体经济组织之间围绕劳动而发生的各种经济关系。人事关系在本质上仍属于劳动关系的范畴。法律上统一劳动关系和人事关系两个概念，则可以避免出现公民权利不一致的状况发生。因为公民权利的平等性，决定了劳动权利的认同与保护具有一致性。劳动人事关系的统一，打破了知识分子和劳动者的界限，将原具有显著计划经济下特征的称谓抛弃，在市场经济发展的大潮下，不再有知识分子和劳动者之分，权利保障上实现公民权利的平等。

（3）将人事争议纳入到制度化程度较高的劳动争议仲裁制度下，有利于弥补原有人事争议仲裁法律规范缺失或缺少上位法的合法性危机的问题。人事仲裁所依据的大多是人事部和各地方政府人事行政部门所制定的人事政策法规，相互之间难以协调甚至互相矛盾，缺乏系统性、逻辑性和稳定性。同时，人事争议的受案范围过于狭窄。尚未将劳动者在劳动过程中发生的工资、福利、社会保险、解除合同的补偿等纠纷纳入到人事仲裁之内，但这些都属于劳动法所调整的范畴，人事仲裁纳入劳动仲裁，其保障的范围就相应的扩大，有利于对人事争议当事人的利益保护。将《劳动法》及《劳动争议调解仲裁法》引入人事争议解决途径，使此类问题的解决终于有法可依，结束了人事争议的解决长期无法可依的困窘。

**（四）劳动人事仲裁制度的不足**

（1）仲裁体制的根本问题仍没有解决。2007 年，新《劳动争议调解仲裁法》在仲裁机制上的一大亮点是，对追索劳动报酬、经济补偿等数额在 12 个月内的劳动争议、执行劳动标准的劳动争议这两类案件规定了实行“一裁终局”的裁决机制。虽然在一定程度上突破了强制仲裁制度，但这毕竟仅限于个别情况，“一裁终

① 人保部官员解读《劳动人事争议仲裁组织规则》，法律咨询网，http：//www. 110. com/ziliao/article-269316. html 110，2012-01-05.

局”的适用范围过于狭窄，从根本上说并未动摇强制仲裁制度的根基，也没有改变当前一般劳动争议必经的“仲裁前置”、“一裁二审”的繁复程序。

（2）劳动仲裁委员会不具有独立性。仲裁委员会兼具“行政性”和“准司法性”特点，性质模棱两可。有时当地政府会对劳动争议处理进行行政干预，有时劳动争议仲裁机构的经费无法保证，劳动争议仲裁机构依附于劳动保障行政部门，无法真正做到独立。

（3）仲裁免费，经费难以保障“劳动争议仲裁不收费”带来的另一个现实问题是经费的来源问题及仲裁机构的生存问题。新法规定仲裁机构的经费由财政予以保障。可是财政怎么来保障呢？新法并没有具体回答。兼职仲裁员没有基本的工作报酬，连基本的生活都难以维持，很难想象他们还有精力去主持仲裁。

（4）仲裁门槛降低，滥诉现象突出新法虽然方便了劳动者维权，但是滥诉的现象比较严重。由于仲裁不用缴纳费用，有些劳动者不经过思考，不顾及时间和精力，一旦有争议便向仲裁机构申请仲裁。有些劳动者甚至还抱有对企业报复的想法申请仲裁，而实际上企业可能并不存在违法行为。有一些用人单位表示，新法的实施只保护了劳动者而没有保护用工者，给用工一方带来前所未有的巨大压力。①

**（五）劳动人事仲裁制度的完善**

（1）修正仲裁与诉讼的关系，实行裁审分离。尝试建立“或裁或审、各自终局”和“两裁一审”相结合的模式，即或裁或审和特别的审判专属管辖制。即当劳动争议发生后，当事人既可以向有管辖权的仲裁机构申请仲裁，也可以向法院起诉，但当事人只能选择其中之一。选择仲裁的，不得就同一案件再向法院起诉，仲裁经两级仲裁委员会裁决后成为终局裁决；选择起诉的，不得就同一案件向仲裁机构申请仲裁，争议经两级法院审理后成为终局判决。

① 燕艳．我国劳动争议仲裁制度研究．安徽农业大学学报，2011（2）：65-68.

同时，可以对争议案件进行适当的分类，不同的案件交由人民法院或仲裁机构分别审理，这样可以对案件进行适当的分流。① 但是法律明确规定一些例外情况，比如说，仲裁程序不符合法律规定、仲裁员徇私舞弊等。即使仲裁裁决已做出或裁决已生效，当事人都能向法院申请再审。对于那些标的数额大的争议或涉案人数多、影响面大的集体争议必须交由法院专属管辖。② 因为“劳动争议仲裁制度在各国的实践表明，劳动争议仲裁并非是争议解决的关隘和必经之路，实行强制仲裁的范围大多被严格控制在影响公共利益和社会秩序的范围内的劳动争议”。③

（2）将劳动争议仲裁的管辖按照民商事仲裁管辖制度进行改革。由于劳动争议仲裁与民商事仲裁存在一定的相似性，因而劳动争议仲裁可以进一步地探索向民商事仲裁制度设计上靠拢。在劳动争议仲裁管辖问题上，劳动争议仲裁委员会随民商事仲裁委员会的设置而设置，取消地域管辖和级别管辖，使管辖权的确定简单明了，易于操作。改变劳动争议仲裁委员会依附于劳动保障行政部门的现状使其真正成为一个独立运作的部门。

（3）创建劳动仲裁的监察制度《仲裁法》中关于劳动争议仲裁监督制度仍是个空白，应尽快建立健全。比如，完善内部监督机制，劳动争议仲裁委员会应该成为中国仲裁协会的成员，由其对各级仲裁委员会进行管理和监督，通过内部监督达到行业自律。人民法院进行司法监督，学习民商事仲裁的做法，发挥法院对劳动争议仲裁进行司法监督的作用。群众监督，积极鼓励广大群众参加仲裁旁听、公开审理等，广泛接受群众监督。④

---

① 王辉，王骏．我国劳动争议仲裁制度价值取向及完善．中国劳动关系学院学报，2008（3）：50-53.

② 申柳华．论我国劳动争议处理体制的重构．广西政法干部管理学院学报，2004（5）：71-91.

③ 郑尚元．劳动争议处理程序法的现代化．北京：中国方正出版社，2004：136.

④ 江平，方流芳．新编公司法教程．北京：法律出版社，2003：55.

## 六、人民调解

### （一）人民调解概述

调解作为化解利益冲突、促进社会和谐的有效方式，在中国已经运作了数千年，它不仅承载着传承传统文化和发挥社会功能的历史重负，而且作为一种制度文化深深影响着我国民众的社会价值观，成为世界法律文化中极具中国特色的部分。在信奉儒家学说的中国，人们特别倾向调解，而不是诉讼，而且这种偏爱调解的倾向在很大程度上一直延续至今。

从根本上说，解决社会矛盾纠纷有两种方式：一种是他律方式，如诉讼、仲裁等；另一种是自律方式，如调解、和解等。调解又可分为诉内调解和诉外调解。诉外调解有两种：一是行政调解，指法律赋予调解职能的国家行政机关的调解；二是人民调解，乡镇、街道、社会组织人民调解委员会根据《人民调解法》进行的纠纷调解。

人民调解制度就是在传统民间调解思想的基础上所进行的一次制度创新。该制度最早在土地革命时期的苏区实行，既吸纳了传统调解制度讲究说服教育、化解矛盾、提高效率、节约成本等优势，又赋予了其群众动员、政治教育，甚至社会再组织等新的社会治理功能。① 人民调解是具有良好组织基础和社会基础的纠纷解决机制，人民调解担当起非诉讼纠纷解决机制角色。

人民调解制度是在古老的民间调解的基础上发展而来的，当前人民调解制度正经历了一个制度重构和创新。调解重构的背景是复杂的，既有原有调解制度功能上的不适应，也有伴随法治理想主义产生的以法院为解纷中心的理念所造成的制度挤压与衰落。当理想化的法治主义带来了诉讼激增和高昂的成本负担等一系列现实问题时，当国外关于替代性解纷机制的知识为国人再启智慧时，调解制

① 强世功．权力的组织网络和法律的治理化．调解、法制与现代性：中国调解制度研究．北京：中国政法大学出版社，2001：204-263.

度的再兴就成了必然的方向。①

我国关于人民调解的立法规范进程，从1989年至今陆续出台了一件法律、一件行政法规、两件部门规章、三件司法解释②。2002年，最高人民法院在《人民调解若干规定》中首次赋予了调解协议具有民事合同的效力。2010年8月出台的《人民调解法》是对人民调解制度的总结定型，它以法律的形式对人民调解委员会、人民调解员、人民调解程序和调解协议进行了完善的制度设计和规范调整。其中，最突出的亮点在于赋予了调解协议一直以来在效力问题上缺乏约束力的现实问题，以法律的形式认可了合法成立的调解协议具有法律约束力，同时，设计了司法程序对调解协议的司法确认，通过司法确认的调解协议又赋予了它具有司法强制执行的效力。对调解协议在最终约束力的效力问题上和履行的法律保障机制上做到了有益的制度设计。从制度上和法律上实现了对人民调解这种解纷机制的支撑和推动，标志着人民调解工作从此步入规范化、法制化的发展轨道。

我国关于人民调解的组织机制，《人民调解法》根据发展实践，增加了人民调解的组织形式，一是农村村民委员会、城市（社区）居民委员会设立的人民调解委员会；二是乡镇、街道设立的人民调解委员会；三是企业事业单位根据需要设立的人民调解委员会；四是根据需要设立的区域性、行业性的人民调解委员会。这样规定，进一步明确了人民调解组织的多种形式，适应了市场经济发展和民间纠纷的特点，有利于更加及时地化解民间纠纷，维护社

① 秦志斌．对人民调解制度重构的思考．警官文苑，2008（1）：42-45.

② 分别是《人民调解委员会组织条例》（1989年国务院令）、《人民调解委员会及调解员奖励办法》（1991年司法部令）、《人民调解工作若干规定》（2002年司法部令）、《最高人民法院关于审理涉及人民调解协议的民事案件的若干规定》（2002年）、《最高人民法院、司法部关于进一步加强人民调解工作切实维护社会稳定的意见》（2004年）、《最高人民法院、司法部关于表彰人民调解工作模范人民法庭人民调解工作模范司法所的决定》（2004年）、《中华人民共和国人民调解法》（2010年）。

会稳定。关于人民调解制度的系统运行机制，包括纠纷登记制度、统计制度、文书档案管理制度、回访制度、纠纷排查制度、纠纷信息传递与反馈制度、请示与汇报制度、纠纷移交制度等。① 关于个案调解的程序机制包括受理纠纷、调查分析纠纷情况、对当事人进行说服劝导工作、促成当事人和解并达成调解协议、调解协议的履行。对于人民调解的程序，确定步骤和方法的同时，要简便易行，讲究实效。

**（二）人民调解的适用范围**

《人民调解法》对人民调解的界定，是指人民调解委员会通过说服、疏导等方法，促使当事人在平等协商的基础上自愿达成调解协议，解决民间纠纷的活动。人民调解的适用范围就应该是民间纠纷。民间纠纷的外延范围应当是人民调解制度的适用范围。立法上通过否定式的概括排除界定其适用范围，即人民调解委员会不得受理调解下列纠纷：（1）法律、法规规定只能由专门机关管辖处理的，或者法律、法规禁止采用民间调解方式解决的；（2）人民法院、公安机关或者其他行政机关已经受理或者解决的。换言之，只要法律上没有禁止的领域就是民间调解的范畴，这承袭了私法权利存在范围的法理。

**（三）人民调解对权利救济的意义**

（1）人民调解制度能够快速低成本地解决民间纠纷，缓解法院的诉讼压力；能维持当事人之间社会和谐关系，促进和平对话；能较好地将国家法与民间法有效地结合起来。

（2）积极调解民间纠纷，深入开展社会矛盾的防激化工作，大力开展法制宣传和道德教育，努力与基层各项民主法治建设工作相结合，深化人民调解工作的社会效果。② 伴随着社会转型，人民调解已在一定程度上从政治动员与纠纷解决的双重目标转向以纠纷

① 王红英，等．人民调解概论．北京：中国检察出版社，2004：125-130.

② 王红英，等．人民调解概论．北京：中国检察出版社，2004：120-124.

解决为指向的现代纠纷解决机制。“与毛泽东时期相比，高度政治化的运动型纠纷处理方式……在改革时期基本绝迹。”① 人民调解的方式、程度及其对调解活动的影响等都包含着其对所处社会结构和自身利益的权衡。将人民调解视为一种基于利益而处于对立结构上的纠纷相对方之自治活动。

(3) 社会转型期，在实体规范缺失或是不完善时，人民调解能通过纠纷的解决，使人们形成新的行为预期，培养新的社会角色，形成新的实体规范，最后重塑社会整体价值。具体而言，可以将日常沟通的规则和程序规范以更有利于当事人方式予以整合，使潜在的纠纷得以外显，扩大对程序法的需求，以此来发展程序法规则；基于个别纠纷的具体情况，对权利关系作出判断，促进实体法的具体化；促进对法律制度的反思和纠纷当事人的反思，积极调和实体法和纠纷当事人的主张。人民调解在转型期的新规范形成中起到了潜移默化的作用。

(4) 培养自治秩序。人民调解可培养行业组织和自治团体。西方的现代化能发展是因为中世纪以来就培养了大量的行业组织如商人协会、手工业组织、银行业协会等，每个行业都有其职业伦理，这正是我国所缺乏的。人民调解制度的存在可以让行业组织不断成长。目前的人民调解组织分布在各大型企业中，附属于工会之下，行业中各个企业之间的调解组织并未正式规范起来，行业之间的大调解也没有建立。通过建立这些组织培养起真正的民间组织和行业组织，形成共同体自律机制，将公民的自治精神培养起来，使这一个个团体真正成为社会的“公共领域”。共同体能缓解国家与个人的对立，通过众多中间团体与国家强大的政治势力相抗衡，防止国家权力对个人的异化。中间团体的存在也是社会达成共识的前提和保证，这样的团体的存在可谓是社会的中流砥柱。

(5) 调解能树立新的价值体系，增强内在凝聚力，促进社会和谐。转型期的社会，国家的法律仍是作为主导的价值和基轴，当

---

① ［美］黄宗智．过去和现在：中国民事法律实践的探索．北京：法律出版社，2009：48.

事人在调解中互相学习，在面对面的状态中互相熟识，缩短了陌生人之间的关系距离，形成共同的价值，从而又会选择非正式的纠纷解决机制，形成良性循环机制。如目前正在提倡的在经济开发区、商品集散地、城市外来人口较多的居住区、城乡交叉地带、大型集贸市场等区域和行业中设置人民调解即是将这种理论付诸实践的表现。这种通过不断的缩短关系距离的方式，能加强社会内部的联系，增加社会内在的凝聚力，通过这一个个社会组织“和风细雨”般温情的调解，在一大堆的麻烦事的解决中，增进了感情，重塑新的价值体系，维系社会共同体凝聚力，成为社会健康发展的积极因素。

**（四）人民调解制度的不足①**

1. 调解员队伍素质不高

调解队伍素质不高主要表现在：一是调解队伍文化程度偏低和年龄结构不合理。《人民调解工作若干规定》第14条规定，“担任人民调解员的条件是：为人公正，联系群众，热心人民调解工作，具有一定法律、政策水平和文化水平。乡镇、街道人民调解委员会委员应当具备高中以上文化程度”。《人民调解法》规定，人民调解员应当公道正派、热心人民调解工作，并具有一定文化水平、政策水平和法律知识的成年公民担任。县级人民政府司法行政部门应当定期对人民调解员进行业务培训。人民调解员的现状却是参差不齐、不尽如人意，受教育水平普遍较低，调解人员结构也不合理，年龄普遍偏大，新生力量不足。调解员队伍的选拔产生不规范，调解过程缺乏监督，调解的公正性和权威性受到质疑。二是调解工作方法陈旧。在调解方法上还停留在说教和情感影响上，不能解决问题，在处理一些复杂纠纷或财产争议纠纷时，不能使双方当事人信服接受。三是基层的人民调解员和司法助理员队伍不稳定。人员调整频繁，不能专职专用。四是缺乏相应的奖励制度和补贴办法，限制和影响了调解工作的发展。

---

① 秦志斌．对人民调解制度重构的思考．警官文苑，2008（1）：42-45.

2. 政府扶持力度不够

调解作为低成本的解纷机制，也是有成本的。调解资金严重短缺，是制约人民调解发展的瓶颈。在过去很长时间里，人民调解员的补助、办公和培训等三项费用很难落实。同时，政府对调解缺乏近距离的业务指导。一些乡镇仍然是依靠司法所孤军作战，致使一些疑难复杂纠纷无法圆满解决。基层政府的组织构成和工作方式仍是传统的宏观式的制度性指导，没有将重心下移，未能提供纠纷处理的法律需求供给。

3. 制度衔接不完善

随着传统单位组织的解体、变迁，旧的单位组织发生转型，新的组织形态正在形成，当前政府在各种类型的社会组织、社区、社团、行业、协会中建立相应维稳办公室和纠纷解决机制——调处中心。但“大调解”的工作机制还未有效衔接和配合。如人民调解工作基本还停留在传统的邻里、家庭纠纷的调处上；地区、部门、行业之间的调解工作还缺乏有效配合，等等。同时，行政机构对调解的工作指导和衔接有时也出现过激现象。司法机关与调解的衔接有错位现象，有些法院法官陪同调处中心人员下基层调处纠纷，客观上是变相的司法提前介入行为，就有可能影响人民调解解决纠纷过程中所特有的平等对话协商的氛围以及当事人处分自己实体权利的自愿程度。还有的法院把人民调解演变成诉讼的前置程序，法院把与调解组织的关系理解成上下级关系，没有充分尊重当事人对纠纷解决途径的选择权。

**（五）人民调解制度的完善①**

1. 转变调解理念

中国调解制度的现代转型是在现代法治精神浸润下，市场经济和全球化大背景下发生的，重构的理念和价值取向应服务于保护个人权利的程序规范的建立和培育公民社会的目标。调解制度曾在古代社会承担儒家思想的传输工具，协调天理、人情、国法之间的冲

---

① 秦志斌．对人民调解制度重构的思考．警官文苑，2008（1）：42-45.

突，将儒家的观念温和地灌输给乡民社会，从而实现了大传统与小传统的融合，维持身份社会基本的“礼法”，充分贯彻德主刑辅的社会治理模式，实现小农社会的休养生息、无为而治的低成本的运作。它与农业社会的重伦理、保守与封闭的状况相适应。

从新中国建立至改革之初，面对统一国家权力、全面调动社会资源实现中央集权的历史任务时，调解不得不充当全能国家的统治工具，承担着政治动员、思想教育和凝聚集体主义精神的职能。这一时期的调解反映了一种企图超越西方与苏俄模式的现代化理想，但也因负载了太多法治简单理想主义者的梦想而严重偏离实际。在这一历史背景下的调解呈现出强大的意识形态特征，力图将一切矛盾都上升为政治冲突，这不可避免地造成了对人的压制和意识形态对人全面的钳制。

今天的调解，其价值取向应不同于计划经济时代的集体主义取向或国家主义取向，而应服务于现代公民社会或是建构公民社会的一种途径，着重实现市民社会共同体之治，从而使法律规则之治与社会的自治并行不悖。调解的这种理念也是符合法治内在精神的。法治社会是一个多元化的价值理念、多元化的行为模式和谐共存的社会，必然要求提供多元化的纠纷解决方式。现代法治国家应能够容纳各种社会权力及其组织形式的存在。多种权力相互博弈，共同营造一个宽容、和谐、生机勃勃的多元社会。调解制度通过扩大法律的利用，让社会各种资源（包括权力）在调解制度中相互博弈，拓展实体规范，将社会规范上升为国家规范，实现现代社会有效治理。调解程序所体现的对主体的尊重、自愿、平等、参与的精神，有利于现代公民责任感的树立，培养公民的民主参与意识，形成市民社会共同体和培养新的人际关系，因此调解不应被看成是审判制度的补充作用，而应被理解成现代有效治理方式之一。调解是法治的应有含义。

2. 加强资源整合

纠纷的解决牵涉到方方面面，司法、行政、社会自治组织都有解决纠纷的能力，如何在这三者之间进行资源整合，充分发挥各自的优势，弥补相互的不足，从不同角度满足了不同的纠纷解决需求，显行非常重要。

加强行政机构与调解组织的协调。政府应加大对调解的资金支持。政府通过资金投入既维护了调解的生存和发展，保证其正常运转，又能够使其坚持不向当事人收费，使老百姓更乐于选择这种低成本的纠纷解决方式，避免腐败与不公正。同时还能保持人民调解的独立自治地位。政府通过资金投入对人民调解进行支持、扶助和利用，在不改变人民调解原有性质和运行方式的前提下，通过资金投入提供其生存发展的条件，通过出资“购买”，由政府资助扶持鼓励调解的积极作用与发展，从而为当事人提供便捷经济的纠纷解决方式，促进纠纷解决机制的多元化。同时使人民调解的民间性和社会性与政府的行政解决有了明确的区分，符合小政府大社会的治理原则。

加强法院与人民调解的整合。基层法院应实现对人民调解组织的业务指导。根据民事诉讼法第 16 条和人民法院组织法第 22 条的规定，各级人民法院一定要高度重视，切实改进和加强对人民调解委员会工作的业务指导，努力探索在新时期指导人民调解委员会工作的新方式和新途径。

3. 完善调解的具体制度建设

除了解决立法问题和整合外部资源时，还应做好调解内部具体制度的建设，主要解决的是队伍建设和调解程序规范化两个问题。对于队伍建设，一方面，是促进调解人员的专门化。开展多种形式的法律法规的培训，提高现有的人民调解员的文化素质和法律素养，并加强其后续力量的发展。人民法院应对调解员进行定期培训和日常案件的培训。实行人民调解指导员制度，针对日常具体案件进行指导。人民调解指导员与调处中心和人民调解委员会建立正常的工作联系，以增长法律知识、强化调解技巧、提升调解艺术。同时，应当设立类似于司法考试的资格准入制度，进行岗前培训、持证上岗以及定期考核制度，从根本上保证人民调解员的素质。年轻的优秀的法律人才加入到大调解工作。另一方面，建立完善的考核、评比制度。抓好基层组织的基础规范、标准、规章制度的建设，建立完善的激励机制和职业道德规范。

需要强调的是，人民调解与民间调解是两种不同的纠纷解决制度，但是人们常常将二者等同视之。民间调解不具有国家制度化的规范，体现的是纯正私权领域的交往协商和权利处分，民间调解的组织机构不纳入到国家行政管理和法治化的制度体系之中。但是人民调解制度是从我国历史上的调解传统和民间调解的基础上发展而来的，具有制度化水平较成熟，组织机构纳入到社会公共管理体系之中的特质，有专门的国家层面立法——《人民调解法》对之进行规范和引导运行。人民调解协议在性质上被赋予民事合同的效力①，而且经过法院司法确认的调解协议具有法律强制执行力。这些都赋予了人民调解制度在公共领域的价值功能。在当代新公共管理运动的理念下，公共行政的范畴包括了除传统国家行政之外的社会公行政，行政法的调整范畴也涵摄了社会公共行政领域，人民调解制度成为社会公行政领域中的权利救济机制，成为社会维稳行政主体在预防、解纷、调处各种社会矛盾中主要的行为方式和活动形式。因此，人民调解制度就必然成为维稳行政中社会组织发挥权利救济功能的重要机制。当然，我们应当看到，古老的调解制度在中国正在经历一场制度重构。人民调解制度它既不可能是古老民间调解的简单复兴，也不会是毛泽东时代行政整合手段的再现，它将是一种按照现代法治精神运作的，以解纷维权为功能的，以建设民主、公正、和谐的公民社会为长远使命的新型制度。

总之，在社会危机防治行政领域，应当健全社会纠纷多元解决机制体系，也就是说，应该有各种解决矛盾的渠道，包括当事人和解、第三人居中调解、民间调解、人民调解、行政调解、行政信访、行政申诉、行政复议、行政补偿、劳动人事仲裁、行政诉讼等。但是，司法诉讼应该是矛盾纠纷解决的“最后一道防线”。也

① 最高人民法院 2002 年颁布的《关于人民调解协议的若干规定》和司法部《人民调解工作若干规定》明确了经人民调解委员调解达成的、有民事权利义务内容，并由双方当事人签字或者盖章的调解协议，具有民事合同性质。最高人民法院 2009 年颁布《若干意见》再次确认了人民调解协议的民事合同性质，并赋予经司法确认的调解协议可由人民法院强制执行。

就是说，应该让其他矛盾纠纷解决机制解决大部分矛盾，只有在穷尽了其他救济途径仍然不能解决的时候，才借助于国家司法权来解决。因此，对于大量日常生活和行政活动中产生的社会矛盾纠纷，在社会管理活动中社会主体和政府主体通过民间的、行政的解纷机制来达成社会矛盾和纠纷的化解和消除，有效地将大量矛盾解决在行政基础运行层面，使各种解纷机制与司法诉讼协调发展，对于国家来说，有利于多中心网络结构的社会构建，促进公民社会与国家共同的成长和发展。

## 第四节　行政救济与司法救济的衔接

我国公民的权利救济机制体系包括民间救济、行政救济和司法救济，权利救济以行政救济为主。在社会危机防治行政中，应当根据案件的性质，综合考量现有的行政救济机制的受案范围和各自优势，引导当事人在现有的行政救济机制中作出经济、效率、理性的选择。

在我国的制度环境下，调解机制在发展和运行中逐渐被赋予了种种政治和意识形态功能，包括动员组织教育民众、宣传普及政策法律等，因而调解机制在中国的现代化进程中具有重大意义。行政调解的治理功能上也具有政治意义，被认为调解背后蕴藏了巨大的意识形态和政治功能。① 但是作为调解的一种类型，行政调解体现了行政机关服务行政的鲜明特点。同时，现实情况表明，鉴于行政解纷独特的优势，使公众对行政机关解决纠纷的需求仍在持续，“在这种情况下，加强行政调解的作用并加以规范，就成为合理的选择和今后的发展重点”。②

对于社会危机防治行政而言，行政调解成为了社会矛盾化解和

---

① 强世功．调解、法制与现代性．中国调解制度研究．北京：中国法制出版社，2001.

② 范愉．纠纷解决的理论与实践．北京：清华大学出版社，2007：336.

社会危机治理减压装置机制的第一道阀门，同时，也是权利救济机制中的第一道防线。但是行政调解并非对各种矛盾纠纷都能起到有效的化解作用。当行政调解不能达成协议，当事人不愿继续调解，或继续调解会迟延或激化冲突的解决时，行政调解应即告终止，并引导当事人寻求其他有利并正当的权利救济途径，如行政复议、行政诉讼等。为了实现行政调解的解纷功能，从效力上力求推动和实现行政调解与司法救济机制的衔接。

## 一、行政调解与司法救济的衔接

行政机关主导的行政调解协议在当前的制度下并没有赋予法律约束力。在传统体制下，我国的行政权力一直处于较为强大的优势地位。行政机关不仅掌握着丰富的权力资源，而且在民众心中也较有威望。老百姓有困难多把希望寄托于政府，对政府的处理结果也相对的尊重。因此，应对行政调解协议的效力进行改革与完善，使其具有一定的法律约束力。

2010年出台的《人民调解法》规定，经人民调解委员会调解达成的调解协议，具有法律约束力，当事人应当按照约定履行。经人民调解委员会调解达成调解协议后，双方当事人认为有必要的，可以自调解协议生效之日起30日内共同向人民法院申请司法确认，人民法院应当及时对调解协议进行审查，依法确认调解协议的效力。人民法院依法确认调解协议有效，一方当事人拒绝履行或者未全部履行的，对方当事人可以向人民法院申请强制执行。至此，我国以法律的形式确定了人民调解协议具有民事合同效力，同时，通过司法确认后的人民调解协议具有强制执行力。具有相似价值原理的人民调解和行政调解，在运行机制上有相互借鉴的基础和前提，行政调解协议在法律效力上可作如下完善：

（1）调解协议具有民事合同效力。行政机关主持下达成的调解协议，作为民事法律行为的一种，一般符合民事法律行为的生效要件。经双方当事人签字或盖章后具有民事合同性质，任何一方都不应擅自变更或解除，违反的应向对方承担违约责任。对调解协议的无效、可变更、可撤销只能由当事人达成一致或通过司法机制实现。

(2) 允许约定调解协议具有强制执行效力。调解双方约定调解书经行政机关确认、当事人签收后具有生效法律裁判的效力。除非当事人能够证明该协议是违背了自愿原则和损害国家集体和他人利益，则不能随意撤销或不履行；否则，对方有权直接向法院申请强制执行，而不必再行起诉。当然，是否这样约定由当事人双方协商确定，行政调解主持人在调解时只需尽到提示义务即可。①

(3) 调解协议的公证执行效力。经行政机关对民事纠纷调解后达成的具有给付内容的协议，当事人可以按照《公证法》的规定，申请公证机关依法赋予强制执行效力。债务人不履行或不适当履行具有强制执行效力的公证文书的，债权人可以依法向有管辖权的人民法院申请执行。

(4) 调解协议的司法确认效力。经行政机关调解达成的调解协议，经调解机关和调解员签字盖章后，当事人可以申请有管辖权的人民法院确认其效力。人民法院审查后，确认调解协议效力的决定送达双方当事人后发生法律效力，一方当事人拒绝履行的，另一方当事人可以依法申请人民法院强制执行。

(5) 调解协议的支付令效力。对于具有合同效力和给付内容的调解协议，债权人可以根据《民事诉讼法》和相关司法解释的规定，向有管辖权的基层人民法院申请支付令。因支付拖欠劳动报酬、工伤医疗费、经济补偿或者赔偿金事项达成调解协议，用人单位在协议约定期限内不履行的，劳动者可以持调解协议书依法向人民法院申请支付令。②

(6) 保留当事人诉权。即任何一方当事人可以向法院提出调解协议无效、可撤销、可变更的申请，并提供相关证据证明。法院认为证据不充分的，驳回起诉，法院认为证据充分足以证明原调解

---

① 刘艳梅，孙广义．王志颖．关于建立和完善行政调解制度的对策思考．学术交流，2009（5）．

② 史卫民．论我国行政调解的适用范围与法律效力．理论月刊，2012（1）：114-116.

协议违法或严重不当的，应当作出调解协议撤销、变更或无效的决定，对于撤销或无效的，当事人有权就纠纷另行起诉。除具有可撤销或无效的法定原因的情形，当事人不得对纠纷再行起诉。

（7）建立行政调解协议的异议惩戒制度。当事人在行政调解协议经人民法院审查并产生强制执行力后，仍然对行政调解协议的提出撤销、变更或无效之诉，并提供相关证据经法院审核之后，人民法院可以受理。但是为了减少滥诉的可能，建议可以参照美国的异议惩戒制度，即法官在受理此类案件之前，应告知当事人：在经过正式诉讼程序后，对于有给付内容案件，如果法院的认定数额与行政调解协议中的认定数额之差不超过一定合理的比例，则提起诉讼的一方当事人需要支付给对方当事人一切诉讼费用，且由法院加收一定的罚金，以示惩戒。①

在现代法治环境下，任何纠纷的解决方式都不能彻底排除司法的最终审查权，法院对行政调解协议进行司法审查，保证了司法权的权威和行政调解协议的公正，既为公民保留了一个寻求司法救济的途径，又使行政调解处于司法制约一下。行政调解与司法审查的合理衔接成为权力行使和权利救济的重要机制。

对调解协议需要注意的几个问题：

（1）调解协议具有民事合同的性质，但又不同于一般民事合同。其一，人民调解协议是针对民间纠纷达成的，其目的相当明确，即为了解决民间纠纷，防止矛盾激化，从而维护社会稳定。纠纷的发生与存在是订立人民调解协议的前提，没有纠纷就没有人民调解协议。签订一般民事合同的根本目的是为了建立债权债务关系，其目的和表现方式都是多元化的。其二，调解协议是当事人为了解决纠纷而达成的协议。在纠纷的解决过程中，行政主体以主持者的身份出现，并发挥主导作用，签订一般民事合同并不以中间人的主持为必要。

（2）调解协议可以分为有法律效力的调解协议和无法律效力

① 彭震．论我国行政调解协议的法律效力．中南财经政法大学研究生学报，2009（6）：155-160.

的调解协议。有法律效力的调解协议需要具备法律的要件，有法律效力的调解协议是指经人民调解委员会调解达成的、具有民事权利义务内容、由当事人签字盖章的书面调解协议。具有权利义务内容的调解协议具有民事合同的性质，对当事人具有法律上的约束力，违反这种调解协议要承担民事责任。若调解协议不具有民事权利义务的内容，则不会对当事人产生法律约束力。

(3) 经公证机关公证的具有给付内容的调解协议和经过司法确认的调解协议才具有法律强制效力。这两种调解协议称为有强制执行效力的调解协议。在协议中应载明债务人不履行义务或不完全履行义务时，债务人愿意接受依法强制执行的承诺。即对具有强制执行效力的调解协议设定了必要的条件限制，债务人必须在调解协议中承诺愿意接受依法强制执行，公证机关才能赋予调解协议以强制执行的效力。司法确认必须由双方共同申请，并在调解协议中附有承诺接受强制执行的条款。

## 二、社会危机防治行政中权利救济机制供给的评价

在我国传统中，行政权在国人心目中的地位始终处于重要的地位，当前社会上访现象多发，一方面反映出社会矛盾积聚，另一方面也反映出民众对政府和行政权的信任，行政信访以及与之紧密联系的行政调解，不能不说是行政权解决纠纷的传统在现代纠纷解决制度中打下的深厚基础。

梳理概括我国政府危机管理下社会危机防治行政中可资整合和利用的各种权利救济机制，从以上阐述来看，包括行政调解、行政信访、行政申诉、行政补偿、行政复议、国家赔偿、劳动人事争议仲裁、人民调解等，这些救济机制共同发挥合力，尤其在受案范围上达到相互补偿和配合的功能，为我国社会矛盾纠纷的解决，为社会危机防治行政的具体整合和实施提供了系统的制度支撑。

以行政调解为纠纷解决基础机制的社会危机防治行政力求创造一个相对稳定的社会发展期，从而循序渐进地建立现代司法制度和程序，保证司法及法治的质量和能力稳步提高，达至社会治理的平衡。所以，适应我国国情的行政调解在制度供给方面尽管不是纠纷

裁决机制的核心，但是却依然有积极的权利救济制度价值，为制度化、多元化、前置化的应对社会快速发展带来的利益纠纷多样性和频发性的现状提供了有益的解决机制。从实际解纷的对象来说，群体性、复合性的争议和由公共政策调整而引发的争议更宜于采用行政机关的行政调解。在此过程中进行分析和总结，回馈至政策过程，有利于政策的调整，行政调解具有人民调解和法院调解所难以便利达到的政策形成的功能效果。①

在目前的现代化语境中，与西方接轨的普适性法律话语最容易被社会和法学界接受，并已成为我国目前制度创新、移植、改革的论证捷径。② 由此，行政调解必须建立在法制的运行中，才符合现代社会对利益追求的价值认同，以行政调解为核心的社会危机防治行政也必须在法治化的框架中才能找到正当性的运行理路。对于因构建和重视社会危机防治行政而大力兴起和发展起来的行政调解机制，“在自愿选择和司法救济并存的前提下，行政机关介入民间纠纷解决对当事人权益保护有利无害”。③

当前学界从当代行政法的精神、法哲学以及法经济学等多个角度探讨和肯定了行政调解的制度价值。行政调解体现了政府民主管理与民众自主行使权利相结合的现代行政精神，日益受到重视，政府当前在维稳工作领域中提倡的“大调解”实质上是“以行政调解为核心”。④

但是，客观而言，作为一种社会危机防治行政干预纠纷处理和权利救济途径，行政调解制度在社会治理实践中从个案应对上获得了一些实效，但是并非一定就必然地减少公民对诉讼制度或其他解

① 喻少如．多元纠纷解决机制中的行政调解．学术界，2007（6）：182-183.

② 范愉．纠纷解决的理论与实践．北京：清华大学出版社，2007：326.

③ 范愉．纠纷解决的理论与实践．北京：清华大学出版社，2007：337.

④ 彭震．论我国行政调解协议的法律效力．中南财经政法大学研究生学报，2009（6）：155-160.

纷制度的需求，其效果更可能是减缓了诉讼需求的增加，延缓了社会矛盾或冲突的发展进程，控制了涉法涉诉上访的数量。在这个意义上，行政调解很可能是一种对于社会危机防治非常必要，但长期来看或许很难收获制度成效的解纷制度和社会治理措施。但是，从社会效果来看，这会促使当事人理智地进行成本收益的比较分析。可以说，行政调解与诉讼以及其他权利救济制度之间有一种长期的制度互补又相互竞争的关系。

总体而言，对于现实和未来的制度供给研究思路来说，理论研究中应尽量以现实主义论证为基础从实证材料出发，以一种规范的学术方法和实事求是的科学态度进行分析。① 我国社会危机防治行政机制的构建和具体纠纷解决的行政调解制度的构建，其逻辑起点应当是在全面认识社会危机治理与解纷的实际需求上，重视实证调研与分析，立足于社会转型和本土化语境以及全球化和法制现代化的时代背景，以世界性运动及其经验作为参照，提出适应我国国情的、具有现实适用性、可行性的思路和对策。

① 李婷婷．行政调解的制度价值、内生贫困与生长点．行政与法，2012（3）：29-32.

# 结　语

社会危机防治行政是风险社会下政府危机管理的重要组成部分，我国当前进入到社会矛盾不断积累和社会事件频发的阶段，在政府危机管理下，政府逐渐认识到社会危机防治行政对维护社会长久稳定的意义。党和政府提出了“维护社会稳定”的社会危机治理的理念。社会危机防治行政成为对中国当前风险社会的回应和制度选择，但是传统上政府危机管理重视突发事件的应急行政，理论上和实践上对社会危机防治行政的研究和关注都有一定的欠缺。行政实务工作层面和社会心理层面普遍将社会危机防治行政与突发事件应急行政的都视为紧急应对状态，这种混淆政府危机管理不同阶段的做法对法治政府建设和社会危机治理非常有害。紧急状态下的行政紧急权力的扩张，对公民权利的克减和侵害，都令社会感到焦虑和不安，学界担负着理论上研究、指导和规范社会危机防治行政的学术责任。为了更好地发挥社会危机预防的功效和价值，作者认为应当将社会危机防治行政置于与应急行政并列的阶段，前者在于尽可能前移的预防，后者在于尽可能的全力应对，二者所处的状态和阶段具有很大的差异性，危机防治行政是常态行政而应急行政是非常态行政，笼统将二者作为危机管理的整体而不加区分的对待，会将非常时期的行政紧急权力不适当的扩大，不仅对公民造成一定潜在的威胁，加深社会的恐惧心理、警惕心理，甚至抵触心理，而且会对我国近 30 年来刚刚建立起来的法治行政造成很大的破坏，进而危害国家的法治进程乃至损害政府权威。

行政是政府面对社会最日常和最普遍的行为，将维稳理念下的社会危机防治贯彻到行政领域，是政府危机管理的必然路径。

作者主张将社会危机防治行政视为与应急行政相并列的阶段，在常态行政下研究社会危机的防治，并选择社会危机防治行政法律问题作为研究视角，力求将社会危机防治行政纳入到常态行政法治的轨道下，不仅希望研究能为日益普遍性的社会危机防治行政作出理论借鉴和建议，而且希望社会能对法治行政下的以维稳理念为指导的社会危机防治行政有一个正确观念，并在这种观念下审视、监督社会危机防治行政，推动我国面对风险社会的危机治理法治建设。

但是作者也仅是对社会危机防治行政及其法律问题作了粗浅的探索，在研究上多采取宏观的视角，不能做到具体个案化技术性的操作分析，仍然是一种粗放的研究。在转型期政府危机治理理念下，针对社会危机防治行政体系的构建，本书力图在正当性的理论基础，法学的理论支撑、法律原则的统帅指导下，从行政法治化的主体—行为—救济的基本路径下演绎社会危机防治行政的法律各个要素和层面，探求中国当前风险社会下，社会危机防治行政法治目标的实现路径。

当然，世界上从来就“不存在只有好处而没有缺点的制度”①。我们在评价一个制度的时候，无论如何不能仅仅以个别事件的实质性对错为标准，而是要对一个制度作总体上的利害权衡，而这种权衡是公众在历史中进行的。② 社会危机防治行政作为当前行政的一种理念、一种模式，已经成为行政的主导思想，但是维稳理念下的社会危机防治行政自身也不断形成着自己的体系和制度，不断进行着演变和发展，“制度的发生、形成和确立都是在时间的流逝中完成的，是在无数人的历史活动中形成的。制度是人类活动的产物，是演化的产物”。③ 因此，对社会危机防治行政的法律考量，不仅需要理论上进一步的研究和探索，而且更需要用现实性的思维和视角去认识和对待。社会危机防治行政绝不是行政法中一般

① 苏力．制度是如何形成的．广州：中山大学出版社，1999：93.

② 苏力．制度是如何形成的．广州：中山大学出版社，1999：93.

③ 苏力．制度是如何形成的．广州：中山大学出版社，1999：92.

的部门行政，它是超越事务性行政局限性的领域，是与事务性行政相对应的问题性行政的领域，因此，在法治化的治理层面上仍然期待着当前法学学人的倾力和关注。

# 参考文献

一、译著

1. ［古希腊］亚里士多德．政治学［M］．吴寿彭，译．北京：商务印书馆，1997.

2. ［德］伯恩·魏德士．法理学［M］．丁小春，吴越，译．北京：法律出版社，2003.

3. ［德］哈特穆特·毛雷尔．行政法学总论［M］．高家伟，译．北京：法律出版社，2000.

4. ［德］卡尔·拉伦茨．法学方法论［M］．陈爱娥，译．北京：商务印书馆，2003.

5. ［德］平特纳．德国普通行政法［M］．朱林，译．北京：中国政法大学出版社，1999.

6. ［德］汉斯·J. 沃尔夫，奥托·巴霍夫，罗尔夫·施托贝尔．行政法（第1卷）［M］．高家伟，译．北京：商务印书馆，2002.

7. ［意］马基雅维利．君王论［M］．惠泉，译．长沙：湖南人民出版社，1987.

8. ［美］詹姆斯·罗西瑙．没有政府的治理［M］．张胜军，刘小林，等译．南昌：江西人民出版社，2001.

9. ［德］阿尔图·考夫曼，温弗里德·哈斯默尔．当代法哲学和法律理论导论［M］．郑永流，译．北京：法律出版社，2002.

10. ［法］卢梭．社会契约论［M］．何兆武，译．北京：商务印书馆，1997.

11. ［奥］曼弗雷德·诺瓦克．民权公约评注［M］．毕小青，等，译．北京：三联书店，2003．

12．［美］卡尔·桑德堡．林肯传［M］．云京，译．北京：东方出版社，1987．

13．［英］戴雪．英宪精义［M］．雷宾南，译．北京：中国法制出版社，2001．

14．［德］哈贝马斯．在事实与规范之间——关于法律和民主法治国的商谈理论［M］．童世骏，译．北京：三联书店，2003．

15．［美］斯科特·戈登．控制国家——西方宪政的历史［M］．应奇，等译．南京：江苏人民出版社，2001．

16．［德］奥托·迈耶．德国行政法［M］．刘飞，译．北京：商务印书馆，2002．

17．［美］汉密尔顿，等．联邦党人文集［M］．程逢如，等译．北京：商务印书馆，1989．

18．［美］伯纳德·施瓦茨．美国法律史［M］．王军，等译．北京：中国政法大学出版社，1990．

19．［英］洛克著．政府论（下篇）［M］．叶启芳，瞿菊农，译．北京：商务印书馆，1964．

20．［德］尤尔根·哈贝马斯．交往行为理论：行为合理性与社会合理化［M］．曹卫东，译．上海：上海人民出版社，2004．

21．［美］诺齐克．无政府、国家与乌托邦［M］．何怀宏，等译．北京：中国社会科学出版社，1991．

22．［美］E. 博登海默．法理学——法律哲学与法律方法［M］．邓正来，译．北京：中国政法大学出版社，2004．

23．［美］伯纳德·施瓦．行政法［M］．徐炳，译．北京：群众出版社，1986．

24．［美］斯蒂芬·L. 埃尔金，卡罗尔·爱德华·索乌坦编．新宪政论——为美好的社会设计政治制度［M］．周叶谦，译．北京：三联书店，1997．

25．［美］德沃金．法律帝国［M］．李常青，译．北京：中国大百科全书出版社，1996．

26．［美］德沃金．认真对待权利［M］．信春鹰，吴玉章，译．上海：上海三联书店，2008.

27．［美］波斯纳．法理学问题［M］．苏力，译．北京：中国政法大学出版社，2002.

28．［美］D. C. 缪勒．公共选择理论［M］．杨春学，等译．北京：中国社会科学出版社，1999.

29．［美］路易斯·亨金，等．宪政与权利［M］．郑戈，等译．北京：三联书店，1996.

30．［印］M. P. 赛夫．德国行政法——普通法的分析［M］．周伟，译．台湾：五南图书出版公司，1991.

31．［法］托克维尔．论美国的民主（上卷）［M］．董果良，译．北京：商务印书馆，1988.

32．［法］莫里斯·奥里乌．行政法与公法精要［M］．龚觅，等译．沈阳：辽海出版社，春风文艺出版社，1999.

33．［美］查理德·B. 斯图尔特．美国行政法的重构［M］．沈岿，译．北京：商务印书馆，2002.

34．［美］杰瑞·L. 马肖．行政国的正当程序［M］．沈岿，译．北京：高等教育出版社，2005.

35．［法］莱昂·狄冀．公法的变迁［M］．郑戈，冷静，译．沈阳：辽海出版社，春风文艺出版社，1999.

36．［美］肯尼思·F. 沃伦．政治体制中的行政法［M］．王丛虎，等译．北京：中国人民大学出版社，2005.

37．［美］R. M. 昂格尔．现代社会中的法律［M］．吴玉章，周汉华，译．南京：译林出版社，2001.

38．［法］孟德斯鸠．论法的精神（上册）［M］．张雁深，译．北京：商务印书馆，1978.

39．［美］罗斯科·庞德．通过法律的社会控制、法律的任务［M］．沈宗灵，等译．北京：商务印书馆，1984.

40．［日］室井力．日本现代行政法［M］．吴薇，译．北京：中国政法大学出版社，1995.

41．［日］川岛武宜．现代化与法［M］．王志安，等译．北京：中国政法大学出版社，1994.

42. ［美］迈克尔·D. 贝勒斯．法律的原则［M］．张文显，译．北京：中国政法大学出版社，1996.

43. ［美］凯尔森．法与国家的一般理论［M］．沈宗灵，译．北京：中国大百科全书出版社，1996.

44. ［美］欧内斯特·盖尔霍恩，罗德纳·M. 利文．行政法和行政程序概要［M］．黄列，译．北京：中国社会科学出版社，1996.

45. ［英］哈特．法律的概念［M］．许家馨，李冠宜，译．北京：法律出版社，2006.

46. ［英］维特根斯坦．哲学研究［M］．陈嘉映，译．上海：上海人民出版社，2001.

47. ［美］迈克尔·D. 贝勒斯．法律的原则——一个规范的分析［M］．张文显，等译．北京：中国大百科全书出版社，1996.

48. ［美］罗尔斯．正义论［M］．何怀宏，等译．北京：中国社会科学出版社，1988.

49. ［美］诺内特，赛尔兹尼克．转变中的法律与社会［M］．张志铭，译．北京：中国政法大学出版社，1994.

50. ［法］勒内·达维德．当代主要法律体系［M］．漆竹生，译．上海：上海译文出版社，1984.

51. ［英］L. 赖维乐·布朗，约翰·S. 贝尔．法国行政法［M］．高秦伟，等译．北京：中国人民大学出版社，2006.

52. ［英］卡罗尔·哈洛，理查德·罗林斯．法律与行政［M］．杨伟东，等译．北京：商务印书馆，2004.

53. ［英］M. J. C. 维尔．宪政与分权［M］．苏力，译．北京：三联书店，1997.

54. ［英］米切尔·黑尧．现代国家的政策过程［M］．赵成根，译．北京：中国青年出版社，2004.

55. ［英］哈特．法律的概念［M］．许家馨，李冠宜，译．北京：法律出版社，2006.

56. ［英］戴维·M. 沃克．牛津法律大辞典［M］．北京社会与科技发展研究所，译．北京：光明日报出版社，1988.

57. ［英］威廉·韦德．行政法［M］．徐炳，译．北京：中国大百科全书出版社，1997．

58. ［英］彼得·莱兰，戈登·安东尼．英国行政法教科书（第5版）［M］．杨伟东，译．北京：北京大学出版社，2007．

59. ［英］彼得·斯坦．西方社会的法律价值［M］．王献平，译．北京：公安大学出版社，1990．

60. ［英］哈耶克．法律·立法与自由［M］．邓正来，译．北京：中国大百科全书出版社，2000．

61. ［日］南博方．日本行政法［M］．杨建顺，周作彩，译．北京：中国人民大学出版社，1988．

62. ［日］盐野宏．行政法总论［M］．杨建顺，译．北京：北京大学出版社，2008．

63. ［美］彼得斯．政府未来的治理模式［M］．吴爱明，夏宏图，等译．北京：中国人民大学出版社，2001．

64. ［德］托马斯·海贝勒，根特·舒伯特．城乡公民参与和政治合法性［M］．何增科，译．北京：中央编译出版社，2007．

## 二、中文著作

1. 岳生．行政法［M］．北京：中国法制出版社，2002．

2. 李龙．法理学［M］．北京：人民法院出版社，中国社会科学出版社，2003．

3. 应松年．行政诉讼法学［M］．北京：中国政法大学出版社，1994．

4. 应松年．比较行政程序法［M］．北京：中国法制出版社，1999．

5. 应松年．行政程序立法研究［M］．北京：中国法制出版社，2001．

6. 姜明安．行政法与行政诉讼法［M］．北京：北京大学出版社，高等教育出版社，2007．

7. 姜明安．行政执法研究［M］．北京：北京大学出版社，2004．

8. 周叶中．宪法［M］．北京：高等教育出版社，北京大学出版社，2005.

9. 周佑勇．行政裁量治理研究——一种功能主义的立场［M］．北京：法律出版社，2008.

10. 周佑勇．行政法原论［M］．北京：中国方正出版社，2005.

11. 周佑勇．行政法基本原则研究［M］．武汉：武汉大学出版社，2005.

12. 秦前红．新宪法学［M］．武汉：武汉大学出版社，2005.

13. 秦前红，叶海波．社会主义宪政研究［M］．济南：山东人民出版社，2008.

14. 秦前红．宪法［M］．武汉：武汉大学出版社，2010.

15. 林莉红．行政诉讼法学［M］．武汉：武汉大学出版社，2001.

16. 林莉红．中国宪政救济理论与实务［M］．武汉：武汉大学出版社，2000.

17. 林莉红．社会救助法研究［M］．北京：法律出版社，2008.

18. 王世杰，钱端升．比较宪法［M］．北京：商务印书馆，1999.

19. 罗豪才．中国司法审查制度［M］．北京：北京大学出版社，1993.

20. 王名扬．外国行政诉讼制度［M］．北京：人民法院出版社，1991.

21. 吕世伦．现代西方法学流派（上卷）［M］．北京：中国大百科全书出版社，2000.

22. 沈宗灵．现代西方法理学［M］．北京：北京大学出版社，1992.

23. 江国华．立法：理想与变革［M］．济南：山东人民出版社，2007.

24. 叶必丰，周佑勇．行政规范研究［M］．北京：法律出版社，2002.

25. 叶必丰．行政协议：区域政府间协作机制研究［M］．北京：法律出版社，2010.

26. 叶必丰．行政法与行政诉讼法［M］．武汉：武汉大学出版社，2008.

27. 余潇枫．非传统安全与公共危机治理［M］．杭州：浙江大学出版社，2007.

28. 薛澜，张强，钟开斌．危机管理［M］．北京：清华大学出版社，2003.

29. 黄顺康．公共危机管理与危机法制研究［M］．北京：中国监察出版社，2006.

30. 朱德武．危机管理：面对突发事件的抉择［M］．广州：广东经济出版社，2002.

31. 吴江．公共危机管理能力［M］．北京：国家行政学院出版社，2005.

32. 蔡志强．社会危机治理价值变迁与治理成长［M］．上海：上海人民出版社，2006.

33. 龚维宾．公共危机管理［M］．北京：新华出版社，2004.

34. 周小丽．灾害性公共危机治理［M］．北京：社会科学文献出版社，2008.

35. 戚建刚．法治国家架构下的行政紧急权力［M］．北京：北京大学出版社，2005.

36. 许文惠，张成福．危机状态下的政府管理［M］．北京：中国人民大学出版社，1998.

37. 马宗晋，等．灾害学导论［M］．长沙：湖南人民出版社，1998.

38. 王晓君．政府危机管理法律问题研究［M］．济南：山东人民出版社，2008.

39. 蔡志强．危机治理与和谐社会［M］．长沙：湖南人民出版社，2007.

40. 董炯．国家、公民与宪政法——一个国家—社会的角度

[M]. 北京：北京大学出版社，2003

41. 胡宁生. 中国政府形象战略 [M]. 北京：中共中央党校出版社，1999.

42. 苏国勋. 理性化及其限制——韦伯思想引论 [M]. 上海：上海人民出版社，1988.

43. 韩大元，莫于川. 应急法制论——突发事件应对机制的法律问题研究 [M]. 北京：法律出版社，2005.

44. 彭和平，等. 国外行政理论精选 [M]. 北京：中共中央党校出版社，1997.

45. 王天星. 行政紧急强制制度研究 [M]. 北京：知识产权出版社，2007.

46. 傅士成. 行政强制研究 [M]. 北京：法律出版社，2001.

47. 余凌云. 警察行政强制的理论与实践 [M]. 北京：中国人民公安大学出版社，2007.

48. 张婧飞. 行政强制权的法哲学追问——尤其以行政强制权的规范体系构建为视 [M]. 北京：法律出版社，2009.

49. 金伟峰. 中国行政强制法律制度 [M]. 北京：法律出版社，2003.

50. 朱新力. 外国行政强制法律制度 [M]. 北京：法律出版社，2003.

51. 行政强制的理论与实践国际研讨会编委会. 行政强制的理论与实践 [M]. 北京：法律出版社，2001.

52. 聂磊. 危机管理中的社会组织研究 [M]. 北京：知识产权出版社，2010.

53. 李晓峰. 美国当代著名法学家德沃金法律思想研究 [M]. 北京：人民法院出版社，2005.

54. 马怀德，李程伟. 地方层面突发事件应对的法律规制 [M]. 北京：中国社会出版社，2009.

55. 罗豪才，等. 软法与公共治理 [M]. 北京：北京大学出版社，2007.

56. 罗豪才，等. 软法与协商民主 [M]. 北京：北京大学出版社，2007.

57. 郭春明．紧急状态法律制度研究［M］．北京：中国检察出版社，2004.

58. 龚维宾．公共危机管理［M］．北京：新华出版社，2004.

59. 刘莘．行政立法研究［M］．北京：法律出版社，2003.

60. 王世杰，钱端升．比较宪法［M］．北京：商务印书馆，1999.

61. 叶必丰．行政法的人文精神［M］．北京：北京大学出版社，2005.

62. 王传红，李燕凌．公共决策行为［M］．北京：中国国际广播出版社，2002.

63. 李道揆．美国政府和美国政治（上册）［M］．北京：商务印书馆，1999.

64. 任东来．美国宪政历程（影响美国的25个司法大案）［M］．北京：中国法制出版社，2004.

65. 张成福．大变革——中国行政改革的目标与行为选择［M］．北京：改革出版社，1993.

66. 高鸿钧．商谈法哲学与民主法治国［M］．北京：清华大学出版社，2007.

67. 马宗晋．灾害学导论［M］．长沙：湖南人民出版社，1998.

68. 王峰．行政正义论［M］．北京：中国社会科学出版社，2007.

69. 苏国勋．理性化及其限制——韦伯思想引论［M］．上海：上海人民出版社，1988.

70. 张富．公共行政的价值向度［M］．北京：中央编译出版社，2007.

71. 钟瑞添．政府治理变革与公法发展［M］．北京：人民出版社，2007.

72. 林鸿潮．公共应急管理机制的法治化［M］．武汉：华中科技大学出版社，2009.

73. 刘小冰．国家紧急权力制度研究［M］．北京：法律出版社，2008.

74. 莫纪宏，徐高．紧急状态法学［M］．北京：中国人民公安大学出版社，1992.

75. 石佑启．论公共行政与行政法学范式转换［M］．北京：北京大学出版社，2003.

76. 李龙．人本法律观研究［M］．北京：中国社会科学出版社，2006.

77. 李龙．西方宪法思想史［M］．北京：高等教育出版社，2004.

78. 王东芳．非政府组织与政府的合作机制：公共危机的应对之道［M］．北京：中国社会出版社，2009.

79. 江宜桦．自由民主的理路［M］．北京：新星出版社，2006.

80. 张千帆．宪法学导论［M］．北京：法律出版社，2008.

81. 宋功德．行政法的均衡之约［M］．北京：北京大学出版社，2004.

82. 王人博，程燎原．法治论［M］．济南：山东人民出版社，1989.

83. 张文显．法哲学范畴研究［M］．北京：中国政法大学出版社，2001.

84. 张焕光，胡建淼．行政法学原理［M］．北京：劳动人民出版社，1989.

85. 周志忍．当代国外行政改革比较研究［M］．北京：国家行政学院出版社，1999.

86. 葛洪义．法理学导论［M］．北京：法律出版社，1996.

87. 公丕祥．法理学［M］．上海：复旦大学出版社，2002.

88. 徐国栋．民法基本原则解释［M］．北京：中国政法大学出版社，1992.

89. 王林彬．国际司法程序价值论［M］．北京：法律出版社，2009.

90. 胡建淼．论公法原则［M］．杭州：浙江大学出版社，2005.

91. 应松年．中国走向行政法治探索［M］．北京：中国方正出版社，1998.

92. 孙笑侠．法律对行政的控制——现代行政法的法理解释［M］．济南：山东人民出版社，1999.

93. 于安．德国行政法［M］．北京：清华大学出版社，1999.

94. 马怀德．应急管理法治化研究［M］．北京：法律出版社，2010.

95. 汪晖，陈燕谷．文化与公共性［M］．北京：三联书店，1998.

96. 陈振明．公共管理学——一种不同于传统行政学的研究途径［M］．北京：中国人民大学出版社，2003.

97. 褚松燕．中外非政府组织管理体制比较［M］．北京：国家行政学院出版社，2008.

98. 朱应平．行政信访若干问题研究［M］．上海：上海人民出版社，2007.

99. 王和雄．论行政不作为之权利保护［M］．台湾：三民书局，1994.

100. 马生安．行政行为研究［M］．济南：山东人民出版社，2008.

101. 陆学艺，景天魁．转型中国的中国社会［M］．哈尔滨：黑龙江人民出版社，1994.

102. 郭彦森．变革时代的利益矛盾与社会和谐［M］．北京：知识产权出版社，2008.

103. 于建嵘．抗争性政治：中国政治社会学基本问题［M］．北京：人民出版社，2010.

104. 王莉君．权力与权利的思辨［M］．北京：中国法制出版社，2005.

105. 张文显．二十世纪西方法哲学思潮［M］．北京：法律出版社，1996.

106. 许崇德．新中国行政法学研究综述［M］．北京：法律出版社，1990.

107. 贺荣．行政争议解决机制研究［M］．北京：中国人民大学出版社，2008.

108. 司坡森．论国家补偿［M］．北京：中国法制出版社，2005.

109. 马怀德．应急反应的法学思考——“非典”法律问题研究［M］．北京：中国政法大学出版社，2004.

## 三、论文

1. ［德］卡尔·施密特．论魏玛宪法第48条紧急命令法——所谓的“独裁法”——的立法问题//陈新民．公法学札记．北京：中国政法大学出版社，2001.

2. 王绍安，等．经济繁荣背后的社会不稳定．战略与管理，2002（3）.

3. 中国行政管理学会课题组．建设完整规范的政府应急管理框架．中国行政管理，2004（4）.

4. 白钢．论政治的合法性原理．天津社会科学，2002（4）.

5. 李岳德，张禹．《突发事件应对法》立法的若干问题．行政法学研究，2007（4）.

6. 丁煌．寻求公平与效率的协调和统一．中国行政管理，1998（12）.

7. 余源培．人的需要和人的全面发展．学术月刊，2002（11）.

8. 薛刚凌．行政法基本原则研究．行政法学研究，1999（1）.

9. 尤根·哈贝马斯．法治与民主的内在关系．中国社会科学季刊（香港），1994（11）.

10. 李瑞昌．论公共治理的技术与价值的矛盾．社会科学，2003（3）.

11. 朱力．中国社会风险解析——群体性事件的社会冲突性质．学海，2009（1）.

12. 于安. 制定紧急状态法的基本问题（上）. 法学杂志, 2004（4）.

13. ［瑞士］莉蒂亚·R. 芭斯塔. 宪政民主的反思：后现代和全球化的挑战//刘海年. 人权与宪政. 北京：中国法制出版社, 1999.

14. 郁建兴，等. 论危机管理中政府行为的合法性. 毛泽东邓小平理论研究，2003（4）.

15. 李龙，汪习根. 宪政规律论. 中国法学，1999（4）.

16. 肖建国. 程序公正的理念及其实现. 法学研究，1999（3）.

17. 高鸿钧. 现代西方法治的冲突与整合. 清华法治论衡（第1辑）.

18. 夏勇. 中国宪法改革的几个基本理论问题——从“改革宪法”到“宪政宪法”. 中国社会科学，2003（2）.

19. ［法］勒·达维. 法国行政法和英国行政法. 高鸿君，译. 法学译丛，1984（4）.

20. ［美］Alfred C. Aman, jr. 面向新世纪的行政法（上）. 袁曙宏，译. 行政法学研究，2000（3）.

21. ［美］克劳迪奥·格罗斯曼. 紧急状态：拉丁美洲与美国//路易斯·亨金，等. 宪政与权力. 郑戈，等译. 北京：三联书店，1996.

22. 黄典剑，等. 发达国家应急管理法制研究. 城市与减灾，2007（6）.

23. 王名. 民间组织的发展及通向公民社会的道路. 中国民间组织30年. 北京：社会科学文献出版社，2009.

24. 麦克尔·爱德华兹. 公民社会（上）. 中国非营利评论（第2卷）. 北京：社会科学文献出版社，2008.

25. 蔡允栋. 官僚组织回应的概念建构评析——新治理的观点. 中国行政评论，2001（2）.

26. 崔卓兰，蔡立东. 从压制型行政模式到回应型行政模式. 法学研究，2004（4）.

27. 莫纪宏．完善紧急状态立法，保障公民的宪法和法律权利．中国司法，2004（6）．

28. 李援．中国行政强制法律制度的构想．行政与法制，2001（3）．

29. 郭道晖．权力的多元化与社会化．法学研究，2001（1）．

30. 林闵刚．社会学视野中的组织间网络及其治理结构．社会学研究，2002（2）．

31. 颜云秋，石新中．论法律中的公共利益．中国人民公安大学学报，2004（4）．

32. 罗豪才，甘文．行政法的平衡理论范畴．中国法学，1996（4）．

33. 袁曙宏，赵永伟．西方国家依法行政比较研究——兼论对我国依法行政的启示．中国法学，2000（5）．

34. 潘乾．试论我国行政调解制度的完善．行政与法，2008（4）．

35. 郭玺．关于制定我国《行政调解法》的构想．甘肃科技纵横，2009（1）．

36. 朱最新．社会转型中的行政调解制度．行政法学研究，2006（2）．

37. 付贤禹，李德刚．完善我国行政调解制度之探究．四川教育学院学报，2011（27）．

38. 扬伟东．我国信访制度的重构——兼论新信访条例的缺失．国家行政学院学报，2005（6）．

39. 杜锋．新《信访条例》的创新和缺憾．成都行政学院学报，2006（2）．

40. 强世功．权力的组织网络和法律的治理化//调解、法制与现代性：中国调解制度研究．北京：中国政法大学出版社，2001．

41. 莫于川．监督行政法制的若干重要范畴研究．现代法学，1999（3）．

42. 周佑勇．行政裁量的治理．法学研究，2007（2）．

43. 叶必丰．论公共利益与个人利益的辩证关系．上海社会科学院学术季刊，1997（1）.

44. 郑春燕．论行政裁量中的政策考量——以“运动式”执法为例．法商研究，2008（2）.

45. 孔祥俊．论法律效果与社会效果的统一——一项基本司法政策的法理分析．法律适用，2005（1）.

46. 周佑勇．作为过程的行政调查——在一种新研究范式下的考察．法商研究，2006（1）.

47. 张泽想．论行政法的自由意志理念——法律下的行政自由裁量、参与及合意．中国法学，2003（2）.

48. 方洁．参与行政的意义——对行政程序内核的法理解析．行政法学研究，2001（1）.

49. 林莉红．行政权与司法权关系定位之我见——以行政诉讼为视角．现代法学，2000（2）.

50. 林莉红．论行政诉讼中的事实、法律问题．当代法学，1998（5）.

51. 姜明安．公众参与与行政法治．中国法学，2004（2）.

52. 林尚立．民间组织的政治意义：社会建构方式转型与执政逻辑调整．云南行政学院学报，2007（1）.

53. ［瑞士］莉蒂亚·R. 芭斯塔．宪政民主的反思：后现代和全球化的挑战//刘海年．人权与宪政．北京：中国法制出版社，1999.

54. ［德］卡尔·施密特．论魏玛宪法第48条紧急命令法——所谓的“独裁法”——的立法问题//陈新民．公法学札记．北京：中国政法大学出版社，2001.

55. 强兴华．在就业与发展之间．金融时报，2006-07-22.

56. 邵道生．信访工作：将群体性事件消弭与未萌期．廉政瞭望，2005（9）.

57. 郎友兴．制度化才是解决维稳难题的上策．人民论坛，2011（27）.

58. 孙立平．既得利益群体用维稳绑架社会．当代社科视野，2010（10）.

59. 杨占营. 治理理论、新公共管理与中国治道变革. 探索，2003（3）.

60. 莫纪宏. 要加强应急法制的统一性. 检察日报，2008-02-01.

61. 赵凌. 新条例能否带来新一轮信访洪峰. 南方周末，2005-01-20.

## 四、外文著作

1. Robert P. Merges, Peter S. Menell, Marx A. Lemley, Tomas M, Torde, *Intellectual Property in the New Technology Age*, Aspen Law and Business, Copyright, 1997.

2. David Bonner: *Emergency Power in Peacetime*. Sweet&Maxwell, 1985.

3. Kenneth Wheare: *Modern Constitution*. Oxford University Press, 1966.

4. Watkins F M: *The Failure of Constitution Emergency Powers under the German Republic*. Harvard University Press, 1939.

5. Jaime Oraa: *Human Rights in States of Emergency in International Law*. Oxford University Press, 1992.

6. Christopher E, Edley J R. *Administrative Law Rethinking Judicial Control of Bureaucracy*. Yale University Press, 1990.

7. Carter L H, Harrington C B. *Administrative Law and Polices*. N. Y. Harper Collins Publisher Inc, 1991.

8. Posner R A. *Not a Suicide Pact ——the Constitution in a Time of National Emergency*. Oxford University Press, 2006.

9. Ackerman B. *Before the Next Attack : Preserving Civil Liberties in an Age of Terrorism*. Yale University Press, 2006.

10. Rossiter C. *Constitutional Dictatorship*. Princeton University Press, 1948.

11. Wade, *Administrative Law*, *6th edition*, Clarendon Press, Oxford, 1988.

12. H. W. R. Wade & C. F. Frosyth, *Administrative Law*, Oxford University Press, 2000.

13. Paul Craig, *Administrative Law*, *3rd edition*, Sweet & Maxwel, 1994.

14. Stanley De Smith and Rodney Brazier, *Constitutional and Administrative Law*, Eighth Edition, Penguin Books, 1971.

15. Cooper, Terry L., *The Responsible Administrator*, *3rd edition*, Jossey-Bass Publishers, 1991.

16. C. Sunstein, *After the Rights Revolution*, Harvard University Press, 1990.

17. Michael Taggart, *The Province of Administrative Law*, Hart Publishing, 1997.

18. Peter Leyland and Terry Woods, *Administrative Law Facing the Future: Old Constraints and New Horizons*, Blackstone Press, 1997.

19. Hermann, Charles F., ed. *International Crises: Insights From Behavioral Research*. New York: Free Press, 1972.

20. Rosenthal Uriel, Charles Michael T., ed. *Coping with Crises: The Management of Disasters, Riots and Terrorism*. Springfield: Charles C. Thomas, 1989.

21. World Bank. *Governance and Development*. Washington D. C: World Bank, 1992.

22. The Commission on Global Governance. *Our Global Neighborhood*. Oxford University Press, 1995.

23. Arthur Seldon, *Capitalism*, *Cambridge*, Mass Basil Blackwell, 1990.

24. Milton Friedman, *Capitalism and Freedom*, Chicago, University of Chicago Press, 1962.

25. H. George. *Frederickson: New Public Administration*, The University of Alabama Press Alabama, 1980.

26. Madison, *James: The Federalist Paper*, China Social Science Publishing House, 1999.

27. Thomas Jefferson, letter to John V. Colvin, September 10, 1810, *in The Wreitings of Thomas Jefferson*, ed Paul Leicesrer Ford, 10 vols. New York : G. P. Putnam's sons, 1893.

28. Joseph Barthelemy, *Problems de Politique et Finances de Guerre*, Alcan, 1915.

29. S. G. Fisher, *The Suspension of Habeas Corpus during the War of the Rebellion*, Political Science Quarterly iii (1888).

30. John E. Finn, *Constitutions in Crisis*, Oxford University Press, 1991.

31. Joseph M. Bessette and Jeffrey Tulis, *The Presidency in a Constitutional Order*, Louisians University Press, 1981.

32. Carl Schmitt, *Political Theology*, trans, George Schwab, MIT Press, 1986.

33. Joseph W. Bendersky, Carl Schmitt, *Theorist for the Reich*, Princeton University, Press, 1983.

34. Clinton Rossiter, *Constitutional Dictatorship*, Princeton University Press, 1963.

35. William E. Rapppard, *The Crisis of Democracy*, Chicago, 1938.

36. C. Rossiter, *Constitutional Dictatorship*, Princeton University Press, 1948.

37. P. kurland, *Politics*, *the Constitution*, and the Warren Court 8, 1970.

38. F. A. Hayek, *The Constitution of Liberty*, London, 1976.

39. Carl J. Friderich, *Constitional Government and Democracy: Theory and Practice in Europe and American*, Boston-New York-London, 1946.

40. Rhoda E. Howard and Jack Donnelly eds. , *International Handbook of Human Rights*, Greenwood, 1987.

41. Jack Hayward. *After the French Revolution: Six Critics of Democracy and Nationalism.* New York: Harvester Wheasheaf, 1991.

42. A. V. Diecy, *Law of the Constitution*, 8 th ed. 1885.

43. A. V. Diecy, *Introduction to the Study of the Law of the Constitution*, Macmillan Education Ltd, 10 th ed. , 1959.

44. Harry W. Jones : *The Rule of Law and The Welfare State*, Columbia Law Review, 58.

45. David H. Rosenbloom, *Rosemary O'Leary : Public Administration and Law*, Marcel Dekker, Inc. 1997.

46. Black's Law Dictionary, *Fifth Edition, by Henry Campbell Black*, M. A. 1979.

47. Mark. *Neocleous : Administering Civil Society Towards a Theory of State Power*, Macmillan Press Ltd. , 1996.

48. Gerald. *Turkel: Dividing Public and Private : Law, Politics, and Social Theory*, Praeger Publishers, 1922.

49. Rosenthal Uriel 7Charles Michael, *Coping with the crisis*, the management of disaster, riots and terrorism. Spring Field : Charles C. Thomas, 1989.

50. Waugh William L. *Living with Hazards, Dealing with disaaters: an Introduction to Emergency Management*, New York: M. E. Sharpe, Inc, 2000.

# 后　　记

本书是在我博士论文的基础上修改、补充和整理后完成的。当这本凝结我近两年心血的博士专著完稿的时候，蓦然回首，无限感慨。回首专著写作的过程，一段历程清晰可见。从对自己不断的怀疑和否定，到渐渐肯定和战胜自己，内心经历了一次生命中最丰厚的体验和感悟，这个过程中的艰辛在生命中留下刻骨铭心的记忆。

2010年，我申请并获批了一项教育部的课题——《政府危机管理下维护新疆稳定的行政法治化研究》，当时正值2009年新疆的“7·5”事件后期的社会过渡阶段，维护新疆稳定在政治和行政上都处于关注的核心地位，危机治理成为新疆的第一要务，突发事件给整个社会的影响在渐渐消退，但社会危机给政府造成的警示和启发，让后续社会危机治理中的危机防治行政成为日益常态的社会现象。我从自身的学术理念出发，感悟需要对社会危机防治行政作一次行政法学的研究，于是不揣学疏才浅，确定写这个题目。

我与导师周佑勇教授沟通，表达我的思想和看法，得到了周老师的认可和鼓励。在专著的数次修改中，周老师给予我细心和睿智的指导。感谢我的导师周佑勇教授的严谨治学，他的谦和、敏锐和宽容的人生智慧和品格，他的言传身教和各种著书立说，都给予我至深影响和引导。

专著写作经历了一年多的时间，在写作的过程中，得到了武汉大学法学院诸多教授、导师的指点和建议，自己也深受启发。珞珈山下求学数载，非常感谢武汉大学法学院的治学氛围，宪政专业的诸位教授中，有胸怀宽广、舵手风范的周叶中教授，学识渊博、个性豪迈的陈晓枫教授，优雅从容、散发知性魅力的林莉红教授，风度翩翩、潜心学术的秦前红教授等，他们学高为师，身正为范，是恩泽我们一生的智识源泉和学术典范。

感谢武汉大学宪政专业的江国华教授、柳正权教授、李敖教授、胡芬副教授、伍华军副教授、项焱教授、徐晨副教授、祝捷副教授、黄启辉副教授等，是他们将我引领进法学尤其是行政法学更精深的学术领域，他们的学术风格、讲台气质都是我学习的楷模。

感谢武汉大学法学院诸多同窗好友，是他们热情洋溢的师门同学情谊，伴随我度过了博士学习的艰辛生活，化解了博士书斋孤寂生活的聊赖。他们是唐汇西、陈实、尹建国、钟芳、秦后国、戴建华、谭剑、邓志、尚海龙、熊娜、文静，汪燕、熊以先、田勇军、马力群等博士。感谢刑法专业的王敏敏博士、国际法专业的邓瑾博士，有了她们，博士生活中才有了更多的笑声和欢乐。

博士论文写作和初稿的修改完成，不仅付出了我个人的艰苦努力，而且也凝结了亲人太多的关爱和奉献，非常感谢家人和丈夫给予我的理解和支持。几近不惑之年的我，仍然每年往返于新疆和武汉之间，家人的理解和支持，是我完成学业和静心写作的最大保障。在专著写作和书稿修改的道路上，让我心头最柔软，并满怀愧对的是我的女儿汪申冉。从女儿一岁到五岁，她用幼小而坚强的品质，给予我无限的安慰和感动。在我一次次离开她的那一刻，她不任性、不哭闹，表现得十分坚强；在我离开她的岁月里，她学会了在没有母亲保护的环境下生存，磨砺了自己的意志，练就了与人相处的乐观、宽容的性格，让我对她满怀亏欠的同时，也为她骄傲。博士的求学和书稿的完成，是以牺牲她应当享有的母爱保护和母爱教育为代价的，人生总是在无数的舍得之间挣扎的。舍她，情非我愿；所得，感慨万分，期望心寄未来的教育和陪伴中，倾注我更多的补偿和关爱吧！

感谢新疆大学学术出版基金对本书出版的资助，感谢新疆大学的秦鹏教授、皮勇教授、王林彬教授、白洁教授对本书出版的支持和关照。感谢武汉大学出版社钱静和辛凯编辑，他们为本书的出版付出了艰辛细致的努力。

**申艳红**

2012 年秋于乌鲁木齐吉祥书斋